자본론 공부

김수행

1942~2015. 일본 후쿠오카에서 태어나 해방과 함께 귀국한 뒤 대구에서 자랐다. 서울대 경제학과를 졸업하고 1982년 런던대학에서 『마르크스의 공황 이론』(Theories of Economic Crises: A Critical Appraisal of Some Japanese and European Reformulations)으로 경제학 박사학위를 받았다. 한신대 무역학과 부교수, 서울대 경제학부 교수, 성공회대 석좌교수를 역임했다.

한국의 대표적인 마르크스 경제학자로 꼽히는 그는 카를 마르크스의 『자본론』 세 권 전체를 한국어로 최초 완역했다(1989~1990). 주요 저서로 『《자본론》 연구 1』, 『정치경제학원론』, 『알기 쉬운 정치경제학』, 『《자본론》의 현대적 해석』, 『자본주의 경제의 위기와 공황』, 『마르크스가 예측한 미래사회』, 『세계대공황』 등이 있다.

자본론 공부
— 김수행 교수가 들려주는 자본 이야기

김수행 지음

2014년 8월 25일 초판 1쇄 발행
2023년 10월 25일 초판 20쇄 발행

펴낸이 한철희 | 펴낸곳 돌베개 | 등록 1979년 8월 25일 제406-2003-000018호
주소 (10881) 경기도 파주시 회동길 77-20 (문발동)
전화 (031) 955-5020 | 팩스 (031) 955-5050
홈페이지 www.dolbegae.co.kr | 전자우편 book@dolbegae.co.kr
블로그 blog.naver.com/imdol79 | 트위터 @Dolbegae79 | 페이스북 /dolbegae

편집 이경아
표지디자인 민진기 | 본문디자인 이은정·이연경
마케팅 심찬식·고운성·조원형 | 제작·관리 윤국중·이수민
인쇄·제본 한영문화사

ISBN 978-89-7199-616-4 (03300)
이 도서의 국립중앙도서관 출판시도서목록(CIP)은 e-CIP 홈페이지
(http://www.nl.go.kr/ecip)에서 이용하실 수 있습니다.(CIP제어번호: CIP2014024143)

자본론 공부

김수행 교수가 들려주는 자본 이야기

김수행 지음

돌베
개

아직도 '세월호 참사'의 교훈이 우리를 용서하지 못하는 이 마당에서 자본주의 사회의 문제점을 가장 과학적으로 끝까지 추적한 마르크스의 거대한 작품을 여러분께 소개합니다. 이 서문에서는 이 책이 어떻게 구상되었는가에 관한 이야기로 이 책의 내용을 조금 밝히겠습니다.

이 책은 제가 혜화동의 '벙커 원'에서 2014년 1월 8일부터 3월 12일까지 매주 수요일 오후 7시 30분에서 9시까지 행한 10번의 강의를 정리한 것입니다. 원래 '벙커 원'의 배상명 팀장이 요구한 시간은 저녁 9시 30분까지였는데, 제가 천안 입장면에 살고 있기 때문에, 용산에서 떠나는 급행 지하철 막차(21:37 출발)를 놓치지 않으려고 강의 시간을 30분 줄이고, 그 대신 강의 시작 1시간 전까지 강의실에 도착하여 학생들의 질문을 받기로 한 것입니다. 또 배 팀장이 요구한 것은 학생들에게 『자본론』 1~3권을 '가장 쉬운 수준'으로 강의해 달라는 것이었습니다. 사실상 저는 마르크스 경제학의 입문서를 몇 권 썼고 공개 강의도 여러 곳에서 했기 때문에, '가장 쉬운 수준'으로 강의하는 것에 매력을 느꼈습니다. 특히 저는 그 당시에 이오덕 선생이 쓴 『우리 글 바로 쓰기』에 매료

되어 있었고, 이미 제가 번역한 『자본론』 1~3권을 더욱 알기 쉽게 다시 쓰기로 마음먹고 있었기 때문입니다.

학생들이 200여 명 오는 바람에 신이 나서 강의를 했습니다. 특히 직장에 다니는 여성 동지들이 많이 온 것이 매우 좋았습니다. 우리 사회는 점점 더 여성 중심적이 될 것이고, 그래야만 지금과 같은 '깡패사회'가 점점 더 힘을 잃게 될 것이라고 저는 믿기 때문입니다. 마르크스가 왜 임금노동자계급을 사회운동의 중심으로 삼았겠습니까? 자본주의 사회에서 가장 큰 착취와 억압을 받고 있으므로, 임금노동자계급이 아래로부터 권력을 장악한다면 이 착취와 억압이 사라지면서 계급이 없는 새로운 사회가 오리라 기대했기 때문입니다. 마찬가지로 우리 사회에서는 오직 여성이라는 이유만으로 엄청난 차별을 받고 있으므로, 여성이 아래로부터 자기를 해방시키면 남녀평등이라는 새로운 사회가 확립될 수 있을 것이기 때문입니다.

이번 강의를 조직할 때 돌베개 출판사가 이 강의를 책으로 만들기로 처음부터 벙커 원과 약속이 되어 있었습니다. 출판사에서는 제가 매주 보내는 강의안을 그림과 표를 넣어 잘 정리하여 학생들에게 이메일로 보냈습니다. 그리고 출판사의 이경아 팀장은 매주의 강의를 직접 듣고 녹음해서 글로 옮겨 기록하는 작업을 계속했습니다. 이리하여 3월 12일 10회의 강의가 모두 끝나자 이 팀장은 앞뒤에 중복됨이 없이 잘 정리한 초고를 만들어 1장에서 10장까지 계속 이메일로 저에게 보내 왔습니다. 그리고 제가 시간 나는 대로 읽고 고치고 돌려보냈습니다. 4월 2일(수)에는 벙커 원의 네 분과 돌베개의 세 분을 입장면 제 집으로 초대하여 대낮부터 송명섭 막걸리와 죽력고를 바비큐와 함께 마시면서 그

동안의 노고를 서로 치하했습니다.

　새 학기 초여서 성공회대학 강의와 기타 외부 강의에 바빠 이 팀장의 초고를 다 읽지 못하고 있던 중 4월 16일 세월호 참사가 일어난 것입니다. 청와대나 정부의 어느 부서나 모두가 사람의 생명을 아무렇게나 생각하던 버릇이, 특히 박정희가 간첩이라는 엉터리 죄목으로 죽인 수많은 양심수에 대해 조금도 미안하게 생각하지 않던 박근혜가, 이번에도 특히 어린 학생들을 배에서 살려내는 대책을 전혀 세우지 않고 대부분을 죽였다는 사실이 그대로 폭로되었습니다. "청와대는 재해·재난의 컨트롤 타워가 아니다"라는 주장은, 어떤 컨트롤 타워가 제대로 재해·재난을 수습하고 있다는 것을 증명하지 못하면, 청와대가 모든 책임을 질 수밖에 없음을 인정하는 것입니다. 엉터리 정치 집단이고 개개인의 사리사욕을 챙기는 집단이라는 성격이 금방 드러났습니다. 세월호 참사에 애도와 분통을 터뜨리느라고 초고 정리가 상당히 늦어졌습니다만, 저는 논문이나 책 쓰는 것에는 엄청나게 정성을 쏟는다는 점을 명심해 주십시오.

　이 책은 방대한 『자본론』 1~3권의 내용을 단순히 요약한 것이 아닙니다. 마르크스가 자본주의 사회를 어떻게 비판했고 어떻게 찬양했는가를 알려드리려고 합니다. 다시 말해 이 책은 "미래 사회의 태아를 자본주의가 잉태하고 있다"는 엄연한 사실에 주목할 것을 강조합니다. 이렇게 해야만 지금의 현실을 올바로 파악할 수 있을 뿐 아니라 미래를 바라볼 수 있기 때문입니다. 매 장에서 지금의 현실에 관한 이야기를 일부러 자꾸 넣은 이유도 직장에 다니는 성인 독자 여러분들이 자기의 주위를 둘러보면서 더 나은 세상은 어떤 사회일까를 생각하도록 하기 위한 것이었습니다.

　이 책의 형성과 발간에 참여하신 모든 학생들, 돌베개 출판사, 벙커원 팀 그리고 저의 집사람과 더불어 우리 사회가 좀 더 자유롭고 평등하게 되기를 기원합니다.

2014년 8월 15일
김수행 드림

DAS KAPITAL

• 이 책에서 인용한 『자본론』의 번역문은 김수행이 번역한 『자본론』(비봉출판사)이다.

• 『자본론』 번역문에서 ( )는 저자인 마르크스가 보충 설명한 글이고, [   ]는 역자인 김수행의 주석이다.

『자본론』에 대하여

이 책은 마르크스(1818~1883)의 주요 저서인 세 권의 『자본론: 정치경제학* 비판』Das Kapital: Kritik der politischen Ökonomie을 알기 쉽게 독자에게 설명합니다. 세 권의 『자본론』은 대체로 1865년에 그 기본 이론의

정치경제학

1870년대 이전에는 경제학을 '정치경제학'political economy이라고 불렀습니다. 따라서 마르크스는 자기 이전의 모든 경제학을 비판한다는 의미에서 『자본론』의 부제를 '정치경제학 비판'이라고 쓴 것입니다. 그런데 1870년대가 되면 경제학계에서 '개인의 경제적 행동'을 기초로 경제 이론을 세우려는 '혁명'이 일어나게 되어, 경제학의 이름이 '정치경제학'에서 그냥 '경제학'economics으로 바뀌게 되었습니다. 다시 말해 경제 영역을 사회의 한 영역으로 생각하면서 경제 영역과 기타 영역(정치·법률·사상·문화 등) 사이의 관계까지를 경제학의 연구 과제로 생각하던 '정치경제학'이, 개인(소비자·생산자·투기꾼 등)이 자기의 효용을 극대화하기 위해 어떻게 행동하는가를 연구하는 것(이른바 '미시경제학'micro‑economics)과 개인들의 행동을 합계(또는 집계)하여 경제 전체의 동향을 예측하는 것(이른바 '거시경제학'macro‑economics)으로 축소된 것입니다.

한편, 한국에서 마르크스 경제학을 '정치경제학'이라고 부른 까닭은 마르크스 경제학에 대한 독재정권의 탄압을 피하기 위한 하나의 궁여지책이었던 것 같습니다.

초고가 거의 완성되었으며, 제1권은 1867년 마르크스가 직접 독일 함부르크의 인쇄소에서 교정지를 받아 스스로 교정을 봐서 출판합니다. 제1권의 부제는 '자본의 생산과정'입니다. 자본가계급이 상품을 생산하는 목적은 더 많은 '이윤'을 얻기 위한 것이므로, 자본가가 얻는 이윤은 어디에서 나오는가를 해명하는 것이 가장 중요한 연구 과제입니다.

이 연구 과제를 해명하기 위해서는, 자본가가 시장에서 고용한 임금노동자에게 '구매한 기계'로 '구매한 원료'를 가공하여 새로운 상품을 생산하도록 요구하고, 이 새로운 상품을 시장에서 판매할 때 판매 가격이 생산을 위해 지출한 비용(임금노동자에게 지불한 임금+기계의 값+원료의 값)보다 커야만 자본가는 이윤을 얻을 수 있다는 점을 전제해야 합니다. 정상적인 경우에 자본가는 항상 이윤을 얻으면서 기업 규모를 확대하고 있으므로, 이윤의 원천이 무엇인가를 밝혀야만 합니다.

제1권의 독일어 제2판은 1873년에 출간되었고, 제1권의 불어판은 1872~1875년에 프랑스 신문에 연재되었습니다. 마르크스가 1883년 3월 14일에 질병과 과로로 죽었으므로, 그 뒤의 『자본론』 발간은 그의 파트너인 엥겔스(1820~1895)가 담당하지 않을 수 없었습니다. 엥겔스가 제1권의 독일어 제3판(1883), 제1권의 영어판(1886), 제1권의 독일어 제4판(1890)을 편집·발간했습니다.

『자본론』 제2권도 마르크스가 남긴 원고들을 엥겔스가 편집하여 1885년에 독일어로 출간했습니다. 제2권의 부제는 '자본의 유통과정'입니다. 자본이 이윤을 계속 얻기 위해서는 자기의 형태를 화폐 형태 → 생산요소(기계, 원료, 노동력)의 형태 → 상품 형태 → 화폐 형태로 끊임없이 바꾸지 않을 수 없다는 점, 그리고 이렇게 형태를 바꾸는 데는 시간이

든다는 점 등을 지적하면서, 이런 것들이 자본의 이윤 획득에 어떤 영향을 미치는가를 검토하고 있습니다. 마지막으로, 자본가들이 생산한 상품들(기계나 원료 등 생산재, 라면이나 채소 등 소비재)은 누구에게 팔리는가를 고찰하면서, 상품이 팔릴 수 있는 주요한 조건들을 열거하고 있습니다.

『자본론』 제3권도 마르크스가 남긴 원고들을 엥겔스가 편집하여 1894년에 독일어로 출간했습니다. 제3권의 부제는 '자본주의적 생산의 총과정'입니다. 그 핵심은 이제까지 고찰한 산업자본가계급과 임금노동자계급 사이의 갈등과 투쟁 위에서 벌어지는 산업자본가들 사이의 경쟁과 평균이윤율의 형성, 그리고 산업자본가가 임금노동자로부터 착취한 잉여가치가 상업자본가·고리대자본가·토지소유자에게 각각 상업이윤·이자·지대의 형태로 분배되는 원리를 해명하는 것입니다.

어쩌면 『자본론』은 경제에 관한 책이고, 수요와 공급의 변화로 가격이 결정되는 원리를 가르칠 것이므로 재미없고 지루한 책이라고 속단할 수도 있습니다. 그러나 전혀 그렇지가 않습니다. 왜냐하면 마르크스는 경제를 사회의 '토대'라고 보면서 경제 영역의 문제가 어떻게 정치·법률·문화 영역 등 다른 모든 영역을 물들이고 있는가를 가르치고 있기 때문입니다. 예컨대 마르크스는 "인류 역사는 계급투쟁의 역사"라고 외치는데, 이 계급투쟁은 지배계급과 피지배계급이 경제 영역에서 서로 자기의 이익을 확대하기 위해 싸울 뿐 아니라, 이 경제 영역의 계급투쟁이 사회의 다른 영역으로 확산·전파되면서 기존 사회를 변화시킬 것이기 때문입니다.

따라서 『자본론』은 자본주의 사회의 형성·발전·쇠퇴·멸망을 모두 설명하고 있다는 주장이 나오는 것이고, 자본주의 사회를 변화시키거나 변혁하려는 사람들은 누구나 『자본론』을 먼저 읽지 않을 수 없다는 주장이 나오는 것입니다. 특히 자본주의 사회에서 억눌려 가난하게 사는 임금노동자계급은 당연히 아무런 노동도 하지 않고 물려받은 재산으로 호화롭게 살아가는 자본가계급을 미워할 것이고, 또한 행정부·법원·국회 등 국가 기관들이 노동자계급의 정당한 민주적 권리 행사를 무력·재판·입법 등으로 탄압하는 것을 매우 싫어할 것입니다.

결국 지금의 이 '썩어빠진' 자본주의 사회를 바꾸어야 할 텐데, 어디서부터 어떻게 시작해야 할 것인가에 관한 '과학적인' 지식을 『자본론』에서 배울 수 있습니다.

이런 이유 때문에, 우리나라는 1945년 해방 이래 1989년 2월—제가 서울대학교 교수로 발령받자마자 '잡아가려면 잡아가라'는 마음으로 『자본론』 한글판을 발간한 날—까지 『자본론』을 '금서'로 지정하여 이 책을 가지거나 읽는 사람을 국가보안법 위반으로 감옥에 가두었던 것입니다. 다시 말해 자본주의 사회에서 부귀영화를 누리는 집단들이 '영원히' 부귀영화를 독점하기 위해서 위와 같은 독재적이며 깡패 같은 행패를 부린 것입니다.

국민의 대다수가 지금의 사회 체제가 싫다고 하면, 그 사회 체제를 '깨끗한 선거'로 바꿀 수 있다는 것이 권력자들이 항상 '겉으로이긴 하지만' 강조하는 '민주주의 사회'가 아닙니까? 그리고 어떤 새로운 사회를 만들 것인가를 국민들이 모여서 자유롭게 연구하고 토론해야 모두에게 더욱 나은 사회 체제를 세울 수 있을 것이 아닙니까? 이런 민주주의적 방식으로 더 나은 사회 체제를 연구하고 토론하는 모든 세력을 감옥에 넣어 버리면, 이 사회는 항상 박정희 식·박근혜 식 독재 체제와 독점 재벌의 세습적 수탈 체제로 남아 있을 것입니다.

카를 하인리히 마르크스

Karl Heinrich Marx, 1818~1883

1818년 5월 5일 룩셈부르크 국경에 가까운 독일 서부의 트리어에서 태어났습니다. 아버지가 변호사여서 부유한 환경에서 자랐으며 처음에는 본대학에 갔다가 나중에는 베를린대학에 갔습니다. 대학에서 그는 법학, 철학(특히 헤겔 철학), 역사학에 심취했고, 박사 청구 논문 『데모크리토스와 에피쿠로스 자연철학의 차이』를 예나대학에 보내 박사학위를 22세에 받았습니다. 그런데 독일의 황제 제도를 철폐해야 한다는 '급진적 자유주의 사상' 때문에 대학교수가 되지 못하고, 1842년(24세) 쾰른에서 『라인신문』의 편집인이 되었습니다. 당시에 마르크스는 신문에서 다룰 수밖에 없는 온갖 경제 문제와 사회주의 사상에 대해 자신이 제대로 지식을 갖추지 못했다고 생각했으며 이참에 공부해야겠다고 다짐했습니다. 1843년에 정부가 이 신문을 폐간하라 명령했고, 마르크스는 그 길로 파리에 가서 경제학과 사회주의 사상을 공부하기 시작합니다. 그는 본대학에 다니던 1836년(18세)에 트리어에 살던 네 살 연상의 귀족 출신 예니 폰 베스트팔렌(1814~1881)과 은밀하게 약혼한 뒤 1843년(25세)에는 결혼식을 올리고 함께 파리로 갔습니다.

1844년에는 엥겔스가 출판 직전인 책 『영국 노동자계급의 상태』를 논의하기 위해 파리로 와서 마르크스를 만납니다. 두 사람은 서로의 생각이 같음을 확인하고 평생을 동지로 지내게 됩니다. 두 사람은 공동 작업을 시작했는데, 1845년에는 헤겔 좌파의 핵심 이론가인 브루노 바우어Bruno Bauer를 비판하는 『신성가족』을 출판했고, 두 사람 모두가 회원인 '정의 연맹'이 정치 단체로 성장·전환한 '공산주의자 연맹'의 행동 강령으로서 1848년에는 『공산당선언』

을 출판했습니다. 『공산당선언』은 자본주의의 역사적 성과를 찬양하는 동시에 자본주의가 점점 더 심각해지는 공황과 단결하는 노동자계급에 의해 붕괴될 것을 예측한 불후의 명작입니다. 이 책을 30세와 28세의 두 청년이 썼다는 것은 그 당시의 학문 연구와 학문 자유의 수준이 165년이나 지난 지금의 한국보다도 엄청나게 높았다는 것을 증명합니다.

물론 마르크스는 급진 좌파 신문 『전진!』Vorwärts!에 자주 기고한 죄로 파리에서 추방되어 1845년에는 브뤼셀로 이사 가지 않을 수 없었는데, 1848년에는 유럽이 혁명의 물결에 휩싸였으므로 벨기에 정부도 마르크스를 추방했습니다. 마르크스는 쾰른에 돌아가 『신라인신문』을 창간했지만, 1년도 못 되어 프러시아 정부는 이 신문의 폐간을 명령합니다. 마르크스는 아내와 딸 둘, 아들 하나를 데리고 1849년 8월 '그 당시 가장 자유로웠던' 런던에 도착해 영주합니다.

세계의 공장이며 자본주의의 가장 선진국인 영국에서 마르크스는 자본주의 사회의 '경제적 운동법칙'을 연구하기 시작했습니다. 『자본론』이 완성될 때까지 마르크스가 연구하여 쓴 것 중 중요한 것을 들면 다음과 같습니다. 첫째로 1857~1858년의 초벌 원고로 『그룬트리쎄』 또는 『정치경제학 비판 요강』이라는 이름으로 마르크스 사후에 출판되었습니다. 이 초고는 『자본론』에서 다룰 수많은 경제 문제들을 미리 점검하고 있습니다. 둘째로 1859년에는 『자본론』 제1권 제1편에 들어갈 '화폐'를 따로 정리하여 『정치경제학 비판을 위하여』라는 제목으로 직접 출판했습니다. 이 책은 『자본론』 제1권 제1편에 자주 인용되고 있으며, 이 책의 '서문'에서 마르크스는 법학과 철학과 역사학을 공부하여 획득한 '유물사관'이 '나의 모든 연구의 길잡이'가 되었다고 말합니다. 셋째로 1861~1863년의 초벌 원고로 『잉여가치학설사』라는 이름으로 마르크스가 죽은 뒤에 세 권으로 출판되었습니다. 이 책은 마르크스가 자기 이전의 경제학자 100명 이상의 저작을 읽고 논평한 '경제학설사'라고 볼 수 있는데, 그는 이 책을 『자본론』 제4권으로 출판하려고 했습니다만, 여전히 미완의 저작입니다.

마르크스는 아이를 일곱 명 낳았지만 세 명을 빼고는 10살까지 살지를 못했습니다. 정처 없는 망명 생활과 가난 때문이었다고 볼 수 있을 것입니다. 마르크스의 평생 가계부에서 수입란에 올라 있는 것은, 20세에 돌아가신 아버지가 남긴 유산, 장인이 부인에게 준 유산, 출판한 책의 인세, 1852~1862년에 미국 일간신문 『뉴욕데일리 트리뷴』에 기고한 유럽 문제 해설 기사의 원고료인데, 이 수입으로는 세 자녀가 결혼할 때까지 당시 런던의 평균 문화 수준으로 키울 수 없는 형편이었습니다. 자기의 평생 동지인 엥겔스가 마르크스 가정의 생활비를 상당 부분 지원했습니다.

마르크스의 무덤은 런던 시내의 북쪽 하이게이트 공동묘지에 있으며, 비문에는 다음과 같이 쓰여 있습니다.

"지금까지 철학자들은 세계를 여러 가지 각도에서 해석하는 일에만 열중했다. 그러나 문제의 핵심은 세계를 변혁하는 일이다."

프리드리히 엥겔스
Friedrich Engels, 1820~1895

지금은 독일 서북부 부퍼탈 시에 속하는 바르멘에서 1820년 11월 28일에 태어났습니다. 아버지는 방적공장 사장인데, 영국 맨체스터에도 공동 소유의 방적회사가 있었습니다. 엥겔스는 고등학교를 마치고 군대에 있으면서 베를린대학에 가서 주로 철학을 청강했으며 청년 헤겔파(헤겔 좌파)로서 크게 공헌했습니다. 부친의 강요로 일찍부터 방적공장 운영에 참여함으로써 현실 경제를 관찰하는 눈을 키웠으며, 경제·정치·전쟁·군사·역사에 깊은 지식을 가졌습니다. 1842~1844년에 맨체스터 방적공장에서 경영을 배우는 동안 전투적 여성 노동자인 메리 번스와 함께 지내면서 1845년에『영국 노동자계급의 상태』라는 명저를 썼습니다. 특히 엥겔스는 어려운 이론과 개념을 쉽게 풀어내는 재주가 남달라 마르크스의 매우 추상적인 개념과 이론을 구체화하는 데 큰 공헌을 했습니다. 또한 논쟁에서도 남들의 기분을 크게 상하지 않게 하는 능력이 있어 국제 공산주의운동을 조직·확대하는 사업에 많이 기여했습니다.

엥겔스는 마르크스의 가정생활을 물질적으로 크게 도왔습니다. 1850년 7월 맨체스터 방적공장에 다시 와서 자주 마르크스와 편지로 연락했고, 1869년에는 방적공장을 팔고 1870년부터 런던의 마르크스 집에서 멀지 않은 곳으로 이사와서 거의 함께 생활했습니다. 그러므로 마르크스 사후 엥겔스가『자본론』제2권과 제3권을 편집하여 출판한 것은 매우 자연스러운 현상이었습니다.

엥겔스의 주요 저서로는『영국 노동자계급의 상태』(1845),『오이겐 뒤링 씨의 과학 변혁』(이른바『안티 뒤링』. 1878),『사회주의: 공상에서 과학으로』(1880),『가족, 사유재산과 국가의 기원』(1884) 등이 있습니다.

1
자본주의 사회는
사라지지 않을까?

Das Kapital.

Kritik der politischen Oekonomie.

Von

Karl Marx.

생산의 사회적 형태가 어떠하건 노동자와 생산수단은 언제나 생산요소이다. 그러나
그것들이 분리된 상태에 있다면 그것들은 잠재적인 생산요소일 뿐이다. 생산이 행해
지려면 그것들은 결합되어야 한다. 이 결합이 이루어지는 특수한 형태와 양식은 사회
구조의 경제적 시대를 구분한다.

『자본론』 II : 44

인류의 경제와 사회는 계속 변한다!

『자본론』의 가장 큰 명제는 "인류의 역사는 변한다"는 것입니다. 인류 역사를 '대체로' 살펴보면 원시공산사회, 노예사회, 봉건사회가 있었고, 지금은 자본주의 사회입니다. 하지만 마르크스는 〈그림 1-1〉(이 책 22쪽)에서 보는 바와 같이, 자본주의 사회가 새로운 사회①에게 자리를 양보하며, 그다음에는 새로운 사회②가 나오고 또 그다음에는 새로운 사회③이 나올 것이라고 봅니다.

이 말은 "이 세상에 변하지 않는 것은 하나도 없다"는 진리를 인류 역사에 적용한 것이라고 볼 수도 있습니다. 자본주의 사회가 영구불멸하리라고 말하는 사람이나, '현실 사회주의'▪ 사회의 몰락을 보면서 자본주의 사회에서 인류 역사는 끝이 난다고 말하는 사람은, 지금과 같은 세계적 대불황에서 대부분의 주민들이 비참하게 살고 있는 자본주의 사회가 계속되기를 바라는 '나쁜' 사람일 뿐입니다. 세상은 계속 변한다는 것이 진리입니다.

그렇다면 세상을 바꾸는 힘은 어디에서 나올까요? 마르크스는 계급들로 구분된 사회에서는 '계급들 사이의 투쟁'이 그 사회를 움직이는 동력이라고 말합니다.

현실 사회주의

'현실 사회주의'라는 용어는 소련, 동유럽의 여러 나라들에서 '실제로 존재한 사회주의'를 가리킵니다. 이런 나라들은 자본주의 이후에 나타날 것으로 마르크스가 예측한 사회주의는 아니었습니다. 그래서 따옴표 안에 넣었습니다. 자본주의 사회 이후의 새로운 사회는 뒤에서 자주 언급됩니다.

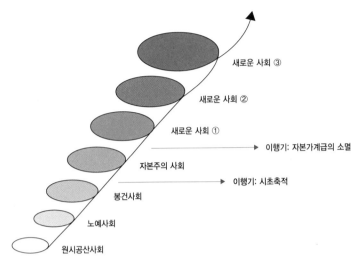

새로운 사회 ③

새로운 사회 ②

새로운 사회 ①

→ 이행기: 자본가계급의 소멸

자본주의 사회

→ 이행기: 시초축적

봉건사회

노예사회

원시공산사회

〈그림 1-1〉 인류의 경제적 발전

'계급'class▪은 어떤 사회의 구성원 전체를, 지배하는 사람과 억압당하는 사람으로 나누는 개념입니다. 마르크스에 따르면, 지배계급은 먹고살 수 있는 생산수단(예컨대 토지·도구·기계·원료 등)을 스스로 가지고 있으면서 생산수단을 가지지 않은 사회 구성원을 억압하고 착취하는 인구 집단입니다.

—
계급class

동일한 경제적 이해관계를 가진 인간 집단을 계급이라고 부르는데, 마르크스는 도구나 기계, 원료, 토지 등 '생산수단'을 가진 '지배계급'과, 이런 생산수단을 가지지 않은 '피지배계급'으로 크게 나누었습니다. 피지배계급은 생산수단이 없어 자기 스스로 생산할 수 없고 따라서 생활할 수 없기 때문에, 지배계급의 강제와 지휘에 복종하여 일을 하는 대가로 생활을 유지할 수 있었습니다.

'원시공산사회'에서는 생산수단을 모두가 '공동'으로 가지며 모두가 함께 일하고 채취물이나 생산물을 함께 나누어 먹는 사회였습니다. 따라서 이곳에서는 계급이 없었고, 인간들이 자연을 이용하는 방법(예: 도구)이 발달하고 상호간에 협력하는 방법이 발달함에 따라 사회가 진보할 수 있었습니다.

　'노예사회'에서는 서로 이해관계가 전혀 다른 '노예 주인'과 '노예'라는 두 계급이 있었는데, 노예 주인은 노예를 하나의 소유물로 생각하여 마음대로 부리고 팔 수도 있었으며, 노예는 자신이 말이나 소와 같은 '일하는 가축'(역축役畜)이 아니라 인간이라는 것을 알리기 위해 역축과 도구를 망가뜨리면서 노예 주인의 잔인성에 반발했습니다. 이것이 노예 주인과 노예 사이의 '계급모순'이고 '계급갈등'이며 나아가 '계급투쟁'입니다. 노예 반란은 심각한 형태의 계급투쟁이며, 이것은 노예사회의 기본 구조와 경제를 붕괴시키고 노예사회가 다른 사회 형태로 변하지 않을 수 없게 합니다. 물론 이 계급투쟁에서 노예들이 승리하고 '노예들의 세상'을 만든 것은 아닙니다.

　'봉건사회'에서는 '영주'와 '농노'라는 두 계급이 나타납니다. 영주는 자신이 작은 왕처럼 다스리는 자급자족의 '장원'(넓이는 지역과 시기에 따라 달랐습니다)에서 직접적 생산자인 농민들을 지배했습니다. 이 장원에는 영주의 큰 '직영지'가 있었고, 농민들은 일정한 토지를 차지하고 경작하여 가족과 함께 살았으며, 모든 주민들이 가축을 기르면서 공동으로 사용하는 '공유지'common도 있었습니다. 영주가 농민들을 경제적으로 지배하는 방법은 조금씩 변화했는데, 처음에는 농민들에게 직영지에 와서 일하기를 강제했고, 다음에는 농민들이 생산한 것의 일정 부분을 바치라고 하다가, 나중에는 농민들에게 생산물 대신 화폐를 달라고 했습니다. 이처럼 농민들이 영주에게 '공짜로' 노동 또는 생산물 또는 화폐를 바쳐야만 살아갈 수 있었기 때문에, 이 농민들은 '자유로운 농민'이 아니라 '노예 같은 농민'이라고 하여 '농노'라고 불렸습니다. 그리고 공짜로 바치는 것이 노동→생산물→화폐로 변화한 것은, 기본적으로 영주가 장원의 내부 조건과 외부 조건의 변화에 대응하여 자기의 이익을 도모한 결과였습니다. 농노들에게 '강제 노동'(또는 '부역')을 시키는 것보다는 '생산물'을 받는 것이 훨씬 더 쉬웠을 것이고, 장원 외부와 교류하기에도 이 생산물을 파는 방법이 편리했을 것입니다. 더욱이 '생산물' 대신에 '화폐'를 받은 것은, 농노들이 생산물을 쉽게 팔 수 있을 정도로 화폐경제가 발달한 증거이고, 장원 외부에서 온갖 상품들 특히 외국 사치품들이 거래되고 있었으므로 영주가 그것들을 사기 위해 화폐가 필요했던 것입니다.

영주가 농노로부터 생산물 대신 화폐를 받았다는 사실은 봉건사회의 기본 구조를 무너뜨리는 요인 중 하나였습니다. 역사적 예를 하나 들겠습니다. 농민이 1년에 밀 10가마를 영주에게 바치던 관행이 1년에 은화 10개(은화 1개는 30그램의 은으로 만들어지며, 10원이라는 화폐 명칭을 가지고 있었다고 가정합시다)를 바치는 관행으로 변화했다면, 밀 1가마의 가격은 은화 1개(=10원)였을 것입니다. 그런데 밀 1가마의 가격이 갑자기 어떤 이유로 은화 4개(=40원)로 4배나 폭등하게 되면, 농민들이 1년에 바치는 은화 10개는 밀 10가마에 해당하는 가격이 아니라 실제로는 밀 2.5가마를 바치는 것이 될 것이고, 농민들은 이익을 보아 그들의 손에 화폐가 쌓이기 시작할 것입니다. 16~17세기에 유럽에서는 이런 물가폭등 현상('가격혁명'이라고 부릅니다)이 실제로 일어났습니다. 금과 은이 화폐로 기능하고 있던 시기에 금과 은을 찾아 세계를 정복하던 스페인은 멕시코와 페루에서 노다지 은 광산을 발견했고, 은의 생산비가 크게 감소하여, 예전에는 은화 1개로 살 수 있던 상품이 이제는 은화 4개를 주어야 살 수 있게 된 것입니다. 이처럼 물가가 폭등하는 가운데, 영주는 자기의 사치욕을 충족시키기 위해, 자기가 가지고 있는 토지를 팔기 시작했고, 농민들은 그 토지를 사서 이른바 '자영농민'—자기의 토지에서 자기의 도구로 농산물을 생산하고 그것을 시장에서 팔아 생활하는 자유로운 농민—이 되었습니다. 자영농민들 중 일부는 대토지소유자로 성장하고 일부는 대토지소유자의 일꾼으로 되는 과정이 진행되면서, 영주와 농노 사이의 인격적 지배·종속관계는 붕괴하게 된 것입니다. 영주들이 직영지를 팔거나 거대한 빚을 지고 몰락하는 과정에서, 더욱 큰 영주들이 작은 영주들을 무력으로 합병하여 하나의 통일된 국가를 만들었는데, 이것이 봉건사회에서 자본주의 사회로 넘어오는 이행기에 나타난 '절대주의 국가'입니다.

'자본주의 사회'에서도 '자본가계급'과 '임금노동자계급'이라는 적대적인 두 계급이 있습니다. 자본가계급은 다른 사람을 고용할 수 있는 재산이 있어서, 자기는 아무 일도 하지 않으면서 다른 사람이 만들어 내는 '이윤'을 먹고살면서 점점 더 큰 재산을 가지게 됩니다. 그리고 자본가에게 고용되는 사람은 자기가 가진 재산이 전혀 없으므로, 자기의 '노동력'(육체적·정신적 힘)을 자본가에게 팔아 임금을 받지 않으면 먹고살 수가 없습니다. 자본주의 사회가 탄생부터 이처럼 매우 '불평등한' 사회였다는 것을 지금의 대불황에서 다시금 깨닫게 됩니다.

물론 임금노동자는 노예와는 다릅니다. 노예는 노예 주인이 가지고 있는 '말하는 물건'에 지나지 않았으며, 노예 주인은 노예를 죽이든 팔아 버리든 마음대로 할 수 있었습니다. 그러나 자본가는 임금노동자에게 그렇게 하지는 못합니다. 왜냐하면 임금노동자는 자본가에게 자기의 몸을 파는 것이 아니라 자기 몸이 지니고 있는 '노동력'을 하루, 한 주, 한 달, 또는 1년에 걸쳐 판매할 뿐이므로, 어떤 자본가가 매우 잔인하게 일을 시키면 그 자본가를 떠나 다른 자본가에게 자기의 노동력을 팔 수 있기 때문입니다. 물론 이런 종류의 '자유'는 굶어죽을 자유를 가리키는 것이기도 합니다. 노예는 노예 주인이 늘 먹여 주지만, 임금노동자는 일자리를 잃어버리면 굶어죽을 수밖에 없기 때문입니다. 그러므로 현재의 임금노동자는 노동력을 자본가에게 팔아 임금을 얻어야만 살아갈 수 있다는 의미에서 '임금노예'라고 부를 수도 있습니다.

　　임금노동자는 "모든 사람은 법 앞에서 평등하다"는 이야기를 계속 듣지만, 법 앞에서 평등하더라도 굶어죽을 수밖에 없다면 그 이야기가 무슨 소용일까요? 자본가계급은 가만히 앉아서 노동자가 만들어 낸 이윤으로 더 큰 부자가 되고 있는데, 임금노동자는 자본가의 지배와 억압을 받고 자기가 만들어 낸 이윤을 공짜로 계속 자본가에게 빼앗기고 있습니다. 이것을 "자본가가 노동자를 착취한다"고 말합니다. 물론 "자본가는 노동자에게 임금을 주기 때문에 자본가가 얻는 이윤은 '착취'가 아니다"라고 주장할 수 있지만, 노동자가 노동을 통해 창조하는 '부가가치'는 '임금＋이윤'이므로 "임금은 노동자의 노동 중에서 '지불받은' 부분이고, 이윤은 노동자의 노동 중에서 '지불받지 못한' 부분이다"라고 말할 수 있습니다(이 부분은 뒤에서 자세하게 설명합니다). 그러므로 두 계급 사이의 관계가 좋을 리 없고, 가끔 계급투쟁이 생깁니다. 노동자계급이 '파업'하는 수도 있고, 자본가계급이 직장을 '폐쇄'하거나 경찰을 불러 노동자를 탄압하고 체포하기도 합니다.

특히 지금과 같은 처참한 대불황에서는 일자리가 크게 감소하여 실업자가 대폭 증가하고 임금수준도 낮아지며 비정규직이 크게 증가하므로, 취업노동자는 자본가의 잔인한 착취와 억압에 반항하기가 어렵습니다. 노동자계급의 불만과 반항심은 점점 더 쌓여 가지만, 그들은 어떻게든 지금 당장 먹고살아야만 하기 때문에 자본가계급과 국가의 학대를 참고 있는 셈인데, 언제든지 이 쌓인 불만이 대규모로 폭발하면 자본주의 사회는 붕괴할 수밖에 없을 것입니다.

노예사회와 봉건사회가 몰락할 때는, '생산을 직접적으로 담당한' 노예계급과 농노계급이 새로운 사회의 '주인'이 되지 못했지만, 자본주의 사회에서는 직접적 생산자인 임금노동자계급이 새로운 사회의 주인이 될 수 있는 가능성이 매우 커졌습니다. 왜 그럴까요?

첫째, 자본가들은 서로 경쟁하는 과정에서 대규모 자본가들이 소규모 자본가들을 파멸시켜 임금노동자로 만들기 때문에, 대자본가의 수는 점점 더 감소하지만, 임금노동자의 수는 점점 더 증가하기 때문입니다.

둘째, 주식회사가 점점 더 지배적 회사 형태가 됨에 따라, 자본가계급은 회사를 소유하는 '주주'가 되고, 회사 경영은 전문 경영인(예컨대 월급쟁이 사장)과 임금노동자들이 담당하게 됩니다. 주주는 주식을 만지작거리면서 아무 일 하지 않아도 회사의 이윤을 '배당'으로 받아가므로, 사실상 '불로소득층' 또는 사회의 '기생층'이 되지 않을 수 없습니다. 고급 노동자인 월급쟁이 사장▪과 임금노동자가 실제로 회사를 운영하는 셈이므로, 불로소득층이며 무위도식하는 주주(즉 자본가계급)를 제거하더라도 회사 경영에는 전혀 문제가 생기지 않을 뿐 아니라, 오히려 회사 이윤의 대부분을 회사의 확대와 개선을 위한 자금으로 사용할 수 있을 것입니다.

셋째, 현재와 같은 세계적 대불황에서는 회사가 여유 자금을 많이 가지고 있으면서도 장래의 '수익 전망'이 좋지 않아서 투자를 확대하지 않고 있습니다. 사회에는 생산의 3요소인 기계·노동자·토지가 충분한데도, 생산이 확대되지 않고 노동자는 실업 상태에서 헤어나지 못하며 국민은 빈곤에 빠져 수많은 사람들이 자살할 수밖에 없습니다. 왜냐하면 회사를 소유한 자본가들은 주민들의 필요와 욕구를 충족시키는 것에는 관심이 없고, 오직 더 많은 이윤을 얻는 것에만 주목하기 때문입니다. 따라서 생산의 목적을 모든 국민의 필요와 욕구를 충족시키는 것으로 바꾸면, 다시 말해 남아도는 생산요소들을 이용하여 주민의 복지를 증가시키는 일자리를 만들어 내고, 비정규직을 모두 정규직으로 전환시키며, 지금의 노동시간을 대폭 줄이게 되면, 모든 국민에게 일자리와 소득을 줄 수 있고 희망을 느끼도록 만들 수 있습니다.

이처럼 모두가 잘살 수 있는 인적·물적 자원이 풍부함에도 대다수의 주민이 빈곤과 절망을 겪는 것은 이윤 획득만을 생산의 목적으로 삼

월급쟁이 사장

'월급쟁이 사장'은 '자기의 노동력을 팔아 월급을 받기 때문에' 임금노동자계급에 속한다고 말할 수 있습니다. 물론 그가 대주주(대자본가)의 명령에 복종하지 않을 수 없기 때문에, "주식회사에서는 소유와 경영이 사실상 완전히 분리되었다"고 주장할 수는 없습니다.

는 자본가계급이 이 사회를 지배하고 있기 때문입니다. 한국의 최대 재벌 총수가 자기의 반도체 공장에서 죽어 가는 직원들의 목숨에는 전혀 신경을 쓰지 않으면서, 세계 제일의 반도체 생산업체, 세계 제일의 핸드폰 제조업체가 되었다고 환호작약하는 꼴은 인간의 탈을 쓴 이리일 뿐입니다.

인구의 대부분을 차지하는 임금노동자계급이 예컨대 선거에서 승리하여 정치적 권력을 잡으면 사회를 변혁할 수 있습니다. 직접적 생산자인 '노동하는 개인들'을 중심으로 하는 사회 전체가, 자본가계급(또는 주주)이 사회의 인적·물적 자원을 자기들의 '사적 이익'을 위해 사용하는 것을 중지시키고, 사회의 자원을 모든 국민들의 필요를 충족시키기 위해 사용하면, 새로운 사회가 탄생하게 됩니다. 이렇게 되면 한 줌도 안 되는 재벌 총수 대신에 국민 대다수가 주인이 되는 사회가 되며, 따라서 사회는 더욱 평등하고 자유로우며 지배와 억압이 사라지게 될 것입니다. 물론 사회 각 부문에 조직되어 있는 노동조합, 시민운동 단체, 환경 단체, 여성운동 단체, 빈민운동 단체, 장애인 복지 단체, 민주주의 수호 단체, 교수·교원 단체 등등이 서로 치열하게 토론하여 새로운 사회를 건설하는 청사진을 제시해야만 선거에서도 승리할 수 있을 것이며, 앞으로도 이런 '노동하는 개인들의 연합'이 연대를 강화하면서 새로운 사회를 점점 더 모든 계급이 사라지고 갈등과 투쟁이 최소화되는 단계로 이끌게 될 것입니다. 새로운 사회에서는 개인들의 이익이 사회의 이익과 일치하기 때문에, 모든 사람이 즐겁게 자기의 일터로 출근하여 자기 자신과 사회 전체의 이익을 위해 자발적으로, 헌신적으로, 희생적으로 일하게 될 것입니다. 이렇게 되면 개인의 개성이 크게 개발되어 인간 능력이 최대한으로 발달하고 과학 기술이 진보하여 노동생산성이 크게 향상할 것입니다. 인간은 노동시간을 단축하여 자유롭게 자기의 개성을 더욱 발달시킬 수 있고, 이런 여유와 함께 인간은 서로 상대방과 자연을 '인류'의 관점에서 바라볼 수 있게 될 것입니다.

『자본론』은 자본주의 사회가 경제적으로 어떻게 발전하는가를 이야기한다

자본주의 사회에서는 자본가들이 경제뿐 아니라 정치·사법·언론·문화·교육·스포츠 등 모든 분야를 장악하고 있습니다. 2012년 12월의 대통령 선거에서 이기기 위해 박근혜 후보는 '경제민주화'와 '복지 확대'를 약속했지만 대통령에 당선되자마자 위의 공약을 금방 폐기 처분했습니다. 박근혜 대통령은 재벌의 이익을 조금이라도 해치지 않으려고 이명박 정권의 '부자 감세'를 그대로 유지하고, 재벌에게 공적 자금을 더욱 많이 지원하여 연구·개발 투자를 활성화하려고 하며, 재벌의 이윤 획득에 걸림돌이 되는 "모든 규제는 악"이라고 선언했습니다. 대통령이 이렇게 재벌을 '편애'하니까 행정부와 국회 및 모든 민간 기관들도 재벌을 '왕'으로 모시지 않을 수 없는 것입니다.

　자본주의 사회를 지배하는 계급은 바로 자본가계급입니다. 자본가는 경제 활동에서 '이윤'을 얻고, 이 이윤을 다시 투자하여 자본을 증식하기 때문에, 자본주의 경제가 확대재생산되면서 자본가계급의 권력은 증가합니다. 그러므로 자본주의 사회가 어떻게 '경제적으로' 운동하는가를 해명하기 위해서는, 무엇보다 먼저 자본가가 어떻게 이윤을 얻는

가를 연구해야만 합니다. 『자본론』 1권, 2권, 3권의 내용 대부분은 각종의 자본가들(예: 산업자본가, 상업자본가, 금융적 자본가)과 토지소유자*가 어떻게 돈을 버느냐에 관한 이야기입니다.

지배계급이 얻는 이윤(산업이윤, 상업이윤)이나 이득(이자, 투기이익, 지대)이 '어디에서' 나오는가를 최초로 과학적으로 분석한 사람이 마르크스입니다. 세 권의 『잉여가치학설사』가 이것에 관한 그의 연구 노트입니다. 『자본론』 1권 전체는 공장을 운영하는 '산업자본가'가 얻는 이윤은 과연 어디에서 나오는가를 이야기합니다. 자본가가 얻는 이윤의 '실체'는 무엇이고 또 자본가는 더 많은 이윤을 얻기 위해 어떤 수단을 사용하는가를 분석해 보면, 결국 자본가가 임금노동자를 '착취'한 것이 바로 이윤이고, 착취하는 여러 가지 방법은 바로 더 많은 이윤을 얻는 수단이라는 것을 알게 될 것입니다.

그런데 왜 임금노동자는 착취를 당해야만 할까요? 여기서 중요한 것은, 자본주의 사회는 인류 역사에서 보면 오직 하나의 발전 단계이며, 영구불멸하지 않으며 다른 사회에 자리를 양보한다는 점입니다. 자본가가 이윤을 증가시키기 위해 도입하는 각종 기술혁신이 상품들에 대한

각종의 자본가들과 토지소유자

'산업자본가'는 "재화나 서비스를 생산하여 '이윤'을 얻는 자본, 즉 산업자본을 소유하는 자본가"입니다. '상업자본가'는 "산업자본이 생산한 재화나 서비스를 구매하여 소비자에게 판매하는 과정에서 '상업이윤'을 얻는 자본가"이고, '금융적 자본가'는 "자기가 동원할 수 있는 화폐자본으로 대출하거나 유가증권에 투기하여 '이자'나 '투기 이득'을 얻는 자본가"입니다. '토지소유자'는 "농업용 토지, 광산, 건설용 토지를 소유하면서 이 토지를 타인에게 빌려주어 '지대'를 받는 사람"입니다.

'유효수요'▪를 초과할 정도로 너무 많은 상품을 생산하게 되어, '과잉생산' 공황이 주기적으로 폭발합니다. 또한 자본가계급의 적인 임금노동자계급은 공황으로 말미암아 낭비되는 인적·물적 자원을 모든 주민의 생활수준 향상을 위해 활용하기 위해서는 자본주의 사회를 타도해야 한다고 판단합니다. 또한 노동자들은 자본가를 위해 일하기보다는 자기 자신을 위해 일하기를 원합니다. 이런 이유로 자본주의 사회는 새로운 사회로 나아갈 수밖에 없습니다. 매일 아침 회사에 가는 발걸음이 썩 즐겁지만은 않습니다. 회사가 재미있다고 말하는 사람도 많지 않습니다. 왜 그럴까요? 그 회사가 여러분의 것이 아니기 때문이고, 여러분은 자본가를 위해 '강제 노동'을 하지 않으면 안 되기 때문입니다. 자본주의 이후에 등장하는 '새로운 사회'에서는 '노동하는 자유롭고 평등한 개인들'이 사회의 주인이 될 것이고 이전의 자본가들도 모두 '노동하는 자유롭고 평등한 개인들'이 되어 있을 것입니다.

임금노동자가 생긴 과정을 생각해 봅시다. 봉건사회에서 자본주의 사회로 넘어올 때 대토지소유자들이 농민들로부터 땅을 모두 빼앗고 농민을 농촌에서 추방했습니다. 영국의 경우, 15~16세기경 네덜란드에서 양모 공업이 번성하면서 양털 가격이 크게 상승했습니다. 그래서 권력 있는 대토지소유자들은 더 많은 양털을 얻기 위해 농민들이 경작하

유효수요 effective demand

상품을 구매하려면, 그 상품을 원한다는 사실 이외에 그 상품을 살 수 있는 돈이 있어야 합니다. 따라서 유효수요는 '돈이 뒷받침되는 수요'를 가리키는데, 기계나 원료 등 생산수단(또는 생산재)에 대한 유효수요를 '투자'라고 부르고, 생활수단(또는 소비재)에 대한 유효수요를 '소비'라고 부릅니다.

던 땅을 전부 목양지로 바꿔 버렸습니다. 그 땅에서 농사짓던 사람들은 모두 쫓겨났습니다. 이전에는 좁은 땅이나마 가지고 있어서 밭을 경작해서 가족과 잘 먹고 살았는데, 이런 생활을 할 수 없게 된 것입니다. 땅을 다 빼앗기고 생활할 수 있는 수단을 전혀 가지지 못한 사람들이 낯선 도시로 가서 임금노동자가 됩니다. 이것이 자본주의 사회의 시작입니다. 지금 공장이나 회사에 가 보면 임금노동자가 사실상 공장이나 기계, 사무실 등을 모두 차지하고 있지만, 자기들의 소유는 아무것도 없습니다. 따라서 자본주의 사회를 타도한다는 것은 공장, 회사, 사무실, 농지 등을 모두 일하는 사람에게 돌려주는 것을 가리킵니다.

예를 들어 여기에 큰 재벌이 소유한 공장이 있습니다. 공장 노동자들이 단결해서 재벌 총수와 주주들이 소유한 것을 모두 빼앗아서 공동의 소유로 만듭니다. 노동자들이 공동으로 생산수단을 소유하고 함께 일을 하고 거기서 나오는 이익을 가지고 그 공장 사람뿐 아니라 모든 사람이 나누어 가지는 것이 마르크스가 생각하는 새로운 사회의 기본 아이디어입니다. 노동자가 주인이 된다는 말이고, 노동자가 착취와 억압에서 해방된다는 것입니다.

노동자가 해방되면 자본가도 해방됩니다. 이전의 자본가는 자기의 돈 10억 원을 20억 원으로 만들기를 원하고 또 20억 원을 50억 원, 100억 원으로 만들기를 원했기 때문에, 어떻게 하면 노동자를 더 많이 착취할 수 있을까를 여러 가지로 궁리했습니다. 마음에 마귀가 침투하여 노동자를 인간이 아니라 노예로 생각했던 것입니다. 그런데 이제 자본가는 자기의 재산을 모두 빼앗기고 보통 사람이 되었습니다. 자본가는 더 이상 노동자를 착취한다는 생각을 할 수 없고 선량한 사람으로 거듭나게 됩니다. 그래서 마르크스는 노동자가 해방되면 자본가도 해방된다고 말합니다. 이리하여 자본주의 사회 이후의 새로운 사회는 모든 사람이 자유롭고 평등합니다. 자유로운 개인들이 토론하여 사회 전체에 대한 계획을 세우고 모든 주민들이 '자기의 능력에 따라 일하면서' '자기의 필요와 욕구를 충족시킬' 것이기 때문입니다. 우리가 말하는 '모두가 참여하고 모든 성과를 평등하게 나누는 민주주의'가 나타날 것입니다. 소련USSR(소비에트 사회주의 공화국 연방), 중국, 북한, 쿠바 등이 마르크스가 이야기한 '자유로운 개인들의 연합'이라고 생각한다면 큰 오류입니다.

사회를 올바로 파악하는 유물사관

마르크스는 경제학을 연구하기 이전에 이미, 법학·철학·역사학을 공부하여 '유물사관'material interpretation of history을 확립했고, 이것이 '나의 모든 연구의 길잡이'가 되었다고 고백했습니다. 먼저 사회가 어떻게 구성되어 있고, 사회는 어떻게 변화하는가에 관해 마르크스의 이야기를 들어 봅시다.

사회는 경제 영역, 정치 영역, 법률 영역, 문화 영역, 사회 의식 등이 서로 복잡하게 얽혀 있는 하나의 유기체라고 보기 때문에, 사회를 '사회구성체'라고도 부릅니다. 그리고 경제 영역이 이 사회구성체의 '토대'이고, 정치·법률·문화·의식 등의 영역은 이 토대 위에 세워진 '상부구조'라고 봅니다. 또한 토대인 경제 영역은 '생산력'과 '생산관계'로 구성되어 있다고 보면서, 이것을 '생산양식'이라고도 부릅니다. 생산력은

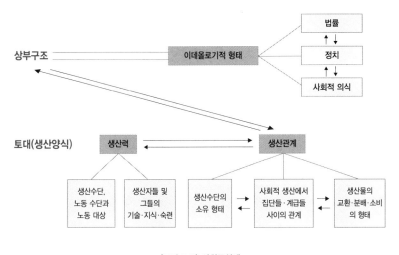

〈그림 1-2〉 사회구성체

어떤 생산물을 어떻게, 얼마나 많이 만들어 낼 수 있는가를 나타내는 지표인데, 생산수단(노동 수단과 노동 대상)과 생산자들의 기술·지식이 생산력을 구성합니다. 그리고 이 생산력을 이용하여 재화와 서비스를 생산하여 처분하는 과정에서 인간들이 서로 맺는 관계를 '생산관계'(또는 소유관계)라고 말합니다.

계급사회의 생산관계는, 생산수단을 소유하여 일할 필요가 없는 사람이 일하는 사람(또는 직접적 생산자)을 착취하는 것이 핵심입니다. 왜 이런 생산관계가 생겼을까요? 한 사람이 하루 종일 일을 해도 자기 혼자만 먹고살 수 있는 '생산력' 수준에서는 일하지 않는 사람이 있을 수 없습니다. 그러나 생산자의 기술과 도구 등이 발달하여 소수의 사람이 노동하더라도 다수의 사람들을 먹여 살릴 수 있게 되었을 때, 생산수단을 소유한 계급이 생산수단을 소유하지 않은 계급을 지배하고 착취하게 된 것입니다. 이리하여 자기들의 이해관계가 경제 영역에서 대립하는 계급들이 생기고, 이 계급들은 각각 자기 계급의 이익을 옹호하거나 확대하기 위해 정치·법률·언론·종교·교육 등의 상부구조를 통해 서로 투쟁하게 됩니다.

이 계급투쟁에서 국가는 계급들의 적대적 이해관계를 타협으로 화해시키면서 기존의 사회체제를 '장기적 관점'에서 유지하는 기능을 하게 됩니다. 좀 더 본질적으로 말하면, 자본주의 '국가'는 자본가계급의 이익을 장기적으로 유지하고 확대하기 위해 공권력을 행사하는 기구입니다. 다시 말해 국가는 법률을 제정하고 집행하며, 정부의 세입과 세출의 세부 사항을 결정하고, 경찰·군대·정보기관 등을 이용하여 시민단체와 노동조합의 활동을 감시하며, 독과점의 피해를 줄이고 공정거래를 촉진하며, 대외관계를 안정적으로 유지하는 것에 공권력을 행사할 것입니다.

자본주의 국가의 실례를 역사에서 살펴봅시다. 유럽 선진 자본주의 국가는 제2차 세계대전이 끝난 1945년 이후에 대체로 병원과 학교를 무료로 운영하고, 월세가 싼 공공 임대주택을 대규모로 건설하며, 실업자에게 실업수당을 주면서 직업훈련을 시키고, 저소득층에게 소득을 보조하며, 노인에게 충분한 연금을 제공하고, 장애인을 보호하며, 소득세의 누진율을 높여 부자가 더욱 많은 세금을 부담하게 했습니다. 이런 국가를 '복지국가'welfare state라고 부릅니다.

그렇다면, "복지국가는 자본가계급과 임금노동자계급의 어느 편도 들지 않고 '선의의 제3자'로서 두 계급의 이해관계를 '중립적으로' 화해시킨 실례이다"라고 주장할 수 있을까요? 이렇게 주장할 수는 없다고 봅니다. 왜냐하면 지배계급이 복지국가를 세우지 않았다면, 노동자계급과 서민의 쌓인 불만이 폭발하여 자본주의 사회가 붕괴되면서 새로운 사회가 설립되었을 가능성이 매우 컸기 때문입니다. 이 당시에는 소련이 새로운 사회의 모델로서 여전히 기능하고 있었다는 점을 명심해야 할 것입니다. 1930년대의 세계대공황에서는 일자리를 잃고 빈곤에 시달렸으며 1939년부터는 제2차 세계대전이 터져 대포 밥이 될 수밖에 없었던 유럽의 유권자들은, 1945년부터 '실업자가 없는 완전고용'과 '요람에서 무덤까지 국가가 생활을 보장하는 사회보장제도'를 국가 정책의 첫 번째 과제로 채택하지 않는 정당에게는 투표하지 않기로 작심하고 있었기 때문입니다. 이런 유권자들의 절박하면서도 강력한 요구를 무시한다면, 자본주의 체제를 유지하려는 어떤 정당도 집권할 수 없었기 때문에, 자본가 정당(영국의 보수당)이나 사회민주주의적 노동자 정당(영국의 노동당)은 복지국가를 선거 강령으로 제시함으로써 자본주의 체제를 '장기적 관점'에서 유지하려고 했던 것입니다. 따라서 복지국가는, 국가가 자본가계급과 노동자계급 사이의 투쟁에서 중립적인 입장을 취하는 선의의 제3자라는 것을 보여 주는 것이 아니라, 노동자계급과 서민들의 거대한 자본주의 반대 정서에 부닥쳐 자본주의 체제를 어떻게든 유지하기 위해 자본가계급과 국가가 궁리해 낸 탈출구였다고 말할 수 있습니다.

물론 자본주의 국가가 자본가계급의 이익을 옹호하기 위해 '노동법'을 개정한 예는 수없이 많습니다. 예컨대 1970년 6월의 총선에서 집권한 영국의 히스E. Heath(1916~2005) 보수당 정부는 기술 도입과 임금 억제에 반대하는 노동조합의 권리를 제한하기 위해 1971년 8월 '노사관계법'을 제정했습니다. 이 법에 따르면, 피켓 수가 제한되고 동정파업은

1979년 대처 총리 취임식
1984~1985년 광부노조 대파업

불법이며 불법파업에 대해서는 노조가 손해를 배상해야 했습니다. 노동조합은 전국적으로 노사관계법의 폐지를 요구하는 시위와 파업을 행했고, 특히 1973년 10월의 제1차 석유파동 이후 광부노조가 파업을 선언하자, 히스 수상은 국가비상사태를 선포해 모든 정부기관과 기업들에게 주 3일 근무를 명령하면서 1974년 2월 총선을 실시했습니다. 보수당은 "누가 영국을 다스리는가? 선거에서 이긴 정부인가, 아니면 노동조합인가?"를 구호로 삼았지만, 야당인 노동당에게 패배했습니다. 노동당은 의회에서 과반수를 차지하지 못했지만 '소수당 정부'를 구성하여, 국가비상사태를 해제하고 광부노조의 파업을 종결시키며 노사관계법을 폐기했습니다. 그 뒤 1979년 5월 총선에서 승리한 보수당의 대처 M. Thatcher(1925~2013) 수상은 앞에서 말한 '복지국가'를 해체해야만, 부자들의 조세 부담을 줄이면서, 노동조합의 세력을 약화시킬 수 있을 뿐 아니라, '부자들을 위한, 부자들에 의한, 부자들의 정치'(이것이 '자본가 계급의 독재'이고, 이른바 '신자유주의'의 핵심입니다)를 강화할 수 있다는 '신념'을 실행하기 시작했습니다. 부자들에 대한 세금을 감축하고, 교육·건강·실업자·퇴직자에 대한 사회 서비스를 축소하며, 긴축내핍 정책을 강화하고, 자유로운 영리 활동에 대한 규제들을 철폐하며, 수익성이 높은 독점적인 국유기업들을 민간인들에게 불하하고, 소련에 대항한다는 명목으로 국방비를 증가하며, 도시 폭동에 대항하기 위해 빈민구제보다는 경찰 병력을 강화하고, 히스 시기의 노사관계법을 부활시키면서 파업하기 위해서는 노조원 과반수의 지지를 얻어야 하며 정치적 분쟁은 노동쟁의의 대상이 되지 않는다는 규정 등을 추가했습니다.

이 개정 노동법에 의거하여, 대처 정부는 가장 전투적인 광부노조를 파괴하기 위해, 이른바 국영 탄광의 '비능률적 광구'를 폐쇄하는 조치를 단행합니다. 이에 맞서 광부노조는 1984년 3월 5일에서 1985년 3월 3일까지 1년 동안 파업을 계속했는데, 이 과정에서 정부는 경찰을 대규모로 동원하여 노동자들과 '격투'를 벌이기까지 했으며, 이 파업이 노동법의 규정들을 어겼다는 이유로 광부노조와 조합장을 고소하여 광부노조는 거액의 벌금을 물어야 했고 재산을 압류당했습니다. 광부노조의 패배로 영국의 노동운동은 침체에 빠지기 시작했습니다.

보수당의 신자유주의가 자본가계급의 이익을 적극적으로 보호하고 있다는 것을 잘 보여 주는 또 하나의 노동분쟁을 예로 들어 보겠습니다. 오스트레일리아 출신의 언론재벌 머독Rupert Murdoch(1931~)이 런던에서 신문사들—뉴스오브더월드, 더 선, 타임스, 선데이타임스—을 매입하고, 네 개의 신문사 본사를 전통적인 신문사 밀집 구역인 플리트 스트리트Fleet Street가 아닌 이스트 엔드의 부둣가인 와핑Wapping에 비밀리에 새로 지은 뒤에, 기존의 신문사 제작진들 모두에게 노동조합에 가입하지 않는다는 조건으로 새 건물로 이사 오는 것에 동의하지 않으면 해고하겠다는 협박장을 1986년 1월에 보냅니다. 이리하여 1년 이상에 걸친 파업이 일어났는데, 머독은 노동조합을 '불법 파업'으로 고소했고, 법원은 노동조합에 벌금을 선고하며 특히 6명보다 많은 조합원이 피켓을 들었다고 '불법 피케팅'을 중단하라고 선고합니다.

한국에서도 법원이 불법 파업이라고 판결하여 노동자와 노동조합에게 벌금을 선고하는 일이 크게 증가하고 있습니다. 왜냐하면 국가가 제정한 노동법에 따르면, 노동조합이 제대로 자본가 또는 사용자에게 대항하기 위해서는 이른바 '불법 행위'를 하지 않을 수 없기 때문입니다. 예컨대 노동조합은 파업 등의 단체 행동을 하기 전에 반드시 자본가와 협의해야 한다고 노동법은 규정하고 있는데, 자본가가 단체협상에서 불성실한 태도를 취해 시간만 질질 끄는 경우에도 노동조합이 파업하면 불법 파업이 되는 것입니다. 또한 파업의 목적이 '근로 조건의 개선'이어야만 한다는 노동법의 규정을 매우 좁게 해석하여, 법원은 정리해고를 반대하는 파업, 공기업의 사유화(민영화)를 반대하는 파업, 정부의 경제 정책을 반대하는 파업, 불법·부정 선거를 비난하는 연대 파업 따위를 모두 불법이라고 선고하기 때문입니다. 이런 노동법의 조항들과 법원의 판결은 국가 기관들이 임금노동자들에게 오직 '임금노예'로서 자본가계급의 지휘·감독에 복종하라고 강요하고 있는 것입니다. 따라서 이런 노동 관련법과 법관들을 없애기 위해서는 현재의 국가 기구를 완전히 해체하고 부패 관료들을 철저히 내쫓아야 할 것입니다. 선거를 통해 선출되지 않는 '관료층'(예: 소련 사회에서 권력을 행사한 당과 정부의 특권 계급인 노멘클라투라nomenklatura)이 새로운 사회의 건설에 가장 큰 걸림돌이 된다는 것을 기억할 필요가 있습니다.

현재 한국에서도 법원이 이른바 '불법 파업'에 대해 부과한 천문학적 규모의 손해배상액과 가압류 때문에 고통 받는 노동자들과 그 가족들이 점점 더 증가하고 있습니다. 그리고 이들의 생계비와 의료비를 돕고 법률 개정을 촉구하기 위해 '노란봉투캠페인'이라는 이름으로 모금 운동이 벌어지고 있습니다. 많은 사람들이 자본주의 사회의 문제점을 구체적으로 알게 되고 그것을 어떻게 바꾸는가를 생각하는 좋은 계기가 된다고 봅니다.

이제 자본주의 사회가 어떤 과정을 거쳐 발전하다가 새로운 사회에게 자리를 양보하게 되는가를 간단히 살펴봅시다. 어떤 사회가 제대로 굴러간다고 말할 때는, 토대와 상부구조 등 사회구성체 전체가 서로 이가 맞아서 또는 균형을 이루면서 잘 돌아간다는 뜻입니다. 그런데 그렇지 않은 경우가 많이 생깁니다. 마르크스가 특히 강조한 것은 공황과 그 뒤에 나타나는 불황 시기입니다. 공황은 생산력과 생산관계 사이에 생긴 불균형이 밖으로 폭발하는 것입니다. 비유하면, 생산력은 몸이고 생산관계는 옷입니다. 몸이 자꾸 커지면 옷을 갈아입혀야 합니다. 옷을 갈아입히지 않으면 지금의 옷이 찢어집니다. 그런데 자본가들은 좀 더 큰 옷으로 갈아입히려 하지 않고, 지금의 옷이 너무 좋다고 말하면서 커진 몸을 잘라내고 있습니다. 이것이 바로 주기적으로 나타나는 경제공황입니다.

자본주의 사회에서는 새로운 생산방법이 개발되고 노동자들의 숙련도가 증가해서 상품들이 점점 더 많이 생산되고 있습니다. 이것이 바로 생산력이 발전하는 것인데, 이 생산력의 발전이 너무 많은 상품들을 생산함으로써 시장이 포화상태에 빠져 상품들이 팔리지 않게 된다는 것입니다. 상품이 안 팔리면 자본가들은 공장 문을 닫으며, 공장 문을 닫으면 실업자가 많아집니다.

그런데 상품들이 안 팔린다는 이야기가 그 상품들이 필요 없다는 것은 아닙니다. 그 상품들을 필요로 하는 사람들이 돈이 없다는 것을 가리킵니다. 따라서 상품들이 안 팔리면 그 상품들을 필요로 하는 사람들에게 '공짜로' 주면 될 것 아닙니까? 이런 훌륭한 방법은 기존의 '생산관계'―가난한 사람들은 굶어죽을 수밖에 없다는 현실―를 변경시켜야만 가능할 것입니다. '공짜로 주는 방법'의 하나는 정부가 복지 정책을 세워 빈곤층에게 생활비를 주고 빈곤층이 그 돈으로 상품들을 사는 것입니다. 그러면 팔리지 않아 창고에 쌓여 있던 상품들은 모두 사라질 것이고, 공장 문을 닫을 필요도 없고 실업자도 생기지 않을 것입니다. 그리고 기업과 취업노동자가 세금을 냄으로써 정부는 거둬들인 세금으로 빈곤층에게 준 생활비를 메울 수 있게 됩니다. 다시 말해 복지 확대와 경제 성장이 나란히 나아가게 되는 것입니다.

결국 생산력이 발달할 때 이것에 따라 나타날 수 있는 '과잉생산'을 해결하기 위해서는, 정부가 복지 정책을 실시하여 상품들의 판로를 개척해야 합니다. 몸이 커지면 좀 더 큰 옷을 입어야 몸과 옷이 균형을 이루면서 몸을 더욱 잘 자라게 하는 것처럼, 생산력의 발달에 따라 생산관계가 바뀌어야 생산력과 생산관계가 균형을 유지하며 또한 생산력이 더욱 발달하도록 자극할 것입니다. 사실상 선진 자본주의 국가들에서 1945년 이후 1970년까지 채택한 복지국가가 바로 이런 노력의 산물입니다. 정부가 복지 정책을 확대하여 학교·병원을 무상으로 운영하고, 실업자에게는 실업수당을, 저소득층에게는 소득 보조를, 노인들에게는 연금을 주고, 공공 임대주택을 건설했습니다. 이렇게 하면 교사·의사·사회복지사 등 좋은 일자리가 많이 생기고, 기업들은 상품 판매가 증가해 투자를 계속할 수 있으며, 이리하여 기업과 노동자의 소득이 증가해 정부에 더 많은 세금을 내기 때문에 정부 재정은 안정되면서 복지 확대와 경제 발전이 나란히 진행할 수 있었던 것입니다.

그런데 1973년 10월의 제1차 석유파동을 계기로 세계적 규모의 투기—증권 투기, 원료와 반제품에 대한 투기, 토지와 건물에 대한 투기—가 실패하면서 세계대공황이 발생했습니다. 이 대공황을 계기로 복지국가를 지지하는 케인스 경제학이 물러나고, 부자들을 위한, 부자들에 의한, 부자들의 정치를 강화해야 한다는 '신자유주의'—이것을 대변하는 경제학은 프리드먼M. Friedman(1912~2006)의 통화주의였습니다—가 유행하기 시작했습니다. 자본가들은 더 큰 이윤을 얻기 위해 기술혁신을 촉진하여 더욱 다양한 상품들을 많이 생산하면서도, 임금노동자들에게는 더욱 낮은 임금을 주며 정규직을 비정규직으로 바꾸고 정부의 복지 정책에 필요한 세금을 더욱 적게 내려고 노력했습니다. 이리하여 생산력의 증가에 어울리는 분배 관계와 소비 수준 등 생산관계가 형성되지 않아서, 상품들이 팔리지 않으면서 생산이 정체되고 공장은 놀게 되며 실업자가 생기고 주민의 생활수준은 저하하여 실망과 자살이 증가한 것입니다.

이처럼 생산력과 생산관계 사이의 균형이 파괴되면 그 사회의 인적·물적 자원은 대규모로 낭비되기 때문에, 생산관계를 바꾸려는 노동자와 서민들의 투쟁이 시작되어, 상부구조에서 지배계급과 피지배계급 사이의 투쟁이 격화됩니다. 이 투쟁에서 피지배계급이 이기면 사회는 변화할 수밖에 없습니다.

경제 현상의 분석과 설명: 현상과 본질은 다르다

사람의 눈은 언제나 표층의 현상을 봅니다. 물가가 올라가는 것은 느낄 수 있고 보입니다. 하지만 물가를 올린 이유는 그렇게 쉽게 느끼거나 보이지 않습니다. 따라서 우리는 물가가 올라가는 현상을 '분석'하여 물가를 올리는 '본질적' 이유를 심층에서 찾아내야 합니다. 다시 말해 어떤 본질이 어떻게 물가를 올린다는 '법칙'을 찾아내야 합니다. 이렇게 물가 상승의 법칙을 발견한 뒤에, 심층의 본질적 이유로부터 표층의 물가 상승 현상을 설명하면, 우리는 하나의 '지식'을 만들어 내게 됩니다. 마르크스는 "현상과 본질이 같다면 과학은 필요 없다"고 말합니다. 즉 표층의 현상을 표층의 다른 현상들로 설명해서는 제대로 설명이 안 된다고 주장합니다.

『자본론』은 '상품'을 설명한 뒤 '화폐'를 설명하고, 화폐를 설명한 뒤 '자본'을 설명하고 있습니다. 왜 이런 순서로 서술(또는 발표)했을까요? 먼저 지적해야 할 것은 화폐와 자본은 다르다는 사실입니다. 예를 들어, 나에게 1만 원이라는 화폐(또는 돈)가 있는데, 내가 이 돈을 친구

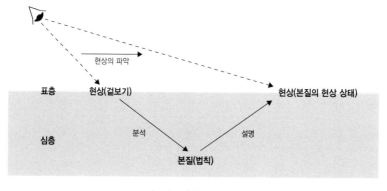

〈그림 1-3〉 분석과 설명

와 함께 막걸리를 마시면서 모두 써 버렸다면, 이 1만 원은 1만 5천 원이나 2만 원으로 증가하지 않았으므로 나는 이 화폐를 '자본'으로 사용한 것이 아닙니다. 만약 내가 1만 원으로 신기한 상품을 사고 다른 사람에게 그 상품을 3만 원에 팔았다면, 나는 1만 원을 3만 원으로 '증식'시켰으므로 1만 원을 자본으로 사용한 셈입니다. 따라서 화폐 중 '자기의 가치를 증식시키려는 화폐'를 자본이라고 부릅니다.

『자본론』은 '자본'을 자세히 설명하는 책입니다. 자본가가 이윤을 얻기 위해 자본을 투자할 때 이 자본의 최초 형태는 화폐입니다. 화폐를 지출하여 생산수단(기계와 원료)을 구매하고 노동자를 고용하여 생산 활동을 하고, 생산된 상품을 판매하여 처음 지출한(또는 투자한) 화폐보다 더 큰 화폐를 얻고 있습니다. 그러므로 자본이 무엇인지를 알려면, 화폐가 무엇인지, 어떤 기능을 하는지를 알아야 합니다. 다시 말해 자본을 분석하는 과정에서 화폐를 분석해야 할 필요성이 생긴 것입니다. 그리고 화폐가 무엇인가를 분석하는 과정에서 화폐가 처음에는 상품들 중

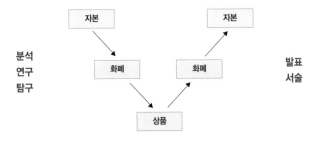

<그림 1-4> 「자본론」의 서술 순서

의 하나―예컨대 금이나 은―라는 것을 알게 되었으므로, 화폐를 연구하기 위해서는 결국 상품이 무엇인가를 알아야 했습니다. 이리하여 상품을 분석하다가 상품의 '가치'는 무엇인가 하는 본질적 문제에 부닥치게 되었고, 상품 가치의 '실체' 또는 본질은 '인간노동 일반'이고 "인간노동 일반이 새로운 가치를 창조한다"는 '노동가치설'을 발견하게 된 것입니다. 자본에서 시작하여 화폐를 거쳐 상품을 분석하는 과정에서 최종적으로 심층에서 자본주의 경제의 가장 본질적 법칙인 노동가치설을 발견했습니다.

이제 거꾸로 노동가치설을 기반으로 하여, 상품에서 시작하여 화폐를 설명하고 또한 화폐로부터 자본을 설명함으로써, 자본주의 경제와 사회에 관한 '지식'을 만들어 낸 것이 『자본론』입니다.

요약하면 다음과 같습니다. 자본주의 경제를 분석·연구하기 위해 자본→화폐→상품의 순서로 '더 복잡한 것'에서 '더 단순한 것'으로 나아가는 과정에서 '가장 본질적이고 가장 추상적인 노동가치설'을 발견했습니다. 이런 분석과 연구는 마르크스가 『자본론』을 쓰기 이전에 마친 것입니다. 따라서 이 분석과 연구의 '과정'은 『자본론』에 실려 있지 않습니다. 이제는 자기가 획득한 자본주의 경제의 지식을 『자본론』에서 노동가치설을 토대로 상품→화폐→자본의 순서로 '더 단순한 것'으로부터 '더 복잡한 것'으로 '발표'('서술')하고 있는 것입니다.

2
상품, 화폐, 자본

Das Kapital.

Kritik der politischen Oekonomie.

Von

Karl Marx.

부르주아 사회에서는 노동생산물의 상품형태 또는 상품의 가치형태가 경제적 세포형태이다. 겉만 관찰하는 사람에게는 이 형태의 분석이 아주 사소한 것을 늘어놓는 것처럼 보일 것이다. 사실 그것은 아주 작은 것을 다루고 있다. 그러나 그 작은 것들은 미생물 해부학이 다루고 있는 그런 종류의 작은 것이다.

『자본론』 I : 4

어떤 사회든 생산을 하지 않으면 그 사회가 유지될 수 없습니다. 자연적으로 자란 열매를 채취하는 것도 일종의 생산입니다. 하지만 생산한 재화가 남에게 팔려 '상품'이 된다는 것은 사회가 조금 더 발달해야 가능합니다. 인류학적으로 볼 때, 최초의 인간 사회는 공동생활을 하는 부족사회였습니다. 혈연으로 맺어진 하나의 부족사회에서는 공동으로 노동하여 그 생산물을 공평하게 나누어 가지기 때문에, 어느 물품을 타인에게 판매한다는 것은 성립하지 않습니다. 그러나 하나의 부족공동체와 다른 부족공동체가 만나는 경계 지역에서는 각각의 부족공동체가 자기 공동체에서 남아도는 생산물을 서로 교환할 수 있습니다. 그러나 자기 공동체의 남아도는 생산물이 상대방 공동체가 필요로 하는 것일 때, 그 생산물이 비로소 상품이 됩니다. 일반적으로 말하면, 생산물이 상품이 되려면 반드시 다른 사람의 필요나 욕구를 충족시킬 수 있는 '사용가치'를 가져야 합니다.

상품은 또한 일정한 양의 다른 상품과 교환할 수 있는 '교환가치'도 가집니다. 〈그림 2-1〉(이 책 50쪽)을 보면, 20미터의 아마포는 2온스의 금과 교환될 수 있을 뿐 아니라 1개의 저고리와도 교환될 수 있으며, 10그램의 차, 40그램의 커피, 1쿼터의 밀, 1/2톤의 철과도 교환될 수 있으므로, 20미터 아마포의 '교환가치'는 2온스의 금, 또는 1개의 저고리, 또는 10그램의 차, 또는 40그램의 커피, 또는 1쿼터의 밀, 또는 1/2톤의 철이라고도 말할 수 있습니다.

그런데 성질과 모양이 다른 상품들이 서로 교환된다는 것은, 다시

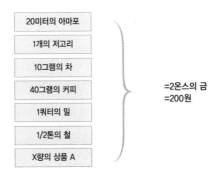

20미터의 아마포	
1개의 저고리	
10그램의 차	
40그램의 커피	=2온스의 금
1쿼터의 밀	=200원
1/2톤의 철	
X량의 상품 A	

〈그림 2-1〉 상품의 가치를 표현하는 방법

말해 아마포·금·저고리·차·커피·밀·철 등의 상품들이 시장에서 서로 교환되는 것은, 이 상품들이 겉모양이나 성질에서는 다르지만 이 상품들은 "서로를 동일하게 하는 동질적인 그 무엇"을 가지고 있다는 것을 우리에게 알려줍니다. 마르크스는 "모든 상품을 동일하게 하는 동질적인 그 무엇"을 상품의 '가치'value라고 불렀습니다. 그런데 여기에서 주의해야 할 것은, 각종 상품들이 사람들에게 '유용하게 되는' 것은 각각의 상품이 자기대로 '서로 다른 유용한 성질'을 가지기 때문이므로, "모든 상품을 동일하게 하는 동질적인 그 무엇"은 상품들의 상이한 유용성과는 전혀 관련이 없다는 점입니다. 그렇다면 가치의 '본질' 또는 '실체'는 무엇일까요?

　어떤 상품을 만들더라도 '인간노동'이 들기 때문에, 이 인간노동이 '모든 상품을 동일하게 하는 동질적인 그 무엇'으로 될 수 있지 않을까요? 여기서 잠깐 '인간노동'에 관해 생각해 봅시다. 아마포를 만드는 노동은 실로 천을 짜는 노동(직조 노동)이고, 금을 만드는 노동은 금을 캐내는 노동(채금 노동)이며, 저고리를 만드는 노동은 재봉 노동이므로, 각 상품을 만드는 이런 '구체적' 인간노동은 서로 '질적으로 다른 노동'이기 때문에 상품 가치의 실체가 될 수 없습니다. 그렇지만 직조 노동이나 채금 노동이나 재봉 노동은 비록 질적으로 다른 노동이기는 하지만, 모두 인간이 두뇌·근육·신경·손 등을 사용하여 행하는 '인간노동 일반'이라는 점에서는 동질적입니다. 쉽게 말하면, '인간노동 일반'이라는 '추상적 노동'이 아마포를 생산하면 직조 노동이 되고, 금을 생산하면 채금 노동이 되며, 저고리를 생산하면 재봉 노동이 되고, 차·커피·밀을 생산하면 농업 노동이 되는 것입니다. 그러므로 "모든 상품을 동일하고 동등하게 하는 동질적인 그 무엇"이라는 상품 가치의 '실체'는 바로 이 '인간노동 일반'입니다. 바꾸어 말하면, '이질적이고 구체적인' 직조 노동, 채금 노동, 재봉 노동은, '동질적이고 추상적인 인간노동 일반'이 현실에서 구체적으로 취하는 상이한 형태라고 볼 수 있을 것입니다. 비슷한 예를 들면, 인간은 백인종·흑인종·황인종 등의 형태를 구체적으로 취하여 살고 있지만, '인간 일반'이라는 추상적 개념으로 모든 인종을 하나의 그룹으로 표현할 수 있는 것과 마찬가지입니다.

다음으로, 상품들이 시장에서 일정한 비율로 교환되는 것은, 예컨대 20미터의 아마포가 2온스의 금, 또는 1개의 저고리, 또는 10그램의 차, 또는 40그램의 커피, 또는 1쿼터의 밀, 또는 1/2톤의 철 따위와 교환되는 것은, 위의 상품들의 생산에 드는, 또는 위의 상품들에 대상화되어 있는 '인간노동 일반'의 양이 같은 크기이기 때문일 것입니다. 그러나 각각의 상품을 아무리 해부해도 우리는 상품 가치의 실체인 '인간노동 일반'을 찾을 수는 없습니다. 왜냐하면 '인간노동 일반'은, 현실로 존재하는 온갖 구체적 노동에서 공통되는 것들을 뽑아 만든 '추상적' 개념이기 때문입니다. 이것은 온갖 구체적 인간들로부터 공통적인 성질을 뽑아서, '인간 일반'이라는 추상적 개념을 만들어 내는 것과 같습니다. 그렇지만 우리는 인간노동 일반이 자기의 모습을 드러내는 것을 볼 수 있습니다. 각종의 이질적이고 모양이 다른 상품들이 서로서로 교환되는 것은, 그 모든 상품들이 동질적인 '인간노동 일반'의 생산물이라는 것을 우리에게 보여 주기 때문이고, 더욱이 상품들이 일정한 비율로 교환된다는 것은 각 상품을 생산한 이질적인 구체적 인간노동이 동질적인 추상적 '인간노동 일반'으로 전환하여 서로 양적으로 비교되는 것을 보여 주기 때문입니다.

상품을 생산하는 데 드는 인간노동 일반이 상품 가치의 실체이고 상품의 가치량을 재는 척도입니다. 간단히 말해 아마포 20미터를 생산하는 데 드는 '인간노동 일반의 양quantity'—이것은 노동시간으로 측정됩니다—이 아마포 20미터의 가치량입니다. 앞으로는 똑같은 이야기를, "아마포 20미터를 생산하는 데 드는 인간노동 일반이 아마포 20미터의 가치이다"라고 표현할 수도 있습니다.

이제 '노동'과 '노동력'을 구별해야 할 필요가 생깁니다. 노동자가 가지고 있는 정신적·육체적 힘은 노동력이고, 노동자가 작업을 하기 위해 노동력을 지출하는 것을 노동이라고 말합니다. 어느 사회에서든 노동자는 숙련도, 노동강도, 노동생산성에서 평균 수준, 평균 이상, 평균 이하의 '노동력'을 가진 것으로 구분될 수 있습니다. 따라서 '상품을 생산하는 데 드는 인간노동 일반의 양이 그 상품의 가치량'이라고 말할 때는, 그 사회의 평균적 노동자—즉 숙련도, 노동강도, 노동생산성에서 평균 수준의 노동자—가 그 상품을 생산하는 데 드는 노동시간을 가리킵니다. 이리하여 "상품의 가치는 그 상품의 생산에 '사회적으로 필요한' 인간노동 일반의 양에 의해 결정된다"고 말하게 됩니다.

마르크스는 『자본론』에서 상품의 가치를 논할 때, 모든 상품은 그 사회의 평균적인 노동자가 만든다고 가정합니다. 그러므로 평균적인 노동자보다 높은 '등급'의 노동자는 1시간의 노동에 평균적인 노동자보다 더 큰 가치를 생산(또는 창조)합니다. 예컨대 A상품을 만드는 데 평균적 노동자는 10시간이 걸리고 숙련 노동자는 5시간이 걸리더라도, A상품의 가치는 10시간이 될 것이므로, 숙련 노동자는 1시간에 평균적인 노동자보다 두 배나 큰 가치를 생산하게 됩니다. 그리고 금 귀걸이 등을 만드는 금 세공인은 평균적인 노동자보다 교육과 훈련을 더 많이 받아 노동력의 숙련도·강도·생산성에서 더 높다면, 1시간의 노동에서 창조하는 가치는 금 세공인이 평균 노동자보다 더 큽니다. 따라서 평균 노동자가 생산하는 상품들, 고급 노동자가 생산하는 상품들, 그리고 저급 노동자가 생산하는 상품들은 시장에서 각 노동력의 등급에 따라 교환 비율이 정해집니다. 그러므로 마르크스가 『자본론』에서 사회의 평균적인 노동자가 그 상품을 만드는 데 드는 인간노동 일반의 양이 상품의 가치량을 결정한다고 말한 것입니다.

몇 가지 재미있는 예를 들겠습니다. 예전에는 노동자가 물레를 돌려 실을 만드는 경우가 지배적이었습니다. 물레로 작업을 했을 때 1시간에 10kg의 면화를 10kg의 면사로 만들었습니다. 그러다가 증기 직기가 발명되어, 이제는 1시간에 100kg의 면화를 100kg의 면사로 만드는 것이 보통이고 대세가 되었습니다. 이제 10kg의 면사는 1/10 시간에 생산되므로, 물레로 실을 만들던 인도의 노동자들은 자기의 면사가 너무 비싸 팔 수 없게 되어 모두 굶어 죽을 처지에 빠집니다. 그리고 영국의 면방적 자본가들은 세계의 면방적업을 지배하게 되어 영국이 '세계의 공장'이 될 수 있었던 것입니다.

다른 비슷한 예를 봅시다. 노동자가 현재 100kg의 면화를 면사로 만드는 데 1시간이 걸리지만, 새로운 기계가 나타나서 30분밖에 걸리지 않는다면, 100kg 면사의 가치는, 면화의 가치와 기계의 가치를 빼면, 1시간에서 1/2시간으로 저하하게 됩니다. 면방적 자본가들끼리 경쟁하는 것은 실의 가치(값)를 될수록 낮추어서 실의 구매자를 증가시키고 시장을 독점하려는 것입니다. 이것을 달성하는 가장 큰 수단은 실을 값싸게 생산할 수 있는 새로운 기계를 발명하는 것입니다. 이처럼 상품의 '가치'는 그 상품을 '생산'하는 데 드는 인간노동 일반의 양(시간으로 측정합니다)이며, 상품의 '생산조건'이 바뀌어야 상품의 가치가 싸집니다.

그러나 우리는 상품의 '가격'이 시장에서 날마다 시간마다 바뀌는 것을 봅니다. 그 상품에 대한 수요가 공급보다 크다면 상품의 가격은 올라가고, 반대로 그 상품에 대한 공급이 수요보다 크다면 상품의 가격이 떨어집니다. 이 가격을 상품의 '시장가격'이라고 부릅니다. 이 시장가격은, 상품의 '생산조건'이 변하지 않더라도—또는 상품의 생산에 드는 노동시간, 즉 상품의 가치가 변하지 않더라도—일시적인 수요·공급의 불일치 때문에 상승하거나 하락할 수 있습니다. 그런데 상품의 생산에 필요한 노동시간, 즉 상품의 가치가 변하지 않은 채, 일시적인 수요·공급의 불일치 때문에 자주 변동하는 시장가격은, 사실상 그 상품의 가치를 중앙선에 두고 그 상하를 오르락내리락하는 것으로 이해할 수가 있

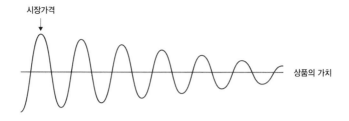

〈그림 2-2〉 상품의 가치와 시장가격

습니다. 따라서 마르크스는 상품의 가치는 시장가격이 끊임없이 가까워 지려는 기준가격이라고 말하기도 합니다.

그리고 〈그림 1-3〉(이 책 45쪽)에서처럼 마르크스는 '표층'과 '심층', 그리고 '현상'과 '본질'을 구분하는데, 표층(시장)에 나타나는 상품의 시장가격이라는 '현상'은 심층(생산)에서 결정되는 상품의 가치라는 '본질'이 수요와 공급의 영향을 받아 변동하는 것을 가리킨다고 봅니다. 또한 현실에 나타나는 어지러운 현상들을 올바르게 이해하려면, 심층의 본질로부터 만들어 낸 법칙으로 현상들을 설명해야 할 것입니다. 이것은 마치 자연과학이 진공 상태에서 낙하의 법칙을 만들고, 이 법칙으로 현실의 낙하 현상을 설명하는 것과 마찬가지입니다. 수요와 공급에 의해 변동하는 시장가격이 '현상'입니다. 이 시장가격을 심층의 '본질'로 끌고 내려오는데, 본질이 바로 상품의 가치입니다.

화폐

〈그림 2-1〉에서는 20미터의 아마포, 1개의 저고리, 10그램의 차, 40그

램의 커피, 1쿼터의 밀, 1/2톤의 철 등이 2온스의 금과 교환되고 있습니다. 이 교환이 가리키는 것을 몇 가지로 나누어 설명할 수 있습니다.

첫째, 아마포·저고리·차·커피·밀·철·금 등이 비록 서로 다른 구체적 노동에 의해 생산되었지만, 모든 상품들이 동질적인 '인간노동 일반'의 생산물이기 때문에 서로 동일한 것으로 여겨져서 교환된다는 점입니다. 둘째, 이 그림에서는 아마포·저고리·차·커피·밀·철 등이 금과 교환되고 있는데, 이것은 상품들 사이의 교환이 발달하여 상품들 중 하나인 금이 이제 '화폐'로 기능하게 되었다는 점입니다. 모든 상품들이 금으로 자기의 가치를 표현하기 때문에, 금이 모든 상품의 가치를 표현하는 재료가 되고 '모든 상품들을 구매할 수 있는 사회적 힘'을 얻게 되었습니다. 금이 이제 '화폐'가 되어 다른 모든 상품들이 가지지 못한 특권을 가지게 된 것입니다. 물론 하나의 상품이던 금이 화폐가 됨에 따라 상품은 자기의 가치를 쉽게 표현할 수 있게 되어 모든 상품들 사이의 교환이 훨씬 더 편리해졌습니다. 예컨대 20미터의 아마포를 가지면서 10그램의 차를 사려는 사람(갑)은 화폐가 등장하기 이전에는 10그램의 차를 가지면서 20미터의 아마포를 사려는 사람('을')을 만나야만 비로소 '갑'과 '을'이 모두 자기의 소망을 이룰 수가 있었는데, 이렇게 되기란 매우 어려웠을 것입니다. 그런데 이제 '갑'은 시장에서 화폐를 가진 사람('병')에게 20미터의 아마포를 팔고 그 화폐로 '을'에게서 10그램의 차를 사면 될 것입니다.

그런데 우리가 알아야 할 것은, '화폐'는 모든 상품들을 살 수 있는 '사회적 힘'을 가지게 된다는 점입니다. 왜 여러분은 한국의 화폐인 '한국은행권'을 그렇게 좋아하십니까? 한국은행권을 가지면 모든 상품을 살 수 있기 때문입니다. 물론 한국은행권은 종이로 만들고 금화는 금으로 만들기 때문에, 지폐는 금화와 같은 의미의 '인간노동 일반'의 생산물은 아닙니다. 따라서 한국은행권, 미국 달러와 같은 지폐의 구매력이 크게 변동할 수 있습니다(이것은 뒤에서 다시 설명합니다).

금은 어떻게 해서 역사적으로 오랫동안 화폐의 지위를 차지하게 되었을까요? 금은 탄생할 때부터 화폐가 된 것이 아니라, 여러 상품들과 교환하는 과정에서 금이 가진 특수한 사용상의 성질 때문에 화폐로 선출된 것입니다. 금은 작게 나누거나 크게 붙일 수 있고, 금의 질은 변하지 않으며, 금은 적은 양이라도 큰 가치를 가지고, 금은 운반하기 쉽습니다. 이 때문에 상품들의 교환 과정에서 금이 화폐로 선출되면서, 국가가 금을 화폐로 선언하여 금본위제도가 오랫동안 세계 거래를 지배하게 된 것입니다.

이 금이 '세계화폐'(세계적으로 인정받는 화폐)의 기능을 정지하게 된 것은 미국 정부가 1971년 8월 15일에 "이제부터는 미국 달러를 가져오더라도 금을 주지 않겠다"고 선언하면서부터입니다. 1945년부터 그때까지는 세계화폐를 관리하는 국제통화기금 IMF가 공식적으로 미국 달러와 금을 세계화폐로 지정했으며, 세계 각국은 미국 달러와 금으로 국제거래를 결제했습니다. 그러나 다른 국가들은 미국 정부가 정책적으로 발행량을 증가시킬 수 있는 미국 달러가 자기의 가치(또는 구매력)를 유지할 수 있을까를 걱정했습니다. 이 때문에 IMF는 미국 달러에 대한 불안감을 달래기 위해 35달러를 미국 정부에 제시하면 미국 정부가 금 1온스를 각국 정부에 지불하기로 단서를 달았습니다. 그런데 미국 정부가 세계를 지배하는 과정에서 전쟁이나 원조 등으로 미국 달러를 대량 발행함으로써, 금시장에서는 금 1온스가 35달러가 아니라 1,000달러에 달할 정도로 달러의 가치가 폭락했습니다. 몇몇 외국 정부가 이 기회를 이용해 35억 달러를 미국 정부에 보내 금 1억 온스를 받은 뒤, 이 금을 금시장에 팔아 1,000억 달러의 거금을 챙기는 사태가 벌어진 것입니다. 미국 정부는 자기의 금 저장소(포트 녹스Fort Knox)에 있는 금이 자꾸 줄어드니까, 달러를 금으로 교환해 주는 조항을 정지시킨 것입니다. 미국 정부는 IMF 자본금 중 85% 이상을 가지고 있기 때문에 IMF는 미국의 지시를 거부할 수가 없습니다.

그런데 이제는 더욱 큰 문제가 생기고 있습니다. 2008년 9월 이래 미국의 거대 은행들이 파산하여 세계적 금융공황을 일으켰는데, 미국 정부는 달러를 더욱 많이 발행하여 파산하는 금융회사들에게 0~0.25%의 싼 이자로 자금을 공급할 뿐 아니라, 폭락하는 증권 가격을 반등시켜 금융적 자본가들의 부를 증가시키는 정책을 계속 실시하고 있습니다. 이것은 사실상 국내적으로는 노동자와 서민의 비참한 생활 상태에 주목하지 않는 것이고, 대외적으로는 미국 정부가 아무런 비용이 들지 않는 달러를 대량 발행하여 세계의 자원을 공짜로 얻으려는 도둑의 심보를 드러내는 것이라고 비난할 수 있습니다. 이리하여 국내에서는 "월 가를 점령하라"는 구호와 함께 '1%의 금융귀족에 대한 99%의 서민의 투쟁'이 전개되고 있습니다. 그리고 해외에서는 세계의 많은 나라들이 미국 달러를 세계화폐로 인정하지 않는 태도를 취할 위험성이 점점 더 커지고 있습니다. 이런 일련의 사태에 직면하여, 미국 정부는 대외적으로는 전쟁을 확산시키면서 막강한 군사력을 과시하여 다른 나라의 정부와 국민을 협박하고 있으며, 대내적으로는 민주주의적 권리를 제한함으로써 시위자들과 '비애국자들'을 구속하고, 국민들의 알 권리를 충족시키는 데 필요한 정부의 기밀문서 공개를 큰 범죄로 취급하며, 주요 언론 기관들을 정부 편으로 포섭하고 있습니다.

미국 일반 시민들의 실업과 빈곤 및 생활수준은 1930년대 이후 최악의 상황이지만, 부자들은 금융적 투기 활동으로 더욱 큰 부자가 되고, 빈부 격차는 점점 더 확대되고 있습니다. 그럼에도 불구하고 미국 정부는 부자들에게는 낮은 이자율의 풍부한 자금을 제공하고 더욱 큰 감세 혜택을 주고 있으면서, 일반 시민들에게는 교육·건강·소득 보조·소방 시설 및 실업자·퇴직자에 대한 사회서비스를 적자 축소라는 미명 아래 더욱 축소하고 있습니다. 이것이 이른바 '부자를 위한, 부자에 의한, 부자의 정치'인 신자유주의인데, 국민들이 언제까지 이런 깡패사회를 견딜 수 있겠습니까?

다시 〈그림 2-1〉(이 책 50쪽)로 돌아갑시다. 이 그림에서 아마포, 저고리, 차, 커피, 밀, 철 등이 귀금속인 금과 '같다'(=)고 표시한 것은 모든 상품과 화폐 금이 동일한 '인간노동 일반'의 생산물이기 때문입니다. 다시 말해 모든 상품과 화폐 금이 지닌 '가치의 실체'는 인간노동 일반이기 때문입니다. 이것을 좀 더 깊게 이야기하면, 인간노동 일반이 상품들의 가치를 "새로 만들어 낸다" 또는 "창조한다"는 것을 가리킵니다. 예를 들어 노동자가 아마포를 만들 때, 노동자는 직조 노동을 함으로써 아마포라는 생산물(또는 사용가치)을 만들어 내고, 직조 노동이 가진 '인간노동 일반'의 성질이 아마포의 '가치'를 창조하게 되는 것입니다.

그리고 '2온스의 금＝200원'이라는 것은 정부가 '화폐 표준'을 정한 것입니다. 다시 말해 1온스의 금을 100원이라고 부르고, 1원＝100전이라고 화폐 표준을 정부가 정한 것입니다. 나중에는 20미터의 아마포는 2온스의 금이라고 말하지 않고 200원이라고 말합니다. 1개의 저고리도 200원이라고 부릅니다. 이처럼 상품 가치를 화폐 표준으로 표현한 것을 우리는 '상품의 가격'이라고 부릅니다. 이리하여 상품의 가치가 화폐상품(금)의 양(예: 4온스의 금)으로 표현되다가, 끝에 가서는 간단하게 화폐 표준으로 표현한 상품 가격(예: 400원)이 되는 것입니다.

노동력이라는 특수한 상품

이제 화폐가 무엇인지를 알았으므로 다음으로 '자본'이 무엇인지를 알아야겠지요?

화폐가 사용되는 형태는 크게 두 가지로 나눌 수 있습니다.

⟨2–1 식⟩

1형태에서는 상품1(예: 아마포)을 가진 사람이 화폐 소유자에게 상품1을 팔고 그 화폐로 상품2(예: 저고리)를 사는 것입니다. 상품1을 가진 사람은 자기 상품을 팔아 자기가 원하던 상품2를 샀으므로 만족할 것입니다.

2형태에서는 화폐를 가진 사람이 어떤 상품을 사고, 이 상품을 팔아 다시 화폐를 얻습니다. 그런데 100원을 가진 사람이 100원을 주고 어떤 상품을 산 다음 그 상품을 팔아서 다시 100원을 얻는다면, 이런 짓은 아무도 할 사람이 없을 것입니다. 따라서 2형태가 의미를 가지려면 처음의 화폐보다 두 번째의 화폐가 더욱 커야 합니다. 다시 말해 처음의 화폐(M. 100원)로 상품(C)을 사고 이 상품을 팔아 더욱 큰 화폐(M′=M+m. 120원=100원+20원)를 얻어야 할 것입니다.

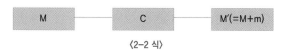

〈2-2 식〉

여기서 m을 마르크스는 '잉여가치'surplus-value라고 불렀습니다. 100원의 화폐가 120원으로 증식(또는 증가)할 때, 처음의 화폐 100원은 '자본'capital이 되는 것입니다. 다시 말해 화폐가 잉여가치를 얻어 더욱 큰 화폐가 될 때, 처음의 화폐를 자본이라고 부릅니다. 따라서 내가 가진 화폐 100원으로 막걸리 한 잔을 마신다면 100원은 증식되지 않고 사라져 버리기 때문에 자본이 아닙니다.

이제 문제는 "어떻게 잉여가치가 생기는가?"입니다. 금방 생각할 수 있는 방법은 어떤 상품을 100원에 사서 남에게 120원에 팔면 20원의 '잉여가치'가 생깁니다. 그런데 이 경우, 파는 사람은 20원의 잉여가치를 얻지만 사는 사람은 20원의 손해를 보기 때문에, 사회 전체로 보면 실질적으로 잉여가치가 생기지 않습니다. 현재의 세계대불황에서 미국의 은행들이나 각국의 부자들은 증권시장에서 주식·국채·회사채 등 유가증권을 사고팔아 투기 이득을 크게 얻고 있습니다. 그러나 이 투기 이득은 "노동을 통해 새로운 가치를 창조한 것"이 아니라 남의 호주머니를 턴 것에 불과하며, 따라서 이 투기 이득은 고급 정보와 큰 자금력을 가진 부자들이 일반 투기꾼의 재산을 자기 주머니로 옮긴 것이므로, 소득 분배의 불평등과 부익부 빈익빈을 더욱 강화하고 있습니다.

그러므로 어떻게 잉여가치가 생기는가를 알아내기 위해서는, 교환과정(또는 시장)에서는 '상품들은 자기의 가치대로 매매된다'고 가정해야 합니다. 내가 다른 사람의 상품을 구매할 때 그 상품의 가치에 해당하는 금액을 지불하며, 내가 상품을 팔 때도 상품의 가치대로 판다는, '등가교환'을 전제해야만 사회 전체에서 잉여가치가 생기는 방법을 과학적으로 찾아낼 수 있을 것입니다. 등가교환을 전제로 하면서도 잉여가치가 생길 수 있는 방법은 다음과 같이 예시할 수 있습니다.

〈2-3 식〉

예컨대 자본가가 30원을 주고 30원짜리 상품을 삽니다. 그런데 이 상품을 자본가가 사용하니까, 이 상품이 50원짜리 다른 상품을 만들어 내므로 이 50원짜리 상품을 50원에 파니까 잉여가치가 20원 생기더라는 이야기입니다. 이 경우 상품은 자기의 가치대로 교환되면서도 자본가는 20원의 잉여가치를 얻습니다. 이처럼 자본가에게 잉여가치를 만들어 주는 '특수한 상품'은 무엇일까요? 이 상품이 바로 노동자가 자본가에게 파는 노동력이라는 상품입니다. 어떤 재산도 가지지 않기 때문에 살아가기 위해서는 자신이 가진 육체적·정신적 노동 능력인 노동력을 자본가에게 팔아 임금을 받아야만 하는 '임금노동자' 또는 '임금노예'가 어떻게 탄생하게 되었는가는 1장에서 이미 설명한 바 있습니다.

자본가가 노동자를 하루 고용한다는 사실은, "자본가가 노동자에게 노동력의 하루 가치를 임금으로 주고 그 노동력을 하루 동안 사용한다"는 것을 의미합니다. 따라서 하루 임금 또는 일당은 노동력의 하루 가치입니다. 그렇다면 노동력의 하루 가치는 얼마일까요?

모든 상품의 가치는 '그것을 만드는 데 사회적으로 필요한 인간노동 일반'이므로, 노동력이라는 상품의 가치도 '노동력을 만드는 데 드는 사회적으로 필요한 인간노동 일반'이라고 말해야 합니다. 그런데 노동력은 노동자가 자신의 가족과 함께 일상생활을 해야만 만들어질 수 있기 때문에, 노동력의 하루 가치는 "노동자와 그 가족의 하루 생활비"라고 말할 수 있습니다. 물론 이 생활비는 음식비, 주택비, 의복비, 교통비, 교육비, 병원비 등을 포함할 뿐 아니라 퇴직 이후의 생활비—노후 생활을 위해 국가에 내는 국민연금 등—도 포함되어야만 합니다. 노동자가 정상적인 생활을 해야 노동력을 정상적으로 재생산할 수 있기 때문에, 모든 상품을 그것의 가치대로 매매한다는 등가교환의 원칙에 따르면 임금수준은 노동자와 그 가족이 정상적으로 생활할 수 있는 금액이어야 할 것입니다.

노동자가 하루의 임금으로 자본가로부터 받아야 할 노동력의 하루 가치를 좀 더 깊게 공부해 봅시다.

〈그림 2-3〉(이 책 64쪽)에서 가로축은 나이, 세로축은 생활비와 연봉을 나타냅니다. 대체로 노동자는 20세에 부모로부터 독립해서 취업하고 60세에 퇴직하여 75세에 사망한다고 가정합시다. 세로축의 A에서 E까지의 높이가 1년간의 생활비이고, AEFG 구역이 노동자 일생의 총생활비입니다. 독립한 20세부터 죽을 나이인 75세까지의 총생활비(AEFG)

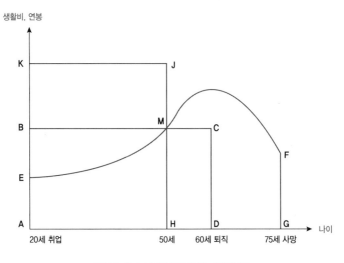

〈그림 2-3〉 노동력의 하루 가치는 얼마일까?

를 노동자는 자기가 일하는 동안(20~60세)에 벌어야 합니다. 그림을 간단히 하기 위해 노동자의 연봉이 20~60세에 걸쳐 AB 수준으로 동일하다고 가정하면(연봉이 매년 동일하다고 가정하지 않고, 일생의 연봉 합계를 근무 연수인 40년으로 나눈 평균 연봉이 AB라고 이야기해도 됩니다), ABCD 구역이 노동자가 일생 동안 받는 총연봉입니다. 총연봉 ABCD 구역의 면적이 일생의 총생활비 AEFG 구역의 면적과 같아야만 노동자는 일생을 '정상적으로' 살게 될 것이며, 차세대 노동자를 키워 놓은 뒤 죽게 될 것입니다. 이것이 '노동력의 가치'라는 개념입니다.

　20~60세의 총연봉이 20~75세의 총생활비를 충당해야 하기 때문에, 20~60세의 하루 임금과 노동력의 하루 가치는 $\dfrac{총생활비}{365일 \times 40년}$ 입니다. 이 금액을 30원이라고 가정합시다. 다시 말해 매일 30원의 임금을 받으면서 40년(20~60세) 동안 노동하면, 노동자는 퇴직 이후의 15년

(60~75세) 동안의 생활비도 벌게 되는 것입니다.

　문제는, 노동자가 매일 30원의 임금을 받기로 하고 공장에 들어갔는데, 자본가는 노동자에게 하루의 노동시간을 더욱 길게 연장하거나 쉴 틈도 주지 않고 노동강도를 높임으로써, 노동자가 지쳐서 60세가 아니라 50세에 퇴직하지 않을 수 없게 된다는 점입니다. 이 사실에 대해 노동자들이 항의하면, 자본가는 렌터카를 빌리는 경우와 비교하여 다음과 같이 대답합니다.

　"하루 사용료를 주고 렌터카를 빌리면, 내가 그 차를 24시간 타든 1시간 타고 세워 두든 그건 내 마음입니다. 마찬가지로 나는 당신의 상품인 노동력을 그 하루 가치인 30원을 주고 구매했으므로 노동력을 어떻게 사용하든 그것은 오로지 내 마음에 달린 것입니다."

　자본가의 이런 대답에 대해 노동자들은 다음과 같이 조리 있게 몰아세웁니다.

　"우리는 매일 30원을 받으면서 정상적으로 노동하여 60세에 퇴직해야만 우리가 죽을 75세까지의 생활비를 벌 수 있습니다. 그런데 당신은 매일 30원을 주면서 50세까지만 일하게 함으로써 퇴직 이후 25년(50~75세) 동안의 생활비를 충분히 벌 수 없게 만들고 있습니다. 긴 노동시간과 심한 노동강도로 일을 시켜 우리가 50세에 퇴직할 수밖에 없으므로, 당신은 매일 30원이 아니라 그보다 훨씬 더 많은 임금을 우리에게 주어야 합니다. 그렇지 않다면 당신은 우리의 노동력을 완전한 대가를 주지 않고 빼앗아 가는 것이 됩니다. 위의 그림에서 보면, 당신이 우리에게 주어야 할 총연봉은 ABMH가 아니라 AKJH(이것의 넓이가 총생활비 AEFG와 같습니다)여야 하기 때문에, 당신은 우리로부터 BKJM

자본가는 흡혈귀vampire

자본은 죽은 노동[주어진 일정한 가치]인데, 이 죽은 노동은 흡혈귀처럼 오직 살아 있는 노동을 흡수함으로써 활기를 띠며, 그리고 그것을 많이 흡수하면 할수록 점점 더 활기를 띠게 된다. 노동자가 노동하는 시간은 자본가가 자신이 구매한 노동력을 소비하는 시간이다. 만약 노동자가 자본가의 처분에 맡긴 시간을 자기 자신을 위해 사용한다면 그는 자본가의 물건을 훔치는 것이 된다.

자본가는 상품 교환의 법칙을 들고 나온다. 그는 다른 모든 구매자와 마찬가지로, 자기 상품의 사용가치로부터 될 수 있는 대로 많은 이익을 짜내려고 한다. 그러나 이때까지 생산과정의 질풍노도와 같은 소리에 눌려 들리지 않던 노동자의 목소리가 갑자기 들려온다.

"내가 당신에게 판매한 상품은, 그것을 사용하면 가치가, 그것도 그 자체의 가치보다 더 큰 가치가 창조된다는 점에서 다른 잡다한 상품들과는 다르다. 당신이 그것을 구매한 이유도 거기에 있었다. 당신에게는 자본의 가치 증식으로 나타나는 것이 나에게는 노동력의 초과 지출이 된다. 당신과 나는 시장에서 단 하나의 법칙, 즉 상품 교환의 법칙밖에 모른다. 그리고 상품의 소비는 상품을 양도하는 판매자에게 속하는 것이 아니라 그것을 사들이는 구매자에게 속한다. 그러므로 나의 노동력의 하루 사용은 당신의 것이다. 그러나 나는 매일 그것을 팔아 얻은 돈으로 매일 그것을 재생산하고, 따라서 반복해서 그것을 팔 수 있어야 한다. 나이 등으로 말미암은 자연적 건강 악화는 별도로 치고, 나는 내일도 오늘과 마찬가지로 정상적인 상태의 힘과 건강과 원기를 가지고 노동할 수 있어야만 한다. 당신은 언제나 나에게 '절약'과 '절욕'의 복음을 설교하고 있다. 매우 좋은 이야기다! 나는 분별 있고 근검절약하는 소유주처럼 나의 유일한 재산인 노동력을 아껴 쓰고, 그것을 어리석게 낭비하는 일은 모두 삼가려고 한다. 나는 노동력의 정상적인 유지와 건전한 발달에 적합한 정도로만 매일 그것을 지출하고 운동시키고 노동으로 전환시킬 것이다. 당신은 노동일을 무제한 연장함으로써 내가 사흘 걸려 회복할 수 있는 것보다 더 많은 양의 노동력을 하루 동안 써 버릴 수도 있다. 그리하여 당신이 노동으로부터 이득을 보는 것만큼 나는 노동 실체를 잃어버린다. 나의 노동력을 이용하는 것과 그것을 약탈하는 것은 전혀 다르다. 만약 평균적인 노동자가 합리적인 양의 노동을 하면서 살 수 있는 평균 기간이 30년이라면, 당신이 매일 나에게 지불해야 하는 나의 노동력의 가치는 총가치의 $\frac{1}{365 \times 30}$, 즉 1/10,950이다. 그러나 만약 당신이 나의 노동력 전체를 10년 동안에 소비해 버리려고 하면서도 매일 나에게 그 총가치의 1/3,650이 아니라 1/10,950을 지불한다면, 당신은 오직 노동력의 하루 가치의 1/3만을 지불하는 것이 되며, 따라서 당신은 매일 나로부터 내 상품 가치의 2/3를 훔치는 것이다. 당신은 3일분의 노동력을 사용하면서도 나에게는 1일분의 대가를 지불하는 셈이다. 이것은 우리들의 계약에도 위반되며 또 상품 교환의 법칙에도 위반된다. 그러므로 나는 정상적인 길이의 노동일을 요구한다. 더욱이 나는 당신의 동정에 호소함이 없이 그것을 요구한다. 왜냐하면 상거래에서는 인정이란 있을 수 없기 때문이다. 당신은 모범적인 시민일지도 모르며, 동물학대방지협회의 회원일지도 모르며, 거기다가 성인이라는 명성을 누리고 있는 사람일지도 모른다. 그러나 당신이 나와의 관계에서 대표하고 있는 그것〔자본〕은 가슴속에 심장을 가지고 있지 않다. 거기에서 고동치는 것처럼 보이는 것이 있다면, 그것은 오직 나 자신의 심장의 고동일 뿐이다. 나는 표준노동일을 요구한다. 왜냐하면 다른 모든 판매자와 마찬가지로 나도 내 상품의 가치를 요구하기 때문이다."

—『자본론』 I (상): 307~309

만큼의 연봉을 훔치는 것이 됩니다."

노동력의 하루 가치는 노동자와 그 가족의 하루 생활비입니다. 하루 생활비를 받은 노동자는 그 돈으로 가족과 함께 먹고살면서 그 다음 날 다시 노동하게 됩니다. 노동력이라는 상품을 그 상품의 가치대로 30원을 주는 것은 상품의 교환법칙으로 볼 때는 맞습니다. 자본가는 노동자에게 30원을 주고 노동력을 하루 사용할 권리를 얻었으므로, 노동자를 몇 시간 노동시키든 그것은 자본가의 마음이라고 주장하는 것입니다. 그렇지만 노동자 입장에서 볼 때는, 정상적인 노동 조건에서 60세까지 일을 해서 평생의 생활비를 벌어야 합니다. 임금은 조금 주면서 노동시간을 연장하거나 노동강도를 강화하여 50세에 퇴직하지 않을 수 없게 하면, 퇴직 이후 죽을 때까지 먹고살 게 없다고 노동자는 주장합니다. 자본가와 노동자 둘 다 상품 교환의 법칙으로 볼 때는 맞는 이야기라고 말하면서 마르크스는 다음과 같이 결론을 내립니다.

> 쌍방이 모두 동등하게 상품 교환의 법칙에 의해 보증된 권리를 주장하고 있다. 동등한 권리와 권리가 맞섰을 때는 힘이 문제를 해결한다. 그리하여 자본주의적 생산의 역사에서 노동일의 표준화는 노동일의 한계를 둘러싼 투쟁, 다시 말해 총자본 즉 자본가계급과 총노동 즉 노동자계급 사이의 투쟁으로 나타나는 것이다. —『자본론』 I(상): 309~310

이런 노동과 자본 사이의 투쟁을 통해 지금의 표준노동일 또는 법정노동일이 8시간으로 된 것입니다. 노동일working-day은 하루의 노동시간을 가리키고, working-week, working-year는 1주, 1년의 노동

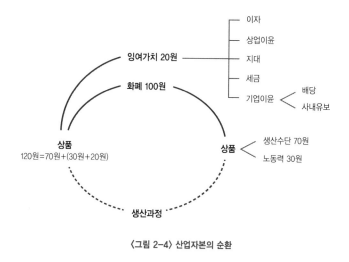

이자
상업이윤
지대
세금
기업이윤 ⟨ 배당
         사내유보

잉여가치 20원

화폐 100원

상품
120원=70원+(30원+20원)

상품 ⟨ 생산수단 70원
      노동력 30원

생산과정

〈그림 2-4〉 산업자본의 순환

시간을 가리킵니다.

잉여가치의 원천

산업자본—재화나 서비스를 '생산'하여 자본의 가치를 증식시키는 자본—은 〈그림 2-4〉와 같이 운동하고 있습니다. 라면 공장을 예로 들면, 산업자본가는 화폐 100원을 가지고 상품시장에 가서, 라면을 만드는 '생산수단'(즉 기계와 원료 등)을 70원어치 구매하고 노동자 한 사람을 고용하여 하루 10시간 노동을 시키면서 임금으로 30원을 지불합니다. 이제 노동자는 '생산과정'에서 기계로 원료를 가공하여 라면을 만듭니다. 하루 동안 생산한 라면들을 사장이 시장에 나가 파니까 120원에 팔렸습니다. 그다음 날도 마찬가지로 100원을 투자하여 만든 라면들이 120원에 팔렸습니다. 이렇게 되면 이 자본가가 100원을 들여 하루에 생산한 라면들의 '가치'가 120원이라고 판단하지 않을 수 없습니다. 왜냐하면 우리가 가정하는 '등가교환의 법칙'에 따라, 라면이라는 상품은 시장에서 자기의 가치대로 팔리기 때문입니다. 이제 문제가 생깁니다. 100원을 투자해 만든 라면의 가치가 어떻게 120원이 될 수 있을까요?

먼저 노동자의 하루 노동력을 구매하기 위해 투자한 30원을 살펴봅시다. 이 30원은 노동자에게 준 임금이고 노동자와 그 가족의 하루 생활비입니다. 이 30원으로 노동자와 그 가족은 하루를 정상적으로 생활하고(하루의 의식주 생활을 정상적으로 한다는 의미 이외에, 노동자가 자식을 낳아 차세대 노동자로 키움으로써 그 사회의 노동자 수가 줄지 않게 된다는 의미도 포함합니다), 노동자는 자기의 노동력—노동할 수 있는 정신적·육체적 힘—을 (재)생산하는 것입니다. 노동자는 자기의 노동력을 지출하여 라면을 만드는 노동을 하게 됩니다. 이 노동은 기계를 사용하여 원료를 가공함으로써 라면을 만드는 '구체적 노동'이지만, 다른 한편으로는 이 구체적 노동은 당연히 '인간노동 일반'으로 여겨져서 상품의 '가치'를 창조하게 됩니다. 1장에서 상품 가치의 '실체' 또는 '본질'은 '인간노동 일반'이고, 상품 가치의 크기는 '그 상품을 만드는 데 드는 인간노동 일반의 양'(시간으로 측정)이라고 결론 내린 것을 기억하면, 인간노동 일반이 "상품의 가치를 창조한다"고 말할 수도 있고, "상품에 새로운 가치를 첨가, 부가 또는 추가한다"고도 말할 수 있을 것입니다. 다시 말해 노동력의 가치로 받은 임금 30원과 노동자가 노동을 통해 창조 또는 첨가(부가)하는 새로운 가치는 전혀 다른 차원의 것이고, 그 크기가 다릅니다.

둘째로 자본가가 생산수단을 구매하기 위해 투자한 70원을 살펴봅시다. 라면 생산 자본가가 다른 자본가로부터 사 온 생산수단(기계와 원료 등) 중 기계는 생산과정에서 완전히 망가져서 더 이상 사용할 수 없게 되고 원료는 라면의 내용으로 가공되어 사라지지만, 생산수단의 가치 70원은 라면으로 옮겨 가서 라면 가치를 구성하게 됩니다. 다시 말해 생산수단이 다 없어지면서 투자한 돈 70원이 사라지는 것이 아니라, 라면 가치로 옮겨져 보존됩니다.

여기에서는 설명을 간단하게 하기 위해, 기계도 하루 만에 완전히 망가진다고 가정하고 있습니다만, 실제로 기계는 몇 년에 걸쳐 천천히 못 쓰게 됩니다. 만약 1만 원짜리 기계가 있고, 이 기계는 5년을 사용할 수 있다고 가정합시다. 이 경우 이 기계가 매년 낡아지면서 잃게 되는 가치(이것을 흔히 '감가상각액'이라고 부릅니다)는 〈2-4 식〉처럼 2,000원이고, 이 금액을 1년 동안의 생산물에 옮기게 됩니다. 이리하여 매년 생산물을 팔아 2,000원을 회수하고, 5년에 걸쳐 1만 원을 회수하면 이 1만 원으로 다시 새로운 기계를 구매하게 될 것입니다.

기계 값 1만 원, 사용 연수 5년

$$1년 동안의 감가상각액 = \frac{10,000원}{5년} = 2,000원$$

〈2-4 식〉

결국 라면 가치는 생산수단의 가치로부터 옮겨 온 것과 노동자의 인간노동 일반이 첨가(부가) 또는 창조한 것으로 구성됩니다. 이제 우리는 라면 가치가 120원인 것과 생산수단으로부터 라면으로 옮겨 온 가치가 70원인 것을 알고 있으므로, 노동자가 노동을 통해 라면에 새로 첨가(부가)한 가치가 50원이라는 것을 알 수 있습니다. 임금으로 표현되는 노동력의 가치 30원은 노동이 창조한 가치 50원과 차이가 납니다. 다시 말해 노동자는 하루에 10시간 노동함으로써 50원의 가치를 창조했지만, 노동자는 노동력의 하루 가치로 30원을 받았으므로, 나머지 20원은 노동자가 자본가로부터 아무런 대가도 받지 않고 공짜로 자본가에게 준 '잉여가치'입니다. 노동자가 인간노동 일반을 통해 하루에 창조한 가치 50원 중 30원은 임금으로 지불을 받았지만, 나머지 20원은 자본가로부터 지불받지 못한 채 자본가에게 공짜로 바치게 됩니다.

상품의 가치

$$120원=70원+(30원+20원)=c+(v+s)$$

〈2-5 식〉

이 논의와 관련하여 마르크스는 불변자본constant capital과 가변자본variable capital이라는 새로운 용어를 만들어 냈습니다. 기계나 원료를 구입하는 데 투자한 70원은 생산과정에서 자기의 가치를 변화시키지 않고 70원 그대로 상품에 옮겨 가므로 이 70원은 '불변자본'이라고 부릅니다. 반면에 노동력의 구입에 투자한 30원은 생산과정에서 자기의 가치를 변화시켜 50원의 가치를 상품에 첨가하므로 이 30원은 '가변자본'이라고 부릅니다. 이리하여 상품의 가치는 불변자본 C+가변자본 V+잉여가치 S로 표시하는 경우가 많습니다.

이제 라면 생산 자본가는 최초의 화폐 100원을 120원으로 증식시켰으므로, 최초의 화폐는 비로소 자본으로 전환되었고 그는 산업자본가

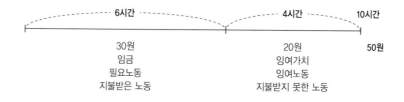

〈그림 2-5〉 필요노동과 잉여노동

가 된 것입니다.

위의 이야기를 정리하면 다음과 같습니다. 한 사람의 노동자가 하루에 10시간 일을 해서 50원의 새로운 가치를 만들어 내고, 그 50원을 라면 가치에 첨가했습니다. 그런데 노동자가 받은 것은 30원의 임금뿐입니다. 나머지 20원은 자본가에게 잉여가치로 들어갑니다. 이것을 노동시간으로 따지면, 30원의 임금(또는 노동력의 가치)을 창조하려면 6시간의 노동시간이 필요하고, 20원의 잉여가치를 창조하려면 4시간의 노동시간이 필요합니다. 노동자는 노동일 중 6시간은 자기의 임금을 창조하기 위해 노동하는데, 이것을 '필요노동'이라고 부르고, 자본가를 위해 잉여가치 20원을 만들어 주는 공짜 노동을 '잉여노동'이라고 부릅니다. 그러므로 필요노동은 지불받은 노동이고 잉여노동은 지불받지 못한 노동입니다.

이런 이야기를 하면, 주류경제학자들은 '노동자는 바보'라고 조롱합니다. 10시간 노동해서 50원의 가치를 창조했다면, 50원을 모두 받아야지 왜 '바보처럼' 30원만 받느냐는 것입니다. 어떻게 대답하겠습니까? 50원을 임금으로 모두 받는다면, 자본가는 잉여가치를 전혀 얻지 못하여 공장을 폐쇄할 것이고, 노동자는 일자리를 잃게 될 것입니다.

물론 이러한 상황을 타개할 방법은 있습니다. 노동자와 주민 전체가 모든 공장을 접수하는 것입니다. 모두를 위해 생산하여 평등하게 분배하고 자유롭게 생활하면 됩니다. 다시 말해 자본주의 사회가 붕괴하고 새로운 사회가 등장하는 것입니다. 이런 혁명적 상황이 벌어지지 않도록 하기 위해, 국가는 국정원·경찰·군대·검찰·노동부·농림수산부·공정거래위원회·우익 언론·재벌·법원 등과 온갖 우익 단체들을 동원해 자유와 평등과 평화를 주창하는 양심 세력들을 탄압하는 깡패 행위를 일삼고 있는 것입니다.

생산수단을 소유한 자본가계급이 노동력밖에 팔 수 없는 노동자계급을 착취하는 엄청나게 불평등한 사회가 바로 자본주의 사회입니다. 자본가계급이 노동자계급을 착취하는 정도를 나타내는 '착취율'('잉여가치율'이라고도 부릅니다)은 잉여가치/임금수준, 잉여노동/필요노동, 지불받지 못한 노동/지불받은 노동 등으로 표현할 수 있습니다.

물론 노동자가 정상적으로 생활할 수 있는 수준의 임금, 즉 노동력의 가치를 받는다는 가정도 현실과는 동떨어진 이야기입니다. 2014년의 '최저임금'은 시간당 5,210원으로 정부가 정했지만, 이 돈으로 생활하기는 도저히 불가능하고, 더욱이 이것보다 적게 받는 아르바이트 학생, 비정규직, 임시직이 너무 많습니다. 그러나 상품은 그것의 가치에 따라 매매된다는 '등가교환의 법칙'은 자본주의 경제의 '운동법칙'을 찾아내기 위해서는 매우 필요한 가정입니다.

또한 〈그림 2-4〉(이 책 69쪽)에서 보는 바와 같이, 이 잉여가치를 산업자본가가 '가장 먼저' 자기의 주머니에 넣지만, 잉여가치 전체를 산업자본가가 혼자 삼킬 수는 없습니다. 만약 산업자본가가 상인들에게 상품

의 판매 업무를 맡기면 이 잉여가치의 일부를 상인에게 '상업이윤'이라
는 명칭으로 나누어 주어야 하고, 은행 등 금융적 자본가로부터 자금을
빌려 사업을 시작했다면 이 잉여가치의 일부를 '이자'로 주어야 할 것이
며, 공장 터를 토지소유자로부터 빌렸다면 이 잉여가치의 일부를 '지대'
로 지불해야 하고, 국가에게는 이 잉여가치의 일부를 '세금'으로 내야
하며, 그리고 이제 남는 것이 '기업이윤'인데 이것의 일부는 주주들에게
'배당'으로 나가고 나머지가 '사내유보'가 되어 회사의 확장 등에 사용
될 것입니다. 이처럼 노동자를 착취한 잉여가치가 상업자본가, 금융적
자본가, 토지소유자, 국가, 산업자본가 사이에 분배된다는 것은, 이들
사이에 잉여가치를 누가 더 많이 가져가는가를 둘러싸고 싸움이 일어날
수 있지만(예컨대 금융적 자본가는 이자율을 인상하여 더 많은 이자를
받기를 원하지만, 산업자본가는 이자율이 인하되기를 원합니다), 이들
지배계급은 모두가 한마음으로 노동자계급에게 더욱 긴 노동시간, 더욱
낮은 임금수준을 강제하여 노동자로부터 더욱 큰 잉여가치를 착취하려
고 한다는 것은 분명합니다(이 책 9장과 10장에서 자세히 설명합니다).

잉여가치를 증가시키는 방법 1
— 노동시간을 연장한다

위의 논의에서 우리는 다음과 같은 공식을 알아냈습니다.

잉여가치 = 잉여노동 = 노동일 − 필요노동 = 노동일 − 노동력의 가치

〈2-6 식〉

잉여가치를 증가시키는 하나의 방법은 필요노동(=노동력의 가치=임금)을 그대로 두면서 하루의 노동시간을 연장하는 것입니다(그림 2-6). 예컨대 하루 임금으로 30원을 주면서 노동일을 10시간에서 14시간으로 연장하면, 노동자가 하루에 창조하는 새로운 가치는 50원에서 70원으로 증가하면서 잉여가치는 20원에서 40원으로 증가하게 됩니다. 이렇게 되면 착취도(=잉여가치율)는 20/30=66.7%에서 40/30=133%로 상승하게 됩니다.

잉여가치율(=노동자의 착취율)

$$= \frac{\text{잉여가치}}{\text{임금}} = \frac{\text{잉여노동}}{\text{필요노동}} = \frac{40원}{30원} = \frac{8시간}{6시간} = 133\%$$

〈2-7 식〉

하루의 임금수준을 고정시키면서 노동일을 12시간, 14시간, 15시간 등으로 연장시키면, 노동자는 자기가 받는 하루 임금에 비해 더욱 많은 노동을 해야 하기 때문에, 자본가가 얻는 잉여가치는 점점 더 증가하게 됩니다. 이처럼 노동일을 연장하여 잉여가치를 증가시키는 방법을 '절대적 잉여가치의 생산'이라고 부릅니다.

그러나 하루의 임금수준을 고정하지 않더라도 노동일을 연장하면 하루의 잉여가치가 증가하는 경우가 많습니다. 예컨대 정규적인 노동일이 10시간이고 이 시간에 노동자가 창조한(부가한) 가치가 3:2(즉 6시간:4시간, 또는 30원:20원)로 노동자와 자본가 사이에 분배된다면, 정규적인 노동시간인 10시간을 넘어서는 '시간외 노동' 4시간에서는 자본가가 임금과 잉여가치 사이의 분배 비율을 노동자에게 더욱 유리하게 3:1로

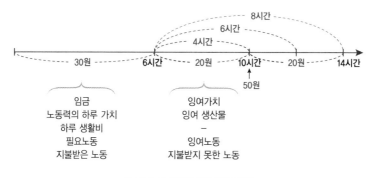

〈그림 2-6〉 절대적 잉여가치의 생산

제시할 수 있습니다. 이 경우 시간외 노동은 3시간의 필요노동:1시간의 잉여노동으로 분할되고, 시간외 노동이 창조한 부가가치 20원은 15원:5원으로 분배될 것입니다. 시간외 노동의 착취율은 33.3%이고, 14시간 노동일 전체의 착취율은 55.6%로, 당연히 정규적 노동시간의 착취율(66.7%)보다 낮아집니다. 그러나 자본가는 잉여노동과 잉여가치의 크기를 25%(4시간에서 5시간으로, 20원에서 25원으로)나 증가시킨 것입니다.

노동일을 연장하여 절대적 잉여가치를 얻는 방법은 대체로 자본주의 사회의 초창기 기계의 도입이 뒤떨어진 시기에 유행했고, 또한 공황기나 불황기와 같이 실업자가 많이 생겨 노동자계급의 세력이 약할 때는 기술 수준이 발달한 단계에서도 광범하게 채택되고 있습니다.

한국은 일찍부터 국가의 독재 권력과 대자본가들(재벌들)이 '수출입국立國'을 구호로 제품 가격의 국제 경쟁력을 높인다며 노동자에게 줄곧 장시간·저임금 노동을 폭력적으로 강요했습니다. 그 덕분에 경제 규모는 세계 10위 정도로 확장됐지만, 대중의 안정적 일자리, 국민의

1960년대 평화시장의 공장 모습과 1970년 11월 18일 아들 전태일의 영정을 안고 오열하는 고 이소선 여사

민주주의적 자유, 노인·빈민·장애인을 위한 사회보장제도, 자연보호, 여성의 사회적 지위, 출산율 등 국민의 필요와 욕구를 충족시키는 정도를 나타내는 지표들은 경제협력개발기구 OECD 회원국 중에서 가장 낮고, 빈부격차·부정부패·자살률·노인의 빈곤율·산업재해율·연간 노동시간·지배계급의 폭력적 탄압 정도 등은 세계에서 1등을 차지하고 있습니다. 장시간·저임금 노동, 불안정한 일자리, 노동조합운동과 시민운동에 대한 폭력적 탄압, 부정부패의 확산, 정치적 독재의 강화, 거대 재벌들의 경제·정치·사법 영역에서의 지배 강화, 북한과 전쟁하려는 호전적 분위기 조성 등은, "자본주의 사회가 경제적 발전과 함께 정치적 민주화와 복지제도의 개선을 '동시에' 달성하게 된다"는 일반적 상식과는 전혀 반대의 현상입니다. 그러므로 한국 사회를 전체적으로 특징지을 때, 가장 먼저 '깡패사회'라고 규정한 뒤, 깡패 같은 지배계급이 자본주의적 제도들을 이용하여 자신들의 지배 권력을 더욱 강화하고 있다고 분석하는 방법이 적합할 것 같습니다.

예컨대 일본 식민세력의 앞잡이가 된 친일깡패들이 일본 세력과 함께 1945년까지 지배하다가, 그 뒤 친일깡패들이 친미깡패로 옷을 갈아입고 자기의 지배 권력을 강화하기 위해 미국식 자본주의를 도입해 재벌들을 육성하고, 정치적·경제적 권력을 집중시키며 국민 전체의 복지에는 전혀 관심을 쏟지 않고 국민들을 폭력으로 동원하여 잉여가치를 증대시키는 것에만 몰두한 것이 지금까지 한국 사회의 가장 큰 특징이었다고 보면 어떨까요? 2014년 4월 16일에 발생한 세월호 참사는 세계 10위의 자본주의 나라에서는 도저히 일어날 수 없는 사건이기 때문입니다.

잉여가치를 증가시키는 방법 2
— 노동자의 생활비를 값싸게 한다

노동일의 연장에 대해서는 노동자계급 전체가 강력하게 반대했지만, 자본가계급 중 기술 수준이 낮은 소자본가들은 대자본가들과 경쟁하는 방법으로 노동일의 연장을 선택할 수밖에 없었고, 이에 대해 높은 기술을 지닌 대자본가들은 소자본가들을 파산시키기 위해 노동일의 연장을 반대했습니다. 다른 한편으로 자본주의 체제를 보존하려는 자본주의적 정부는 노동일의 연장으로 노동자계급의 건강이 악화되고 노동자들이 너무 일찍 죽어 착취 대상인 노동자의 수를 유지하기 어려운 상황이 올 것을 걱정하여 노동일의 지나친 연장을 막고자 표준노동일(또는 법정노동일)을 제정하기로 했습니다. 이런 계급투쟁과 계급 내부 투쟁의 결과로 하루의 노동시간이 법적으로 예컨대 10시간으로 제한되었습니다. 자본가는 이제 10시간의 노동일에서 잉여가치를 증가시키는 방법을 찾

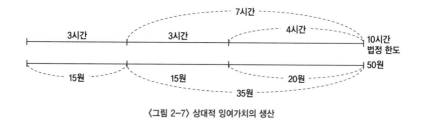

〈그림 2-7〉 상대적 잉여가치의 생산

아내지 않을 수 없게 되었습니다. 표준노동일의 한계 안에서 잉여노동 시간을 필요노동 시간에 비해 상대적으로 늘리는 것을 '상대적 잉여가 치의 생산'이라고 합니다.

노동자는 현재 하루 30원의 임금을 받고 6시간의 필요노동과 4시간 의 잉여노동, 합계 10시간의 노동을 합니다. 이 하루 10시간 노동 중에 서 잉여노동을 늘려 잉여가치를 증가시키려면 앞의 〈2-6 식〉(이 책 75쪽) 에서 본 바와 같이 필요노동을 줄여야만 합니다(잉여가치=노동일-필 요노동). 예컨대 잉여노동을 지금의 4시간에서 7시간으로, 그리고 잉여 가치를 20원에서 35원으로 증가시키려면, 필요노동을 지금의 6시간에 서 3시간으로, 그리고 임금수준을 30원에서 15원으로 감소시켜야만 합 니다(그림 2-7). 그런데 문제의 핵심은, 임금수준을 30원에서 15원으로 줄이더라도, 노동자와 그 가족의 '생활수준'은 변하지 않아 노동자가 정 상적으로 노동력을 재생산할 수 있어야 한다는 점입니다. 이것이 바로 '노동력의 가치=노동자와 그 가족의 생활비'라는 공식이 우리에게 가 르쳐 주는 것입니다. 이것이 어떻게 가능하겠습니까?

지금까지 노동자가 받은 임금 30원은 노동자와 그 가족이 하루 생 활하는 데 필요한 돈입니다. 이 임금 30원으로 라면 100개를 살 수 있다고 한다면, 노동자와 그 가족이 하루를 생활하는 데 라면 100개가 필요하다는 말과 같습니다. 다시 말해 노동자는 라면을 먹고, 라면으로 옷을 만들며, 교통비·교육비·병원비 등도 라면으로 낸다고 가정하는 것입니다. 라면 100개를 가져야 노동자와 그 가족이 하루를 정상적으로 살아갈 수 있습니다. 지금 하루의 임금이 30원인 이유는 라면 100개를 사는 데 필요한 돈이 30원이기 때문이고, 현재 라면 1개의 가치가 0.3원이기 때문입니다.

노동자의 하루 생활비 30원 = 라면 100개의 가치 = 0.3원×100개
15원 = 라면 100개의 가치 = 0.15원×100개

⟨2-8 식⟩

그런데 라면 공장이 컨베이어벨트 등 자동 생산방법을 도입하고 값싼 원료를 개발하며 노동자의 수를 삭감한다면, 라면 1개의 가치는 저하하지 않을 수 없습니다. 라면 1개의 가치가 0.3원에서 0.15원으로 저하한다면, 노동자에게 하루 임금으로 15원만 주더라도 라면 100개를 살 수 있으므로, 노동자와 그 가족의 생활수준은 변하지 않고 노동자는 이전과 마찬가지로 노동력을 정상적으로 재생산할 수 있게 됩니다. 다시 말해 노동자의 생활필수품의 가치가 하락한다면, 하루의 임금을 30원에서 15원으로 인하하고, 따라서 필요노동 시간이 6시간에서 3시간으로 줄더라도 문제가 없다는 말입니다.

물론 하루 임금으로 항상 30원을 받던 노동자가 15원을 받으면 실질임금인 라면 100개는 여전하지만 화폐임금을 적게 받기 때문에, '기분'이 나쁘지 않을 수 없습니다. 이리하여 노동자와 자본가 사이의 단체협상 과정에서 노동자가 하루 임금으로 30원보다는 적지만 15원 보다는 큰 20원을 받게 되었다면, 노동자의 하루 실질임금은 라면 100개에서 133개(=20원/0.15원)로 상승하게 되면서 자본가들의 하루 잉여가치도 20원에서 30원(=50원-20원)으로 증가하게 되는 것입니다. 이처럼 자본가와 노동자가 함께 기술혁신의 이익을, 불평등하지만, 나누어 가진 경우도 있었기 때문에, 노동자들의 생활수준이 조금씩 향상되었다고 보아도 좋을 것입니다.

이처럼 노동일이 표준노동시간의 법제화로 제한되는 경우에는, 자본가계급은 노동자의 하루 생활비를 구성하는 품목들(예: 의식주의 주요 항목들)의 값을 내리면 화폐임금 수준을 인하하더라도 노동자와 그 가족의 실질 생활수준은 변하지 않으므로, 잉여노동·잉여가치를 증가시킬 수 있습니다. 이런 상대적 잉여가치의 생산에서 가장 중요한 수단은 기술혁신을 통해 노동자의 생활필수품의 값을 낮추는 것입니다. 그런데 이 생활필수품들은 아파트, 냉장고, 자동차, 각종 식품, 버스·전철·기차 등 교통비, 병원비, 교육비, 노후생활비, 실업보험비 등 다양하기 때문에, 모든 생산부문의 자본가들이 경쟁에서 이기기 위해 끊임없이 기술혁신을 행하는 과정에서 노동자들의 생활필수품의 값이 저하하면서 모든 자본가들이 '상대적 잉여가치'를 얻게 되는 것이라고 보면 될 것입니다(96~102쪽에서 다시 설명합니다).

마르크스 경제학은, 위에서 말한 절대적·상대적 잉여가치의 생산에서 보는 바와 같이, 노동자를 착취한 잉여노동·잉여가치가 이윤의 원천이라고 주장합니다. 주류경제학은 마르크스의 이런 주장을 반박하지만 자기의 이윤 이론은 아직 제시하지 못하고 있습니다. 주류경제학의 반박은 다음과 같습니다.

첫째, 자본가가 온갖 욕망을 억제하여 개인적 소비를 줄이고 저축했기 때문에 잉여가치가 나왔다고 주류경제학은 말합니다. 다시 말해 잉여가치는 자본가의 '절욕'에 대한 보상이라고 주장합니다. 하지만 자본가가 욕망을 억제하여 소비를 줄인 것이 어떻게 잉여가치를 창조하는가를 설명하지 못하고 있습니다. 만약 자본가가 절욕해서 그 돈을 금고에 넣어 둔다면 잉여가치가 생기지 않을 것입니다. 또한 자본가의 자본이 어느 정도의 크기로 증가한 뒤에는 절욕하지 않고 사치를 즐기더라도 자본은 계속 증가하기 때문에, 자본가의 절욕이 잉여가치를 낳는다는 말은 성립하지 않습니다. 물론 자본가는 자본의 소유자이므로, 잉여가치를 자기의 주머니에 넣는다는 것은 이해되지만, 잉여가치가 어디에서 나왔는가를 설명하지는 못합니다.

둘째, 주류경제학에서는 자본가가 생산과정에서 수행한 감독노동과 지휘노동이 잉여가치를 낳는다고 주장합니다. "우리도 노동했다"고 자본가들이 이야기하는 것을 검토하지도 않은 채 그대로 앵무새처럼 반복하고 있습니다. '감독노동'은 잉여가치나 그 어떤 가치도 결코 창조하지 못합니다. 예를 들어 노예사회의 노예 감독관을 살펴봅시다. 그는 노예들 중에서 뽑혀 노예들을 감독만 합니다. 시간이 갈수록 노예들이 더욱 말을 듣지 않자 노예 감독관의 숫자는 점점 더 증가했고, 상대적으로 일하는 노예 수는 점점 더 감소했습니다. 노예 감독관은 노예 주인을 위해 새로운 가치를 창출하지 않고 오히려 노예 주인의 비용이나 손실을 증가시켰습니다. 마찬가지로 자본가의 감독노동도 잉여가치를 만들어

내지 못할 뿐 아니라 회사의 비용이나 손실 항목이 될 뿐입니다. 하지만 '지휘노동'은 잉여가치의 증가에 기여합니다. 오케스트라의 지휘자가 지휘를 잘해야 좋은 음악이 나오는 것과 마찬가지로, 공장의 지휘자가 지휘를 잘해야 값싸고 품질 좋은 물건이 나와 경쟁에서 이기고 더욱 큰 잉여가치를 얻게 됩니다. 따라서 지휘노동은 감독노동과는 달리 가치와 잉여가치를 창조합니다. 만약 공장의 지휘자가 월급쟁이 경영자라면, 그는 지휘노동에 대한 대가로 일정한 금액의 '임금'을 받을 뿐입니다. 그러나 공장의 지휘자가 공장의 주인인 자본가라면, 이 자본가는 월급쟁이 경영자보다 훨씬 큰 보수를 받을 것입니다. 이 엄청난 보수의 차이는, 자본가가 행하는 지휘노동의 질과 양이 월급쟁이 경영자의 그것보다 훨씬 뛰어나기 때문이라고 말할 수는 없습니다. 자본가가 받는 보수는, 지휘노동에 대한 임금뿐 아니라 자기 회사가 노동자를 착취해 창조하는 잉여가치의 큰 부분이라고 보아야 할 것입니다. 결국 자본가의 감독노동과 지휘노동은 자본가가 얻는 잉여가치를 설명할 수 없습니다.

이윤의 원천에 관한 주류경제학 측의 두 가지 주장은 현재의 기업형태 중 지배적인 주식회사의 경우에는 전혀 말이 되지 않습니다. 주식회사에서는 자본의 소유와 경영이 분리되어 있는데, 주식을 가진 '주주'는 자본의 소유자로서 어떤 노동도 하지 않고 주식만 만지작거리고 있으며, 경영을 담당하는 '월급쟁이 사장'(고급 노동자인 전문 경영인)은 일반 노동자들과 함께 상품을 생산하고 판매하여 잉여가치를 창조하고 있습니다. 그런데 이 잉여가치는 전혀 노동을 하지 않은 주주들에게 '배당'의 형식으로 먼저 분배되고, 나머지가 회사의 확장 등에 사용됩니다. 이 경우 잉여가치가 자본가의 어떤 노동이나 어떤 절욕에 의해 생긴다고 이야기하는 것은 전혀 용납될 수 없습니다.

주식을 소유한 주주인 자본가는 불로소득자이고 기생충으로서 '무노동 무보수'의 원칙을 위반하고 있을 뿐 아니라, 주식 투기를 통해 금융 질서를 혼란에 빠뜨리면서 빈부격차를 더욱 확대하고 있습니다. 더욱이 이런 주주는 배당을 너무 많이 받아 가서 회사의 성장과 확대를 가로막고 있으므로, 기생적인 불로소득자의 주식을 회사나 사회에 기부하게 한다면, 이제 주식회사는 국민 모두의 소유가 되고, 고급 노동자인 전문 경영인과 일반 노동자들이 이윤을 증가시킬 목적으로 회사를 운영하지 않고 모든 '국민의 필요와 욕구'를 충족시키기 위해 운영하게 될 것입니다. 이렇게 되면, 생산수단을 소유한 계급과 아무것도 소유하지 않는 계급으로 국민이 구분되지 않아, 한 계급이 다른 계급을 억압하고 착취하는 폐해가 사라집니다. 그리고 모든 국민이 사회 전체의 물적 자원과 인적 자원을 합리적으로 사용하여 국민들의 필요를 충족시키는 과제에 민주적으로 참여함으로써, 평등하고 자유로운 개인들이 상대방을 인류의 한 사람으로 대접하고 자연을 모든 인류를 위해 이용하는 '새로운 사회'가 탄생하게 될 것입니다.

3
노동생산성의 향상과 자본의 축적

Das Kapital.

Kritik der politischen Oekonomie.

Von

Karl Marx.

노동자의 육체적·정신적 퇴화, 조기 사망, 과도한 노동의 고통 등에 대한 불평에 대해 자본은 다음과 같이 대답한다. "그런 것들이 우리의 쾌락(이윤)을 증가시켜 주는데, 어째서 우리가 걱정해야 하는가?" 전체적으로 보면, 이 모든 사태는 개별 자본가의 선의나 악의 때문이 아니다. 자유경쟁 아래에서 자본주의적 생산의 내재적 법칙은 개별 자본가에 대해 외부적인 강제 법칙으로서 작용한다.

『자본론』I: 361

생산력 발전이라는 측면에서 본 자본주의

자본주의적 생산양식은, 자본주의 경제를 생산력과 생산관계라는 관점에서 파악하는 개념입니다. 자본주의 경제는, 생산력 측면에서는 수공업→공장제 수공업(매뉴팩처)→기계제 대공업으로 발달했습니다. 수공업은 자영업자가 자기 집에서 주로 손으로 도구를 사용해서 상품을 만들어 시장에 팔았습니다. 그 뒤 해외시장이 개척되고 상품 수요가 증가하자, 돈을 번 수공업자나 상인이 큰 작업장을 세우고 수많은 수공업자들과 무산대중을 '임금노동자'로 고용하여 상품을 생산하고 판매하게 되었습니다. 임금노동자가 생기고 이를 고용하는 자본가가 탄생했기 때문에 자본주의 경제가 시작된 것입니다. 그러나 이 단계에서는 기계가 등장하지 않아 손으로 도구를 사용해 일했기 때문에 기술 수준은 수공업 시대와 같았습니다. 그래서 이 단계를 공장제 수공업 또는 매뉴팩처라고 부릅니다.

이 공장제 수공업에 관해서는 애덤 스미스Adam Smith(1723~1790)가 1776년에 출판한 『국부론』*에 잘 설명되어 있습니다. 스미스에 따르면, '한 나라의 부'(즉 국부)는 국민들이 생활수단으로 사용하는 '소비

『국부론』An Inquiry into the Nature and Causes of the Wealth of Nations

원제를 번역하면, "국부의 성질과 원천에 관한 연구"입니다. 마르크스가 『자본론』을 집필하면서 가장 많이 인용한 책입니다. 『국부론』은 1776년, 『자본론』 제1권은 1867년에 나왔습니다. 애덤 스미스는 경제학의 체계를 처음 세웠으므로, 마르크스는 『국부론』을 읽고 애덤 스미스의 가치론, 자본축적론, 미래사회론 등을 비판하면서 『국부론』과는 전혀 다른 새로운 경제학을 완성할 수 있었습니다.

재'로 구성되어 있으며, 이 국부를 증가시키기 위해서는 노동자들의 수를 증가시키는 것과, 노동자 한 사람의 '노동생산성'을 향상시키는 것이 필요합니다. 그리고 노동생산성을 향상시킨다는 것은 노동자 한 사람이 하루에 만들어 내는 소비재의 수량을 증가시키는 것인데, 이를 위해서는 소비재를 만드는 생산과정(또는 노동과정)을 서로 연결되는 몇 개의 작은 과정으로 나누고 각각의 과정을 노동자 한 사람이 담당하여 서로 협력하는 것 — 즉 '분업'division of labour에 의한 협업 — 이 가장 효과적이라고 주장했습니다.

이 분업을 좀 더 자세히 이야기해 봅시다. 스미스는 자기 동네인 스코틀랜드 커콜디에 있는 옷핀 만드는 매뉴팩처를 방문하여 분업을 실제로 보았습니다. 옷핀을 만드는데, 노동자1은 철사를 똑바로 펴는 작업만 하루 종일 하고, 노동자2는 이 철사를 일정 길이로 자르는 일만 계속하며, 노동자3은 철사 끝을 뾰족하게 하는 일을 하고, 노동자4는 철사의 다른 끝에 머리를 둥글게 만드는 일을 하며, 노동자5는 50개의 옷핀을 작은 종이상자에 담는 일을 하고, 노동자6은 이 작은 옷핀 상자들을 각각의 상점에 배달하는 일을 합니다. 이것이 분업입니다. 이렇게 분업을 하니 여섯 명의 노동자가 하루에 3만 개의 옷핀을 만들어 팔 수 있었으므로, 한 사람이 하루에 5천 개를 만들어 팔았다는 이야기가 됩니다. 만약 이 여섯 명이 각각 독립적으로 철사를 펴는 일부터 상점에 배달하는 일까지 모두 한다면, 그들 각자는 분명히 하루에 20개도 만들지 못했을 것이라고 스미스는 예측합니다.

스미스가 『국부론』을 쓸 당시 스코틀랜드에는 상품의 생산과정에서 노동하는 개인들이 주인 행세를 하는 작업장만 있었지, '노동자들이 오히려 기계들의 운동에 순응해야만 하는' 현대식 공장이 없었습니다. 이 때문에 스미스는 기계를 전혀 알지 못하고, 나라의 부를 가장 크게 증가 시키는 방법이 '분업'이라고 주장한 것입니다.

그러나 18세기 말부터 일어나기 시작한 '산업혁명'을 관찰한 마르크스는, 스미스가 극찬한 '분업'이 자본가계급에게는 매우 큰 문제를 일으켰으므로, 공장제 수공업(매뉴팩처)이 기계를 사용하는 기계제 대공업으로 전환되었다고 보았습니다.

매뉴팩처에서 매일 철사를 일정한 길이로 끊는 일을 1년간 계속한 임금노동자는 '숙련노동자'가 되고 노동생산성이 매우 높아집니다. 이 숙련노동자는 당연히 자본가에게 월급을 올려 달라고 요구합니다. 자본가로서는 숙련노동자가 작업장을 떠나면 미숙련노동자를 고용할 수밖에 없고, 미숙련노동자는 철사를 일정한 길이로 끊을 수 없기 때문에, 숙련노동자가 요구하는 임금과 노동시간 등 노동조건의 개선을 들어 줄 수밖에 없는 형편이었습니다. 이렇게 속이 썩은 자본가가 찾아낸 것이 바로 '기계'입니다. 동력기·전동장치·작업기로 구성된 기계는 노동자로부터 자립하여 스스로 밤낮을 가리지 않고 동일한 상품을 정확하게 생산할 수 있기 때문에, 숙련노동자가 필요하지 않습니다. 예컨대 기계는 철사를 일정한 길이로 정확하게 잘라 주므로, 1년 동안 철사를 끊은 숙련노동자는 자본가에게 더 많은 월급을 요구할 수 없습니다. 기계가 필요로 하는 노동자는 기계를 감독하거나 기계에 원료를 공급하는 일을 할 수 있는 유순한 미숙련 청소년과 부녀자들이기 때문에, 성인 숙련 남성 노동자의 지위와 세력은 급속히 저하하고 감소했습니다. 이제 노동자가 기계의 부속품이 되어 자본가에게 완전히 복종하지 않을 수 없게 되고, 이리하여 자본가계급이 노동자계급을 실질적으로 지배하고 착취하는 자본주의적 생산관계가 확립됩니다. 이 기계제 대공업 시기에 비로소 '진정한 의미'의 자본주의 경제와 사회가 탄생했습니다.

기계제 대공업에서도 자동차 조립 공장에서 보는 바와 같이, 각각의 노동자가 컨베이어벨트에 붙어 서서 재미없고 지루한 한 가지 작업만을 하는 분업이 실시되는 경우가 많습니다. 매뉴팩처 시대에도 스미스는 노동자 한 사람이 한 가지 일만 계속하면 하나의 능력만 발달하고 기타의 모든 능력은 발달이 중단되므로, 국민의 대다수인 노동자들이 판단력이 부족한 바보가 된다고 경고하면서, 국가가 이런 청소년에게 의무교육을 실시하라고 권고한 바 있습니다. 그러나 마르크스는 좀 더 나아가서, 자본주의 경제에서는 자본가들이 서로 경쟁하면서 더 많은 이윤을 얻기 위해 새로운 상품·기계·생산방법을 끊임없이 발명하기 때문에, 노동자들은 온갖 부문에 정통하고 '전면적으로 발달한' 개인이 되지 않고서는 일자리를 안정적으로 지킬 수가 없게 될 것이고, 또한 이런 개인들이 결국 새로운 사회의 주체가 되어 차별을 없애면서 협동해서 높은 노동생산성을 달성하게 된다고 예측했습니다.

노동생산성을 향상시키는 방법
: 협업

자본가계급이 잉여가치를 증가시키는 방법은, 앞에서 본 바와 같이 노동일을 연장하여 절대적 잉여가치를 생산하는 방법과, 노동일이 법적으로 제한된 뒤에는 주어진 노동일 중 필요노동 시간을 단축하여 잉여노동 시간을 확대함으로써 상대적 잉여가치를 생산하는 방법이 있습니다. 자본주의가 발달함에 따라 노동일의 연장은 사실상 노동자계급과 자본 가계급 및 정부로부터 동의를 얻어 내기가 어려우므로, 상대적 잉여가 치를 생산하는 방법이 광범하게 채택됐습니다. 그런데 상대적 잉여가치 를 증가시키기 위해서는, 노동자들이 주로 소비하는 생활필수품들(예: 의 식주에 관련된 것)의 값(가치)을 낮추어서 노동자 가족의 생활비를 감소시 킴으로써 적은 임금으로도 정상적인 생활이 가능하게 해야 합니다.

마르크스 경제학에서는 상품 1단위*의 값(가치)을 저하시키는 것 을 '노동생산성의 상승(또는 향상)'이라고 부릅니다. 앞의 라면 공장에 서 본 바와 같이, 자본가는 라면을 만드는 기계와 원료 등 '생산수단' 을 구매하기 위해 70원을 투자하고, 노동자의 하루 '노동력'을 구매하 기 위해 30원을 투자합니다. 노동자는 이 기계를 가지고 원료를 가공하 여 하루에 예컨대 라면 400개를 생산합니다. 이 라면 400개는 시장에 서 120원으로 팔렸는데, 이 120원이라는 라면 값(가치)은 기계와 원료 의 값(가치)이 라면 값으로 그대로 옮겨간 것 70원과, 노동자가 라면을 만들면서 지출한 '인간노동 일반'이 라면에 부가한 가치 50원으로 구성 되었습니다. 노동자의 노동이 부가한(또는 창조한) 가치 50원은 노동 자가 임금으로 받은 30원과 노동자가 자본가로부터 지불받지 못한 잉

상품 1단위

상품은 한 개, 두 개로 셀 수 있는 것도 있지만, 1그램, 2그램 또는 1리터, 2리터 등으로 재야 하는 경 우도 있으므로, '상품 1단위'라고 말하면 모든 경우를 포함할 수 있습니다.

여가치 20원으로 구분할 수 있었습니다. 여기에서 자본가가 투자한 화폐 100원 중 생산수단의 구매에 투자한 화폐 70원은 생산과정에서 70원 그대로 라면 가치에 옮겨 가기 때문에 가치 70원이 변하지 않았으므로 '불변자본' C라고 부르고, 노동자의 노동력을 구매하기 위해 임금으로 투자한 30원은 생산과정에서 50원으로 변했기 때문에 '가변자본' V라고 부르며, 자본가를 위해 노동자가 공짜로 제공한 잉여가치 20원은 S로 표시합니다. 결국 라면 공장의 경우 라면 1개의 값(가치)은, 라면 400개(수량을 나타내는 Q로 표현)의 가치가 120원(=70C+30V+20S)이므로 다음과 같이 나타낼 수 있습니다.

$$\text{상품 1단위의 값(가치)} = \frac{70C+30V+20S}{400Q} = 0.3\text{원}$$

〈3-1 식〉

그런데 노동생산성의 상승은 상품 1단위의 값(가치)을 저하시키는 것이기 때문에, 노동생산성은 〈3-1 식〉을 거꾸로 한 것과 같습니다.

$$\text{노동생산성} = \frac{400Q}{70C+30V+20S} = \frac{400Q}{14\text{시간}+6\text{시간}+4\text{시간}} = 16\frac{2}{3}\text{개}$$

〈3-2 식〉

노동생산성productivity of labour은 쉽게 말하면 1시간의 노동에 몇 단위(또는 몇 개)의 상품이 생산되는가를 나타내는 지표입니다. 그런데 400개의 라면을 생산하는 데 드는 노동은, 라면 공장 노동자의 노동뿐 아니라, 라면 생산에 사용하는 기계와 원료를 생산한 다른 공장 노동자들의 노동도 더해야 합니다. 따라서 마르크스는 라면 공장 노동자의 노동을 '현재의 노동' 또는 '살아있는 노동'이라고 부르고, 다른 공장에서 구입한 기계와 원료 등에 들어가 있는 노동을 '과거의 노동' 또는 '죽은 노동'이라고 부르고 있습니다.

　라면 400개를 만드는 데 든 노동시간은 몇 시간이 될까요? 〈3-2 식〉에서 분모의 금액을 노동시간으로 환산해야 합니다. 지금 라면 공장의 노동자는 10시간의 노동에 50원의 가치를 창조하므로, 1시간의 노동은 5원의 가치를 창조합니다. 따라서 30원의 임금 V는 6시간의 필요노동을 가리키고 20원의 잉여가치 S는 4시간의 잉여노동을 가리킵니다. 그런데 생산수단의 가치 70C는 몇 시간의 노동을 대표할까요? 이 기계와 원료는 다른 공장의 노동자들이 이전에 몇 시간 노동해서 만들었을 것이지만, 이것들의 값(가치)은 지금 70원이므로 14시간(=70원÷5원)의 노동을 대표할 뿐입니다. 결국 400개의 라면은 '현재의 노동' 10시간과 '과거의 노동' 14시간, 합계 24시간의 노동으로 생산하게 된 것이므로, 1시간의 노동은 16.7개(=400개÷24시간)의 라면을 생산한 셈이 됩니다. 물론 라면 400개를 생산하는 데 든 노동시간이 24시간이라는 것은, 라면 400개의 값(가치)인 120원을 현재 1시간의 노동이 창조하는 가치 5원으로 나누더라도 찾을 수 있습니다.

　노동생산성의 일반 공식은 다음과 같이 표현할 수 있습니다.

$$\text{노동생산성} = \frac{Q}{C+V+S} = \frac{\dfrac{Q}{V+S}}{\dfrac{C}{V+S}+1}$$

C: 불변자본　　V: 가변자본　　S: 잉여가치　　Q: 상품의 양　　　〈3-3 식〉

한국생산성본부 KPC에서 노동생산성을 구하는 방법은, 예컨대 라면 공장의 하루 생산량 400개를 라면 공장 노동자의 노동일 10시간으로 나누는 것으로써, 〈3-3식〉의 분자인 $\frac{Q}{(V+S)}$ 와 같습니다. 따라서 노동자가 10시간 노동해서 400개를 만들다가 800개를 만들면 노동생산성이 두 배 상승했다고 말합니다. 그러나 〈3-3식〉에 따르면, $\frac{Q}{(V+S)}$ 가 두 배로 상승하더라도 분모에 있는 $\frac{C}{(V+S)}$ 가 두 배 이상으로 상승하면, 노동생산성은 상승하지 않으며 따라서 상품 1단위의 값(가치)은 저하하지 않게 됩니다. 다시 말하면, 기계화·자동화·로봇화의 도입으로, 노동자가 '현재의 노동' 1시간에 생산량을 크게 증가시키더라도, 즉 $\frac{Q}{(V+S)}$ 를 크게 증가시키더라도, 기계와 원료의 비용이 '현재의 노동'에 비해 더욱 크게 증가한다면, 즉 $\frac{C}{(V+S)}$ 가 더욱 크게 증가한다면, 노동생산성은 상승하지 않고 따라서 상품 1개의 가치는 저하하지 않는다는 점입니다. 예컨대 성능은 좋지만 지나치게 비싼 기계를 도입한 자본가가 상품 1단위의 값(가치)을 인하시키지 못하여 경쟁에서 패배하는 경우가 바로 이런 경우입니다.

자본가들이 어떤 방식으로 노동생산성을 향상시켰을까요? 노동생산성을 향상시키는 기본 형태는 협업—많은 노동자가 함께 협력해서 일하는 것—인데, 역사적으로 취한 구체적 형태는 단순협업→매뉴팩처→기계제 대공업으로 발달했다고 마르크스는 말합니다.

'단순협업'은 도구를 거의 사용하지 않고 다수의 노동자들이 모여서 함께 같은 일을 하는 것입니다. 피라미드, 만리장성 등이 단순협업의 대표적인 예입니다. '매뉴팩처'는 '공장제 수공업'이라고도 하는데, 기계를 쓰지 않고 종전의 수공업적 기술을 유지하면서도 다수의 수공업자를 임금노동자로 하나의 공장에 모아, 상품을 만드는 전체 노동 과정을 그들 사이에 몇 개의 과정들로 나누어 분업을 실시함으로써 노동생산성을 향상시키는 것입니다. '기계제 대공업'에서는 동력기·전동기·작업기로 구성된 자동적인 기계 체계의 리듬에 다수의 노동자들이 따라가게 됩니다.

이런 협업이 노동생산성을 향상시켜 상품 1단위의 값(가치)을 떨어뜨리는 근거는 다음과 같습니다.

첫째, 건물과 난방·조명 등에 드는 일정한 비용이 거기에서 생산되는 상품들에게 평균적으로 분배되기 때문에, 노동자들이 많이 모여 대량으로 생산할수록 상품 1단위에 분배되는 이런 비용은 줄어들어 상품 값(가치)이 저하합니다. 가령 좁은 공간에 재봉틀을 10대가 아니라 30대를 놓고 노동자들을 빽빽하게 넣으면 하루의 생산량이 더욱 커지면서, 상품 1개에 들어가는 건물 사용료, 난방·조명비가 대폭 감소하여 상품 1개의 값(가치)은 저하하지 않을 수 없습니다. 1960년대와 1970년대 동대문 평화시장의 봉제공장이 전형적인 예일 것입니다[신순애, 『열세 살 여공의 삶』(한겨레출판, 2014)을 읽어 보세요].

둘째, 개별 노동자가 할 수 없는 일을 집단 노동자들은 할 수 있기 때문입니다. 예컨대 100킬로그램 이상의 물건을 운반할 경우, 한 명은 할 수 없지만 여러 명이 모이면 할 수 있습니다. 집단 노동자들은 개별 노동자가 가지지 못한 '새로운 힘'을 창조하기 때문입니다.

셋째, 노동자들이 함께 모이면 경쟁심이 생겨 개별 노동자들의 작업 능률이 높아지기 때문입니다.

넷째, 분업을 더욱 세밀하고 광범하게 실시할 수 있으므로 노동생산성이 향상됩니다.

결국 협업에 의해 노동생산성이 상승하고 상품 1단위의 값이 저하하는 것은, 자본가가 노동자들을 한 곳에 모아 집단 노동(또는 공동 노동)의 힘을 이용하기 때문입니다. 그런데 노동자들을 한 곳에 모은 사람이 바로 자본가이므로 그는 집단 노동의 힘을 공짜로 이용하여 이익을 보게 됩니다. 다음과 같은 예를 참조하세요.

	2013년 1월	2014년 1월
공장 면적	가로 10미터, 세로 10미터	옆과 동일
공장 임대료(1개월)	200만 원	옆과 동일
고용한 노동자 수	10명	50명
임금 총액(1개월)	20만 원×10명=200만 원	20만 원×50명=1,000만 원
1개월 동안의 생산량	1명이 100개→10명이 1,000개	1명이 160개→50명이 8,000개
상품 1개에 들어간 비용		
공장 임대료	200만 원/1,000개=2,000원	200만 원/8,000개=250원
임금	200만 원/1,000개=2,000원	1,000만 원/8,000개=1,250원
원료비	1개에 50원	1개에 50원
합계	4,050원	1,550원

〈그림 3-1〉 노동생산성이 향상되는 예

두 라면 회사 A와 B 사이의 경쟁은
'초과이윤'을 얻기 위한 것

자본가들 전체, 즉 자본가계급이 절대적 잉여가치를 증가시키기 위해서는 노동자계급의 노동시간을 연장해야 하고, 상대적 잉여가치를 증가시키기 위해서는 생활필수품의 값을 떨어뜨려야 합니다. 그런데 현실에서는 각각의 자본가가 자기의 생산 분야에서 잉여가치를 증가시키려고 노력하기 때문에, 예컨대 노동시간을 연장시켜 잉여가치를 증가시키려고 한다는 주장은 '모든' 자본가에게 타당하지만, '모든' 자본가가 노동자의 생활필수품 값을 떨어뜨리려 한다는 주장은 현실과 맞지 않습니다. 왜냐하면 생활필수품을 생산하지 않는 자본가들이 매우 많기 때문입니다. 예를 들면 항공기, 자동차, 사치품, 강철, 기계 등을 생산하는 자본가들은 생활필수품의 가격에는 전혀 관심이 없기 때문입니다. 그렇다면 노동자의 생활필수품을 생산하지 않는 자본가는 상대적 잉여가치의 생산에 전혀 기여를 하지 않을까요? 실제로 자본가들이 서로 어떻게 경쟁하고 있는지를 살펴보면서, 자본가 전체가 어떻게 생활필수품의 가격 저하를 통해 상대적 잉여가치를 증가시키고 있는가를 알아보도록 하겠습니다.

A와 B라는 두 라면 회사가 있습니다. 두 회사는 처음에는 동일한 생산방법과 노동조직을 채용하고 있다고 가정합시다.

	원료	임금	잉여가치	가치 총액	생산량	1개의 가치
A	70원	30원	20원	120원	400개	0.3원
B	70원	30원	20원	120원	400개	0.3원

〈그림 3-2〉 하루의 투자액과 생산량

두 회사는 동일합니다. 두 회사 모두 하루에 생산하는 라면의 개수가 400개로 동일합니다. A회사가 하루에 얻는 잉여가치가 20원이고, B

회사가 하루에 얻는 잉여가치도 20원으로 동일합니다. 그리고 노동일
(하루의 노동시간) 10시간이 필요노동 6시간과 잉여노동 4시간으로 분
할되는 사정도 동일합니다.

그렇다면 이제 두 라면 회사는 무엇으로 경쟁을 할까요? 자기의 라
면 값을 떨어뜨려서 더 많이 팔려고 경쟁할 수 있습니다. 그래서 A회사
가 특수한 원료를 개발해서 라면 1개 값을 반으로 떨어뜨립니다. 그런
데 B는 이전 그대로입니다.

	원료	임금	잉여가치	가치 총액	생산량	1개의 가치
A	130원	30원	20원	180원	1,200개	0.15원
B	70원	30원	20원	120원	400개	0.3원

〈그림 3-3〉 A회사가 특수한 원료를 개발

A회사가 원료 값으로 130원을 투자해서 하루에 라면 1,200개를 생
산해서 라면 1개의 가치가 0.15원이 됐습니다. B회사는 그대로 400개
를 생산하고 라면 1개의 가치는 0.3원입니다. 이렇게 되면 두 회사 라면
값의 차이가 두 배가 됩니다. 만약 사회의 라면 수요가 하루 800개에서
1,600개로 증가함으로써 라면 1개의 '시장가치'(또는 '시장가격')가 여
전히 0.3원에 머물고 있다고 가정하면, A회사는 라면 1개를 0.15원에

팔지 않고 이전처럼 0.3원에 팔 수 있습니다. 이렇게 되면 A는 라면 1개 당 0.15원의 '초과이윤'(시장가격 또는 시장가치 0.3원에서 자기 상품의 개별가격 또는 개별가치 0.15원을 뺀 것)을 얻게 됩니다. 자본가들이 경쟁하는 것은 바로 이 초과이윤을 얻기 위해서입니다. 새로운 생산방법을 도입하고 노동생산성을 향상시키는 것이 바로 이 때문입니다.

A회사가 하루에 얻는 잉여가치는 생산과정에서 얻는 잉여가치 20원에 초과이윤 180원(=1개 0.15원×1,200개)을 합해 200원이 됩니다. 하지만 B회사가 하루에 얻는 잉여가치는 생산과정에서 얻는 잉여가치 20원뿐입니다. 이렇게 되면 B회사는 오래 버틸 수 없습니다. 만약 A회사가 라면 값을 0.2원으로 인하하면 B회사는 파산할 것이기 때문입니다. 그래서 A회사의 성장에 위협을 느낀 B회사는 A회사가 사용하는 동일한 원료를 도입하게 됩니다. 이렇게 되면 라면 1개의 '시장가치'는 0.3원에서 0.15원으로 저하하게 됩니다. 왜냐하면 두 회사가 서로 경쟁하므로 0.15원 이상으로 판매할 수가 없기 때문입니다.

	원료	임금	잉여가치	가치 총액	생산량	1개의 가치
A	130원	30원	20원	180원	1,200개	0.15원
B	130원	30원	20원	180원	1,200개	0.15원

〈그림 3-4〉 A와 B가 동일한 원료를 사용

〈그림 3-2〉에서는 라면 1개를 0.3원에 팔아 이윤을 20원 얻었는데, 지금은 라면 1개를 0.15원에 팔면서도 이윤은 그대로 20원입니다. 자본가 입장에서는 이게 말이 되지 않는다고 생각합니다. 노동자의 생활

필수품인 라면 값이 저하했으니 노동자의 임금도 마찬가지로 인하해야 한다는 것입니다. 매우 약삭빠른 생각입니다. 노동자에게 임금을 30원 준 것은 라면 1개 값이 0.3원이고 노동자가 하루에 필요한 라면 개수가 100개였기 때문입니다. 그런데 지금은 라면 1개 값이 0.15원으로 떨어 졌습니다. 자본가 A와 B는 노동자의 생활필수품인 라면 값이 떨어졌으므로 하루의 임금 수준을 인하해야 한다고 주장하는 것입니다.

처음에 하루 임금으로 30원을 준 이유는 노동자가 30원으로 가족과 함께 하루 동안 생활할 수 있었기 때문입니다. 좀 더 분명히 말해, 임금 30원으로 산 100개의 라면이 '실질임금'으로써 노동자 가족의 의식주 생활과 문화생활을 '대체로' 충족시킬 수 있었던 것입니다. 그런데 지금 라면 1개의 값이 0.15원으로 50% 떨어졌으므로, 노동자에게 하루의 임금으로 30원을 그대로 주면, 노동자의 실질임금은 라면 200개(=30원÷0.15원)가 되어 노동자의 실질생활 수준이 두 배로 향상하므로, 임금수준을 조정하자고 요구하는 것입니다.

자본가들은 실질임금을 이전 그대로 유지하는 조건으로, 노동자에게 라면 100개를 살 수 있는 임금 수준 15원(=0.15원×100개)을 주려고 합니다. 그런데 노동자들은 이전에는 하루 30원을 받다가 이제 15원을 받는 것에 항의하기 시작합니다. 그래서 자본가들은 노동자들과의 단체협상을 통해 하루 임금을 20원으로 인하하는 것에 합의하게 됩니다. 이렇게 되면, 노동자들의 실질생활 수준은 하루에 라면 100개에서 133개(=20원÷0.15)로 증가하여 33% 향상되고, 자본가는 하루의 잉여가치를 20원에서 30원(=노동자가 하루에 창조하는 가치 50원 - 임금 20원)으로 50% 증가시키게 됩니다(그림 3-5 참조). 노동자의 생활필수품을 직접적으로 생산

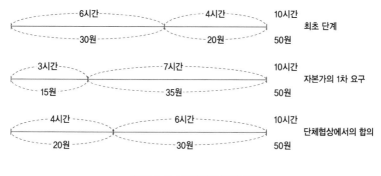

		10시간	
6시간	4시간		최초 단계
30원	20원	50원	
3시간	7시간	10시간	자본가의 1차 요구
15원	35원	50원	
4시간	6시간	10시간	단체협상에서의 합의
20원	30원	50원	

〈그림 3-5〉 상대적 잉여가치의 생산

하는 산업부문에서는 자본가들이 초과이윤을 얻으려고 경쟁하는 과정에서 생활필수품의 값이 저하하고, 그 결과로 상대적 잉여가치를 얻게 되는 것입니다.

그렇다면 노동자의 생활필수품을 생산하지 않는 다른 기업들은 어떻게 상대적 잉여가치의 생산에 기여할까요? 생활필수품을 생산하지 않는 생산 부문들에서는, 경쟁하는 자본가들이 모두 의식적으로 노동자의 생활필수품 값을 저하시키려고 노력하는 것은 결코 아닙니다.

자본가들 전체, 즉 자본가계급이 상대적 잉여가치를 얻는 방법은 다음과 같습니다. 모든 산업 부문에서 상호간 경쟁하는 자본가들은, 기술혁신을 도입해 자신의 상품 값을 떨어뜨려 경쟁 상대를 시장에서 몰아내려 합니다. 좀 더 학술적으로 말하면, 자본가들은 자신의 상품 값(이른바 개별가치)을 그 당시의 시장가치(또는 시장가격)보다 낮게 만들어, 개별가치와 시장가치 사이의 차이를 '초과이윤'으로 획득하려 합니다. 이것이 자본가들이 기술혁신에 열을 올리는 이유입니다. 예컨대 핸드폰의 시장가격이 100만 원일 때 60만 원에 만들어 40만 원의 '초과

이윤'을 얻는 것과 마찬가지입니다. 이렇게 모든 자본가들이 초과이윤을 얻으려고 상품 값을 저하시키는 과정에서, 생활필수품 생산업체가 필요로 하는 기계와 원료들의 값이 떨어져서 생활필수품의 값이 떨어지게 됩니다. 이렇게 되면 노동자들의 하루 생활비가 감소하게 되므로, 모든 자본가들은 노동력의 가치(즉 임금)를 인하시켜서 상대적 잉여가치를 얻게 되는 것입니다.

기계 그 자체와 자본가가 기계를 사용하는 방법

노동생산성을 향상시켜 상대적 잉여가치를 얻으려는 자본가들은 결국 기계를 도입하게 되는데, 이 기계는 '자동적인 기계 시스템'으로서 생산과정을 지배하게 되고 노동자는 기계의 부속품이 될 수밖에 없습니다. 영국에서는 섬유산업에서 목화나 아마로부터 실을 뽑는 방적기계, 실을 천으로 만드는 방직기계, 그리고 증기를 동력으로 사용하는 증기기관이 발명·개선되면서, 대체로 1750년부터 산업혁명이 시작되었습니다.

자본주의 사회와 경제는 실질적으로 기계와 더불어 성립합니다. 완전히 발달한 기계는 동력기·전동 장치·작업기로 구성된, 자동으로 움직이는 기계 체계입니다. 여기에서는 노동자의 기술이나 숙련도가 중요하지 않습니다. 매뉴팩처적 분업에서 철사를 3센티미터로 끊는 일에 1년 동안 종사한 '숙련노동자'는 기계의 도입으로 완전히 쫓겨났습니다. 기계는 특히 성인 남성 숙련노동자의 세력을 완전히 없애 버리고 비로소 자본의 독재를 확립하게 됩니다. 처음 기계가 도입되었을 때 나타난 현상 중 하나가 여성과 아동을 대규모로 고용한 것입니다. 마르크스는 다음과 같이 말합니다.

기계는 아동과 여성을 대량으로 노동자계급에 추가함으로써, 성인 남성 노동자가 매뉴팩처 시기 전체를 통해 자본의 독재에 대항했던 반항을 드디어 타파하게 된다. ―『자본론』I(하): 540

공장주 E씨는…… 자기의 역직기에 오직 여성만을 고용하고 있다. 그는 기혼여성, 특히 집에 부양할 가족이 있는 여성들을 환영한다. 그들은 미혼여성들보다 훨씬 더 주의 깊고 온순하며, 또 필요한 생활수단을 얻기 위해 있는 힘을 다 바치고 있다. 이리하여 여성이 가진 아름다운 성격으로 말미암아 오히려 여성은 화를 입고 있다. 그들의 본성 중 착실하고 온유한 모든 것이 그들을 예속시키고 그들에게 고통을 주는 근원이 되고 있다. ―『10시간 공장법안. 3월 15일 애쉬리의 연설』런던 1844: 20(『자본론』 I(하): 540에서 재인용)

마르크스는 기계에 대해 이렇게 말합니다.

기계 그 자체는 노동시간을 단축시키지만
자본주의적으로 사용되면 노동시간을 연장시키며,
기계 그 자체는 노동을 경감시키지만
자본주의적으로 사용되면 노동강도를 높이며,
기계 그 자체는 자연력에 대한 인간의 승리지만
자본주의적으로 사용되면 인간을 자연력의 노예로 만들며,

기계 그 자체는 생산자의 부를 증대시키지만

자본주의적으로 사용되면 생산자를 빈민으로 만든다.

—『자본론』 I(하) : 592~593

자본가들은 기계를 도입해서 노동시간을 연장했습니다. 자본가들은, 밤에 쉬고 있는 기계와 공장 건물을 '귀중한 투자액'이 잉여가치를 낳지 않고 놀고 있는 것으로 보았습니다. 안달이 난 자본가들은 주야간 교대제를 채택하여 노동시간을 24시간으로 연장시켰습니다. 그리고 일하기 쉬운 기계를 도입했음에도, 담당하는 기계 수를 늘리고 기계의 회전 속도를 높이며 식사를 기계에 붙어서 하게 함으로써, 노동자들의 노동강도는 더욱 강화되었습니다. 또한 인간은 증기력을 공짜로 사용하여 기계 체계를 수립함으로써 생산력을 거대한 규모로 발전시켰지만, 이제 공장의 주인은 인간이 아니라 기계가 됨으로써 인간을 자기의 부속물로 부리고 있습니다. 그리고 옛날 손으로 행하던 모든 작업들을 기계가 대신하게 되면서, 근육의 힘이 필요 없게 되었으므로, 많은 수의 아동과 여성이 노동자로 들어오고, 성인 남성 숙련노동자들은 해고되었으며 임금수준도 전반적으로 인하되었습니다.

1800년대 영국 섬유 공장의 모습(위)
방직기계를 부수는 노동자들(아래)

또한 기계가 끊임없이 혁신되고 자동화가 진행됨으로써, 실업자의 규모가 점점 더 증가하고, 이에 따라 정부의 구호를 받지 않으면 생활할 수 없는 노동빈민들working poor이 늘어나게 되었습니다. 『자본론』 1권 제10장의 「노동일」에서는 특히 노동일을 표준노동일로 단축하려는 '공장법'의 제정을 둘러싼 자본가계급의 저항이 자세히 폭로되고 있습니다.

영국 노팅엄셔의 섬유 노동자들은 1811년부터 1816년까지 저임금과 실업에 반대하는 시위운동을 벌였습니다. 노동자들은 자본가를 자신의 적으로 여기지 않고 기계를 적으로 여겨서 증기직기를 파괴하기도 했습니다. 이런 기계 파괴 운동을 '러다이트Luddite 운동' "이라고 불렀습니다.

자본의 축적

제일 먼저 인간의 노동생산물이 상품으로 전환했고, 이 상품들이 시장에서 교환되는 과정에서 화폐가 생겼습니다. 그리고 이 화폐가 자본으로 전환해 자기의 가치를 '정상적으로' 증식시키기 위해서는, '새로운 가치를 창조하는 힘'인 인간의 '노동력'을 상품으로 전환시킬 필요가 있

러다이트Luddite 운동

기계는 자본가들이 이윤을 증가시키기 위해 도입한 것입니다. 기계는 노동시간을 연장하고, 노동자들을 해고하며, 노동자들을 기계 리듬에 따라 쉴 새 없이 노동하게 했습니다. 러다이트 운동은 1811년부터 일어난 대규모의 기계 부수기 운동이었고, 노팅엄셔·요크셔·랭커셔를 중심으로 수많은 기계가 파괴되었습니다.

었습니다. 이리하여 봉건사회에서 농사를 짓고 살던 농민들이 토지를 빼앗겨 대규모로 도시로 몰려들어, 화폐를 소유한 부자들에게 자기의 '노동력'을 팔아 생활하는 '임금노동자'가 된 것입니다. 이 화폐소유자가 생산을 담당하면서 자본주의 사회를 지배하는 자본가계급이 되었습니다.

이 자본가들은 오로지 자신이 투자한 돈의 증식만을 원합니다. 100원을 투자해서 120원을 얻기를 원하며, 또 이 120원을 투자하여 160원을 얻기를 원합니다. 자본가의 화폐 증식욕은 무한히 계속될 것입니다.

화폐를 증식시키려 한다면, 자본가는 '새로운 가치를 창조하는 능력'을 가진 노동력을 구매해야 합니다. 예컨대 라면 자본가가 화폐 100원을 투자하여 원료와 기계 구매에 70원, 하루 노동력 구매에 30원을 지출해서, 노동자로 하여금 10시간 동안 원료를 가공하여 라면을 생산하게 합니다. 하루 동안 생산된 라면을 시장에서 파니까 매일 120원의 화폐를 얻게 되었고, 하루 20원의 잉여가치(또는 이윤)를 벌어들인 것입니다.

이 20원의 잉여가치는 어디에서 나온 것일까요? 라면의 하루 생산량이 시장에서 120원에 팔렸으므로, 라면의 총가치는 120원입니다. 이것을 생산하기 위해 원료의 가치 70원과 노동력의 가치 30원이 투자된 것인데, 원료의 가치 70원은 다른 공장에서 구매한 것이므로 그 70원이 그대로 라면의 가치로 옮겨 갈 것입니다. 다른 한편으로 노동력의 구매에 투자한 30원은 노동자의 임금이므로, 노동자는 30원을 가지고 집에 가서 가족과 함께 생활필수품을 사서 생활하고 그다음 날 공장에서

| | 옆의 전제 아래에서 |
| | 시간의 경과에 따른 자본 규모 |

최초 투자액
100원

1일 뒤
$100원+100원 \times 20\% = 100(1+0.2)$
$= 100 \times 1.2 = 120원$

2일 뒤
$100 \times 1.2^2 = 144원$

하루의 이윤율
20%

10일 뒤
$100 \times 1.2^{10} = 619원$

20일 뒤
$100 \times 1.2^{20} = 3,834원$

이윤을 다시 자본으로
전환시키는 비율
(자본축적률)
100%

40일 뒤
$100 \times 1.2^{40} = 146,977원$

80일 뒤
$100 \times 1.2^{80} = 216,022,385원$

〈그림 3-6〉 자본의 축적

'노동'하게 될 것입니다. 상품 가치의 '실체'는 인간노동 일반입니다. 노동자가 하루 10시간 동안 라면을 만드는 과정에서 인간노동 일반을 지출하여 하루 50원의 새로운 가치를 창조해 라면 가치에 부가했으므로, 라면의 총가치가 120원(=70원+50원)이 된 것입니다. 따라서 노동자가 10시간 노동으로 창조한 가치는 50원이고, 이 중 30원은 임금으로 되돌려 받고 나머지 20원은 자본가에게 잉여가치로 공짜로 주는 것입니다. 이 잉여가치는 노동자가 지불받지 않은 부분이며, 따라서 노동자를 '착취'한 부분입니다. 이 착취한 부분이 결국 자본가의 자본을 점점 더 크게 증식시킵니다.

〈그림 3-6〉은 라면 공장에서 자본이 증식되는 과정을 살펴본 것입니다.

자본가가 최초로 투자한 금액은 100원입니다. 하루의 이윤율은 20%입니다. 즉 자본은 매일 20%의 이윤을 냅니다. 이 이윤을 자본가가 한 푼도 쓰지 않고 그대로 재투자한다고 가정하면, '자본축적률'은 100%가 됩니다. 이 조건이 계속되면, 1일 뒤에는 자본이 120원이 되고 2일 뒤에는 144원이 되며, 80일 뒤에는 216,022,385원이 됩니다. 이 회사의 최초 자본은 100원인데 80일이 지나자 2억 원을 초과하므로, 이 자본가가 가진 자본은 전부 노동자의 잉여노동이 적립된 것 또는 응고한 것이라고 보아야만 합니다. 자본가가 한 것은 하나도 없습니다. 노동자에게서 착취한 돈으로 다시 노동자를 고용하고 그것으로 또 이윤을 냅니다. 따라서 이 사회에 있는 자본가가 가지고 있는 모든 공장, 회사는 노동자가 피땀 흘려 만든 것임을 잊어서는 안 됩니다. 다시 말해 자본가가 현재 가지고 있는 자본 전체는 모두 노동자의 피가 응고된 것입니다.

자본주의 사회의 핵심적 요소인 상품, 화폐, 자본이 사라진 사회 형태가 성립할 수 있을까요? 만약 어떤 사회의 모든 구성원들이 그 사회의 인적·물적 자원을 주민 모두의 필요와 욕구를 충족시키기 위해 사용하기로 결심했다고 가정합시다. 주민 모두를 민주적으로 대표하는 지휘부가 컴퓨터로 주민들에게 금년과 가까운 장래에 필요로 하는 재화와 서비스의 목록을 묻습니다. 그러면 주민들은 다양한 필요와 욕구를 제출합니다. '자개연'은 사회의 인적·물적 자원이 주민들의 필요와 욕구를 충족시키는 데 충분한지를 조사합니다. 이 조사한 사항을 토대로 주민들과 상의하여 그들의 필요와 욕구를 수정합니다. 이런 과정을 여러 차례 거쳐서 계획이 확정되면, 각 공장은 확정된 계획에 따라 재화와 서비스를 생산하여 각각의 주민에게 '택배'로 직접 전달합니다. 이렇게 되

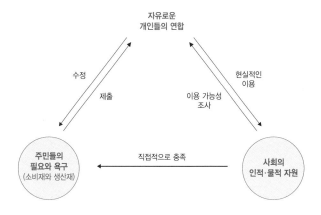

자유로운
개인들의 연합

수정

제출

현실적인
이용

이용 가능성
조사

주민들의
필요와 욕구
(소비재·생산재)

직접적으로 충족

사회의
인적·물적 자원

〈그림 3-7〉 새로운 사회의 '참여하는 계획경제'

면 공장에서 만들어진 생산물이 시장에서 상품으로 등장할 필요가 없어
지고, 따라서 화폐도 필요 없고 누가 누구를 착취하는 자본은 사라질 것
입니다.

　이런 사회를 마르크스는 '자유로운 개인들의 연합'(줄여서 '자개
연')이라고 불러 자본주의 이후의 새로운 사회로 예측했습니다. 자유
경쟁 상태의 자본주의가 독점자본이 지배하는 자본주의로 발전하다가,
드디어 주민 전체가 사회 전체의 생산수단과 생활수단을 소유하면서 모
든 주민을 자유롭고 평등하며 풍요롭게 살 수 있게 하는 자개연을 향해
자본주의 사회가 변혁된다는 것입니다.

　레닌·스탈린 시대의 소련, 마오쩌둥 시대의 중국, 카스트로 시대의
쿠바, 차베스 시대의 베네수엘라를 '자개연'이라고 생각한다면 큰 착각
입니다. 마르크스가 이야기하는 '자개연'은 공동체 구성원 모두가 사회
의 모든 부문들을 공동으로 운영하는 사회입니다. 사적인 소유는 사라

지고 모두가 공동소유입니다. 이렇게 되면 자본가는 비인간적인 방법으로 노동자를 착취할 '의무'에서 해방되어 일반적인 노동하는 개인이 됩니다. 마르크스는 노동자가 해방되면 자본가도 해방될 수밖에 없고, 따라서 모든 사람들이 해방되는 자유롭고 평등한 사회가 '자개연'이라고 봅니다.

1917년 레닌이 러시아 혁명을 일으킬 당시에는 대부분이 농민이었고, 노동자계급은 많지 않았습니다. 또한 교육 수준도 높지 않았습니다. 레닌이 혁명을 일으켜 차르와 귀족 세력을 물리치자, 자본가·지주 계급이 들고일어나 반혁명을 외치고 영국·프랑스·일본 등의 나라에서 러시아를 침략해 들어왔습니다. 이 반혁명에 대항하기 위해 레닌은 모든 공장·농장·상점·은행 등을 한꺼번에 국유화시켰지만, 이런 국유기업들을 제대로 운영할 인적 자원이 부족했습니다. 결국 레닌은 이전의 소유자들에게 모두 돌려주게 됩니다. 레닌과 같은 방법으로 강제로 새로운 사회를 만들 수는 없을 것입니다.

레닌 당시와 비교하면 다행히 지금 우리의 인적·물적 수준은 새로운 사회로 도약할 수 있는 조건들을 상당히 갖추고 있습니다. 각 기업마다 노동조합이 조직되어 있어 현재의 무위도식하는 주주들을 없애더라도 기업 운영은 전혀 문제가 없을 것이고, 정부 기관들에도 권력을 비민주적으로 휘두르는 고위 공무원이 사라지더라도 노동조합이 충분히 정부 기관을 운영할 수 있을 것입니다. 그리고 정치적·사회적 혼란에서도 모든 주민들이 기본 생활을 할 수 있는 부(富)는 마련되어 있습니다.

현재 우리나라의 1인당 국민소득은 2만 달러, 우리 돈으로 2천만 원 정도입니다. 1인당 국민소득이란, 1년 동안 한국에서 창조된 '새로운 가치'를 가리키는데, 이것을 모두 소비하더라도 내년의 경제 규모는 금년과 마찬가지입니다. 4인 가족이 1년 동안 소비할 수 있는 소득이 8천만 원이고, 한 달에는 667만 원을 사용할 수 있다는 의미입니다. 이 667만 원은 세금을 다 뺀 금액입니다. 모든 가정이 한 달에 667만 원을 받으면 가난 때문에 자살할 이유가 없습니다. 하지만 실제로 한 달에 667만 원을 받는 사람은 많지 않습니다. 왜 그럴까요? 빈부격차가 너무나 크기 때문입니다. 빈부격차가 심하고 부자가 가난한 사람을 멸시하는 이런 사회는 하루 빨리 바뀌어야 합니다. 새로운 사회로 나아가기 위해서는 사회의 모든 민주 세력들이 각 사회 부문을 지휘할 수 있는 힘을 길러야 합니다.

4

실업자의 형성과
자본-임금노동 관계의 유지

Das Kapital.

Kritik der politischen Oekonomie.

Von

Karl Marx.

노동자의 절대수를 감소시키는 생산력의 발달—즉 국민 전체가 총생산을 더 짧은 시간에 생산할 수 있게 하는 생산력의 발달—은 자본주의적 생산양식 아래에서는 혁명을 유발할 것이다. 왜냐하면 이런 생산력의 발달은 인구의 다수를 실업자로 만들어 버릴 것이기 때문이다. 그러나 새로운 사회에서는 이런 생산력의 발달은 모든 사람들에게 자기의 개성을 발달시킬 여가를 증가시킬 것이다.

『자본론』 III: 316

자본가는 실업자를 끊임없이 만들어 낸다

낮은 임금수준과 장시간의 노동에 시달리는 임금노동자계급의 수가 크게 증가하면서, "노동자는 거지다"라는 노동빈민working poor이라는 용어까지 등장했습니다. 이처럼 자본가계급이 장시간의 강도 높은 노동을 강요하여 노동자계급을 착취하고, 주기적으로 공황과 불황이 일어나서 사회의 인적·물적 자원을 대규모로 낭비하면서 노동자계급의 생활을 지옥에 빠뜨리는 데도, 자본주의 사회는 아직도 유지되고 있습니다. 그 이유는 무엇일까요? 가장 단순한 대답은 자본가들이 자꾸 실업자를 만들어 내어 노동자들과 노동조합의 힘을 점점 더 약화시키기 때문입니다. 일자리를 잃은 실업자들은 사실상 굶어죽을 수밖에 없으므로 자본가들의 각종 요구를 들어줄 준비가 되어 있으며, 이에 따라 취업노동자들도 일자리를 잃지 않으려고 자본가들에게 복종하게 되기 때문입니다. 이 실업자가 자본-노동관계, 즉 자본가가 노동자를 착취하는 관계를 연장시키는 주된 근거입니다. 따라서 이 장에서는 왜 실업자가 생기는가를 알아보려고 합니다.

법정 표준노동일이 실시되자 대기업의 자본가들은 자동화된 기계체계를 광범히 도입하기 시작했습니다. 사실상 우리나라에서는 1987년 6월의 민주화 대투쟁의 승리(물론 대통령 직선제 개헌을 쟁취한 것이 모두이긴 합니다만)로 지배계급의 탄압이 약화된 틈을 타서 노동운동이 크게 일어났습니다. 박정희와 전두환의 독재정권에 억압당하던 노동자들이 수많은 노동조합을 결성하고 단체협약 제도를 도입하여 임금수준의 인상과 노동조건의 개선에 성공합니다. 그제야 노동자들의 힘을

1970년 1월 1일	기계 800대와 취업노동자 8,000명의 공장 신축(기계 1대 : 노동자 10명)
1980년 1월 1일	기존 생산방식으로 공장이 확대하여, 이제 기계 1,000대와 취업노동자 10,000명의 대공장이 됨. 이 공장은 처음부터 지금까지 취업노동자를 10,000명 증가시킴.
1980년 3월 1일	낡은 기계를 모두 새로운 기계(기계 1대 : 노동자 1명)로 대체하기로 결정함. 기계 1,000대와 취업노동자 1,000명의 공장으로 격변. 해고자가 9,000명 생기고 이들이 모두 실업자가 됨.

〈그림 4-1〉 취업노동자의 증가와 해고자의 증가

실감한 대기업들은 비로소 기계화를 대규모로 실시하고, 필요한 부품들과 반제품들은 대기업 스스로 생산하지 않고 계열 중소기업에 하청함으로써 대기업 자체의 노동자 수를 감축시키기 시작한 것입니다.

기계화가 노동자계급에게 미치는 가장 직접적 영향을 실업자의 증가에서 찾을 수 있습니다. 어떤 기업의 성장 과정을 〈그림 4-1〉을 통해 살펴보겠습니다.

어떤 자본가가 1970년 1월 1일에 공장을 세웠습니다. 이때는 기계 1대당 그 기계를 움직이는 노동자 10명이 필요했습니다. 이 공장은 기계 800대를 도입하고, 노동자를 8천 명 고용했습니다. 그 뒤 10년 동안 자본가는 이 생산 방식을 유지하면서 매년 기계 20대와 노동자 200명을 추가했으므로, 1980년 1월 1일에는 기계 1천 대에 노동자 1만 명의 큰 공장이 되었습니다. 이것이 경제성장과 경제발전의 하나의 과정입니다. 이 경우 우리는 경제성장 또는 자본축적으로 "일자리가 많이 생기고 임금노동자계급이 증가한다"고 말할 수 있습니다.

그렇다면, 이 1만 명의 노동자는 어디서 왔을까요? 먼저 실업 상태의 노동자들이 새로운 일자리를 얻었을 것입니다. 또 나이가 갓 15세가 되어 '노동 가능한 인구'가 된 청년들이 처음으로 노동자가 되었을 것입니다. 그리고 이전엔 노동하지 않던 주부 등이 처음으로 노동자가 되었을 것이고, 농촌에서 생산에는 아무런 기여도 하지 않지만 실업자로는 보이지 않던 '과잉인구'가 노동자가 되었을 것입니다. 농촌에서는 가족 전체가 농업에 종사하지만, 사실상 몇 사람이 직장을 얻어 도시로 나가도 농산물 생산량은 변하지 않는 경우가 많은데, 이때 도시로 나간 사람들은 농촌의 '과잉인구' 또는 '잠재적 실업자'였다고 말할 수 있습니다.

〈그림 4-1〉처럼 생산 규모의 증가에 비례하여 기계의 수와 취업노동자의 수가 동시에 증가하던 자본축적 방식이, 생산비를 절감하려는 자본가들의 노력과 새로운 기계의 등장으로 갑자기 바뀌게 됩니다. 이제 새로 도입할 기계는 1대가 이전처럼 10명의 노동자를 필요로 하지 않고 오직 1명의 노동자를 필요로 하면서도, 하루 생산량은 이전 기계와 동일하고 제품의 질은 더욱 좋아지는 것입니다. 이 공장의 자본가는 경쟁에서 지지 않기 위해, 1980년 3월 1일에 낡은 기계 1천 대를 하루 아침에 새로운 기계 1천 대로 대체하기로 결정했습니다. 새로운 기계 1천 대는 오직 1천 명의 노동자를 필요로 하기 때문에, 자본가는 현재의 취업노동자 1만 명 중 9천 명을 해고하지 않을 수 없습니다. 이 해고된 사람이 바로 실업자입니다.

실업자는 자기의 경력이나 스펙이 모자라서 일자리를 잃거나 일자리를 얻지 못하는 사람이 아닙니다. 위의 사례에서 본 것처럼, 자본가가 현재의 취업노동자 수를 이윤을 얻는 데 필요한 노동자 수로 감축시키기 위해 취업노동자를 해고하기 때문에 실업자가 생기거나, 일자리를 구하는 노동자들의 수가 자본가가 고용하기를 원하는 노동자 수보다 더 많기 때문에 실업자가 생기는 것입니다. 다시 말해 자본가들의 이윤 획득욕 또는 가치 증식욕에 필요한 노동자 수를 초과하는 노동자들이 자본주의 사회에서는 실업자가 되는 것이고, 이런 의미에서 실업자는 자본가들의 가치 증식욕에 비하여 '과잉인 인구'라고 부를 수 있습니다.

자본가들 전체가 예컨대 40만 명의 노동자를 원하는데 취업 희망자는 100만 명이라면, 60만 명은 실업자가 됩니다. 이런 상황에서 실업자가 되지 않기 위해 영어 공부 등을 열심히 하는 것은 전혀 도움이 되지 않습니다. 왜냐하면 영어 공부 등은 취업 희망자 모두가 열심히 했기 때문입니다. 다시 말해 현재의 실업자는 '자본주의 사회 그 자체'가 주민들의 필요와 욕구를 충족시키는 것보다는 오직 자본가들의 이윤 획득 또는 자본의 가치 증식을 위해 봉사하고 있기 때문에 생기는 것입니다. 따라서 실업자를 조금이라도 줄이려면, "고용은 민간기업의 책임이다"라는 '무책임한 거짓말'을 하지 말고, 이윤 획득을 직접적 목적으로 삼지 않는 정부가 각종 분야에서 공기업을 세우거나, 기존 공기업이 대형 사고를 일으키지 않도록 고용을 확대하거나, 고용에 인색한 수익성 있는 민간기업을 공기업으로 전환시키거나, 광범하게 사회서비스를 제공하는 데 실업자들을 고용해야 할 것입니다. 그래서 저는 취업 희망자들에게 "도서관에 앉아 스펙을 쌓기보다는 일자리를 달라고 정부에게 시위하는 것"이 더욱 효과적이라는 점을 강조하고 있습니다. 사회의 인적·물적 자원을 모든 사회 구성원의 행복과 능력을 최대한으로 발달시키는 방향으로 사용하는 미래 사회(예컨대 '자개연')에서는 실업자나 빈민이 생길 수가 없습니다.

물론 자본가들이 기술혁신을 통해 잉여가치를 증가시키는 과정에서 반드시 실업자가 증가한다고 말할 수는 없습니다. 왜냐하면 기술혁신을 통해 잉여가치를 증가시킨 자본가가 그 산업 분야에서 경쟁력을 확보하여 생산 규모를 확대한다면, 실업자를 흡수할 수 있기 때문입니다. 기술혁신이 한편으로는 실업자를 만들어 내고 다른 한편으로는 생산 확대를 통해 실업자를 흡수하기 때문에, 기술혁신은 '모순되는 현상들'을 만들어 내고 있습니다. 사실상 인간 그 자체도 모순 덩어리입니다. 왜냐하면 우리는 매일 살아가면서 동시에 매일 죽어 가고 있기 때문입니다. 변증법에서 "모든 사물이나 사건은 두 개의 대립물의 통일이고, 이 대립물들의 투쟁을 통해 사물이나 사건이 운동하게 된다"고 말하는 것이 바로 모순의 중요성을 지적한 것입니다. 기술혁신도 마찬가지로 실업자를 낳는 경향과 실업자를 흡수하는 경향을 동시에 가지고 있는데, 이론적으로는 이 두 경향 중 어느 쪽이 크다고 말할 수 없기 때문에, 현실에서 "실업자가 항상 증가한다"거나 "실업자가 항상 감소한다"고 말할 수 없습니다. 다시 말해 두 경향 각각이 서로 다른 법칙으로서 작용하고 있습니다. 자본이 기술혁신을 통해 자본을 축적하는 과정에서도 '이윤율이 저하하는 경향'과 '이윤율이 상승하는 경향'이 동시에 나타나지만, 이론적으로는 어느 경향이 압도한다고 말할 수가 없으며, 따라서 현실적으로 이윤율이 저하한다거나 상승한다고 예측할 수 없습니다(자본축적의 두 가지 경향에 대해서는 8장에서 자세히 이야기합니다).

다시 실업자 문제로 돌아갑니다. 실업자가 생기는 것은 자본가들이 잉여가치를 증가시키기 위해 노동 절약적 기술혁신을 도입하여 이윤 획득에 필요한 노동자의 수를 줄이기 때문입니다. 이 기술혁신 이외에도 실업자를 증가시키는 중요한 요인은 '경기변동'입니다. 자본주의 경제는 안정적으로 성장하지 못하고 호황과 불황을 거듭하면서 발전하고 있습니다. 마르크스는 1825년부터 10년 주기로 경제가 5년의 호황과 5년의 불황을 겪었다고 말합니다(경기변동의 원인에 관해서는 8장에서 자세하게 이야기합니다). 자본주의 경제에서는 수많은 자본가 각각이 자기 자신의 장래 예측을 근거로 매년의 생산량을 결정하므로, 이런 생산량의 합계가 사회 각계각층의 수요량과 일치하는 것은 전혀 불가능한 일입니다. 따라서 과잉생산이 생겨 상품들이 팔리지 않을 경우, 일부 자본가들은 일정한 기일에 갚아야 할 채무를 갚지 못해 파산하게 됩니다. 이 파산이 도미노처럼 사회 전체의 자본가들에게 전달되어 경제 전체가 갑자기 활동을 중단하게 되는 것이 이른바 공황crash입니다. 이 공황 국면에서는, 1930년대의 대공황이나 2007년 이래의 대공황에서 보는 바와 같이, 수많은 은행들과 기업들이 파산하기 때문에 거대한 규모의 실업자가 발생합니다. 이 대규모 실업자가 언제, 어떻게 없어질 것인가는 뒤에서 다시 논의하겠습니다.

실업자는 자본주의 체제를 유지하는 지렛대

자본주의 사회에서는 자본가계급이 정치적·경제적·사상적 헤게모니를 잡고 있습니다. 따라서 주민의 대다수를 차지하는 노동자계급은 항상 정치·경제·사상 면에서 자본가계급의 억압을 받습니다. 삼성 재벌 이건희 회장에 대한 대통령·장관·국회의원·검사·판사·신문사·방송사·중소 자본가들의 태도를 보면, 이건희 회장은 마치 이 사회의 '황제'와도 같습니다. 또한 삼성 재벌은 그야말로 법 위에 있는, 법을 따르지

2009년 8월 쌍용차 노조의 파업을 무력으로 진압한 경찰 병력

않을 수 있는 존재 같기도 합니다.

그렇다면, 국민들의 투표로 대통령이나 국회의원을 선출하는 우리 나라에서 수적으로 매우 우세한 노동자계급이 왜 자기들을 보호해 주는 대통령이나 국회의원을 뽑지 못하고 항상 당하고만 있을까요? '합법적 인' 파업에도 무장 경찰이 헬리콥터를 동원해서 공장을 침략하고, 자본 가가 조금만 주의해도 막을 수 있는 산업재해가 세계에서 가장 많이 일 어나며, 연간 노동시간은 경제협력개발기구 OECD 회원국 중에서 특별 히 튈 정도로 너무 길고, 노사간의 단체협상은 항상 노동자계급을 억압 하는 수단이 되고 있습니다. 이 모든 것은 특히 박정희가 쿠데타를 일으 켜 정권을 잡은 1961년 5월부터 자기 부하인 중앙정보부장의 총에 맞 아 죽은 1979년 10월 26일까지 스탈린이나 히틀러와 같은 폭압정치를 했고, 이 폭압정치가 지배계급의 뇌 속에는 '괜찮았다'는 기억으로 남아 있기 때문입니다. 특히 정치적·경제적 유착 관계를 통해 명맥을 유지 해 온 상당수의 상류층은 민주주의보다는 폭압정치를 오히려 선호하기

때문입니다. 다른 한편으로는 대규모 실업자가 '산업예비군'으로서 산업현역군의 뒤에서 대기하고 있으므로, 자본가들은 취업노동자들에게 온갖 잔인한 희생을 요구할 수 있기 때문입니다.

마르크스는 다음과 같이 말합니다.

> 과잉 노동인구가 축적의 필연적 산물 또는 자본주의적 토대 위에서 부
> wealth의 발전의 필연적 산물이라면, 이번에는 이 과잉인구가 자본축적
> 의 지렛대가 되고, 심지어는 자본주의적 생산양식이 생존할 수 있는 조
> 건이 된다. — 『자본론』 I(하) : 862

실업자(산업예비군 또는 과잉 노동인구)가 위와 같은 기능을 수행할 수 있는 이유를 몇 가지 이야기하겠습니다.

첫째, 산업예비군은 생산 규모의 돌발적이고 비약적인 확대에 반드시 필요한 노동인구를 항상 공급할 수 있다는 큰 장점을 가지고 있으므로, 자본가는 출산율이나 노동인구의 자연적 증가율에 신경을 쓰지 않고 생산을 확대하고 자본을 축적할 수 있기 때문입니다. 어떤 거대한 해외시장이 개척되자마자, 기계제 대공업은 당장 필요한 노동자를 산업예비군에서 고용하여, 한꺼번에 대규모로 생산하여 그 상품들을 해외시장에 공급함으로써 많은 이윤을 얻을 수 있기 때문입니다.

지금 우리나라는 세계에서 가장 낮은 출산율을 보이고 있으므로, 15년 정도가 지나면 노동인구가 부족하고 임금수준이 상승하여 경제발전이 제대로 이루어질 수 있을까 걱정하는 사람들이 많습니다. 그러나 기술혁신을 계속 진행시켜 현역 노동자를 끊임없이 해고한다면, 이 낮

은 출산율도 전혀 걱정할 필요가 없을 것입니다. 예컨대 아일랜드는 영국의 식민지로서 주로 양과 소 등 가축을 키워 영국에 공급했기 때문에, 농촌의 곡물 경작지가 대규모로 가축 사육장으로 변하면서 지주들은 다수의 농업 노동자를 해고했습니다. 이렇게 해서 산업예비군이 된 농업 노동자들은 일자리가 없어 결국 미국으로 이민가기 시작하여 산업예비군이 좀 줄어들었습니다. 그런데 그 뒤 곡물 경작지에 기계가 도입되면서 또다시 큰 규모의 과잉인구, 산업예비군이 생겼습니다. 이처럼 이윤 추구를 최고의 목표로 삼는 자본주의 체제에서는 인구가 얼마 되지 않아도 산업예비군이 존재할 수 있다는 사실을 항상 명심해야 합니다.

둘째, 산업예비군은 호황기에는 산업현역군의 요구(예: 임금 인상, 노동조건 개선, 노동시간 단축, 경영 참가)를 억압하고, 불황기에는 자본가의 압력(예: 임금 인하, 노동시간 연장, 해고)을 강화하면서, 자본가의 독재를 확립하는 데 크게 기여합니다. 따라서 노동조합은 산업예비군과 산업현역군을 포함하는 노동자계급 전체의 단결을 강화해야만 자본가계급의 독재에 제대로 저항할 수 있습니다. 예컨대 노동조합이 산업예비군(실업자)의 생활비를 보조하거나, 정부로 하여금 실업수당을 충분히 제공하도록 법제정을 요구해야 할 것입니다. 더욱이 자본가들은 정규직과 비정규직을 차별하여 노동자계급의 단결을 약화시키려고 하는데, 정규직이 비정규직을 동일한 노동자로서 포섭하지 못한다면 스스로도 비정규직으로 전환될 수 있다는 것을 명심해야 할 것입니다.

셋째, 산업예비군은 '노동의 수요와 공급'의 법칙이 항상 자본가들에게 유리하게 작용하도록 하기 때문입니다. 일자리를 찾는 산업예비군이 대규모로 있기 때문에, 자본가는 취업노동자들에게 노동시간의 연장과 노동강도의 강화를 강요할 수 있는 위치에 있으므로, 노동자 1인이 공급할 수 있는 노동량(또는 노동시간)은 훨씬 길어질 수가 있습니다. 다시 말해 취업노동자 수가 일정하더라도 이들이 공급하는 노동량은 크게 증가할 수 있기 때문에, 노동의 공급이 항상 노동의 수요를 초과하여 1노동시간의 임금(시간당 임금)은 계속 감소하게 되므로, 자본가들은 큰 이익을 얻게 됩니다. 다시 말해 '노동의 수요와 공급의 법칙'에 의해 임금수준이 결정된다는 이론에서, '노동의 수요와 공급'은 '노동자들의 수요와 공급의 법칙'이 아니라, '노동량(또는 노동시간)의 수요와 공급의 법칙'이라는 점입니다. 취업노동자의 수가 100명이라고 하더라도, 실업자가 많이 있는 상황에서는 자본가가 강제하여 노동량의 공급을 예컨대 하루에 800시간에서 1,200시간으로 증가시킬 수 있으므로, 시간당 임금수준은 크게 저하하여 자본가들이 큰 이윤을 얻을 수 있다는 이야기입니다.

실업자 통계

현재 한국의 '실업자 통계'는 현실의 실업자 수를 과소평가하는 경향이 너무 큽니다. 물론 한국의 실업자 통계는 국제노동기구 ILO의 작성 지침에 따른 것이긴 합니다. 매달의 실업자 수를 조사하기 위해 매달 15일 전후로 기획재정부에서 조사원을 파견하여 표본 조사를 합니다. 조사 기간은 1주일입니다. 조사 대상에게 던지는 질문들은 이렇습니다. 첫째로, "지난 1주일 동안 1시간이라도 돈을 받고 일을 한 적이 있습니까?" 하고 묻습니다. "예"라고 대답하면 그는 실업자가 아니고 취업노동자이므로 조사가 끝납니다. 예컨대 '지난 1주일'의 어느 날 10개월을 놀고 있는 나에게 친구가 우연히 1만 원을 주면서 "이 자료 정리 좀 해 줘" 하기에 그 일을 했다면, 그는 갑자기 '실업자'의 딱지를 떼고 '취업자'로 승격합니다. 무언가 좀 잘못된 듯하지요? 둘째로, 첫째 질문에서 "아니오"라고 대답한 사람에게, 이제는 "지난 4주 동안 실제로 구직 활동을 했습니까?" 하고 묻습니다. "예"라고 대답하면 그는 계속 실업자로 구분되지만, "아니오"라고 대답하면 그는 실업자가 아니라, 노동을 하고 싶지 않거나 하지 못하는 '비경제활동인구'로 구분되어 실업자 범주에서 빠져나옵니다. 셋째로, 둘째 질문에서 "예"라고 대답한 사람에게, "지금도 일할 생각이 있습니까?" 하고 묻습니다. "예"라고 대답하면 그는 계속 실업자로 남아 있지만, "아니오"라고 대답하면 그는 다시 '비경제활동인구'로 구분되어 실업자 범주에서 빠집니다. 결국 한국 통계청이 발표하는 실업자는, 조사 대상 기간 이전 1주일 동안 1시간이라도 돈을 받고 일을 한 적이 없고, 조사 대상 기간 이전 4주 동안 구직 활동을 했으며, 그리고 조사 대상 기간 중에도 일할 생각이 있는 사람입니다.

한국은 현실적으로는 실업자가 엄청나게 많지만, 통계상으로는 실업자로 구분되는 조건들이 너무 까다로워서 한국의 공식 실업률은 항상 3% 정도입니다. 그런데도 이 숫자를 가지고 세계에서 실업률이 가장 낮은 나라라고 뽐내고 있습니다. 이 3%는 선진국에서는 실업자가 한 사람도 없다고 인정하는 '완전고용' 상태를 가리킵니다. 왜냐하면 지금의 직장을 그만두고 새로 얻은 직장으로 옮기는 노동자들이 이 이동 기간에도 실업수당을 받기 위해 실업자로 등록하면, 실업률이 3% 정도가 되기 때문입니다.

경제활동인구 26,714천 명		비경제활동인구 15,700천 명	
1) 취업자	25,684천 명	가사	5,743천 명
임금근로자	18,734천 명	통학	4,318천 명
상용근로자	12,148천 명	나이 많음	1,913천 명
임시근로자	5,047천 명	육아	1,398천 명
일용근로자	1,539천 명	취업 준비자	565천 명
비임금근로자	6,951천 명	구직 단념자	370천 명
자영업주	5,713천 명	쉬었음	1,278천 명
무급 가족 종사자	1,238천 명	기타	115천 명
2) 실업자	1,030천 명		

〈그림 4-2〉 2014년 4월의 경제활동인구 조사(출처: 통계청, 경제활동인구 조사)

실제로 통계청이 발표한 2014년 4월의 '경제활동인구 조사'(조사 대상 기간: 2014년 4월 13일~19일)를 검토해 봅시다. 법률상으로 돈 받고 일할 수 있는 나이는 15세 이상이므로, 〈그림 4-2〉에서 보는 바와 같이, 15세 이상의 인구 4,241만 4천 명이 '경제활동인구' 2,671만 4천 명과 '비경제활동인구' 1,570만 명으로 나누어집니다. 그리고 경제활동인구는 취업자 2,568만 4천 명과 실업자 103만 명으로 구성되어 있습니다. 그런데 취업자는 임금근로자(여기에는 임금노동자뿐 아니라 사장도 포함되어 있습니다) 이외에 비임금근로자인 자영업주와 무급 가족 종사자도 포함하고 있다는 것을 명심해야 합니다.

위 조사 결과에 따르면 실업자는 103만 명이지만, 실업자의 개념을 더 확대할 필요가 있습니다. 통계청의 실업자 개념은 너무 좁기 때문입니다. 첫째로 '지난 1주일 동안 돈을 받고 1시간이라도 일한 사람'을 취업자라고 하면 되겠습니까? 취업자가 먹고살 수 있는 소득을 못 얻는다면, 취업이 무슨 의미가 있겠습니까? 따라서 '주 36시간 미만을 노동하는 사람 중에서 추가 취업을 희망하는 노동자'는 대체로 실업자로 간주하는 것이 옳을 것입니다. 이런 통계를 통계청의 조사에서 찾아볼 수 있습니다. 조사 기간에 취업자의 주 평균 취업 시간이 44.5시간이었는데, 주 36시간 미만을 일하면서 추가 취업을 희망하는 노동자들이 33만 3천 명이나 되었으므로, 이 노동자들은 실업자로 간주해야 할 것입니다. 둘째로 비경제활동인구에 들어 있는 취업 준비자 56만 5천 명, 구직 단념자 37만 명도 당연히 실업자로 간주해야 할 것입니다.

이리하여 4월의 '1단계' 실질 실업자 총수를 구하면, 공식 실업자 103만 명＋주 36시간 미만을 일했으면서 추가 취업을 희망하는 33만 3천 명＋취업 준비자 56만 5천 명＋구직 단념자 37만 명＝229만 8천 명이 됩니다. '1단계' 실질 실업자 총수는 공식 실업자의 2.2배가 됩니다.

그런데 좀 더 잘 분석해야 할 항목이 두 개 있습니다. 첫째는 취업자의 주 취업 시간입니다. 주 36시간 이상을 일한 사람이 2천194만 4천 명으로 취업자 총수의 85%를 차지하고 있는데, 주 36시간 미만을 일한 사람(342만 2천 명) 중 추가 '취업'(이전에는 '노동'이라는 용어를 썼습니다)을 희망하는 사람이 너무나 적은 33만 3천 명이라는 통계는 이해하기가 매우 어렵습니다. 둘째는 '비경제활동인구' 중에서 '쉬었다'는 사람이 127만 8천 명인데, 그 쉰 이유가 전혀 나와 있지 않습니다. 따라서 실업자의 범위를 좀 더 넓힌다는 의미에서, 주 36시간 미만 일한 '불완전 취업자' 모두를 실업자로 취급하고, '쉬었다'는 사람들을 일자리가 없어 쉰 사람으로 취급하여, '2단계' 실질 실업자 총수를 구해 보면 다음과 같습니다. 공식 실업자 103만 명＋주 36시간 미만 일한 불완전 취업자 342만 2천 명＋취업 준비생 56만 5천 명＋구직 단념자 37만 명＋'쉬었다'는 사람 127만 8천 명＝666만 5천 명이 됩니다. '2단계' 실질 실업자의 총수는 공식 실업자의 6.5배가 됩니다.

진정한 실업자 총수는 아마 '1단계' 실질 실업자 총수와 '2단계' 실질 실업자 총수 사이에 있을 가능성이 크지만, 여기에서는 '2단계' 실질 실업자 총수를 기준으로 실업률(＝실업자 총수/경제활동인구)을 구해 보기로 하겠습니다.

이제 경제활동인구는 공식 숫자 2,671만 4천 명에다가, 취업 준비자 56만 5천 명, 구직 단념자 37만 명, '쉬었다'는 노동자 127만 8천 명을 추가해야 하므로, 실질 경제활동인구는 2,892만 7천 명이 됩니다. 그러므로 실질적 실업률은 23%(＝실질적 실업자 666만 5천 명/실질적 경제활동인구 2,892만 7천 명)로, 공식 실업률 3.9%의 거의 6배나 되고 있습니다. 실업자가 666만 5천 명이고 실업률이 23%라고 하니 이제 좀 현실을 제법 반영한 듯합니다. 사실상 미국의 공식 실업률이 8.5% 정도일 때도 지금과 같은 방법으로 '실질' 실업률을 계산하면 대체로 16%가 나옵니다. 정부는 앞으로는 이런 '공식' 실업률 통계를 가지고 "우리는 거의 완전고용이다"라고 뽐내지 말아야 할 것이고, 특히 일자리를 더 많이 창출할 필요가 없다고 국민들을 속이지 말아야 할 것입니다.

물론 통계청의 경제활동인구 조사(2014년 4월)로 알 수 있는 사실도 여러 가지 있습니다. 공식 실업자 103만 명 중 대학 졸업자가 거의 절반인 48만 명이라는 사실과, 나이별 공식 실업률에서는 15～24세의 청년 실업률이 10.8%로써 가장 높다는 사실입니다. 또한 정규직 노동자와 비정규직 노동자 중 퇴직금을 받는 노동자의 비율(2014년 3월 통계)에서는 82.7%:40.7%, 상여금에서는 84.6%:40.4%, 시간외 수당에서는 58.4%:24.4%, 그리고 유급휴가에서는 73.4%:32.7%로, 크게 차별 대우를 받고 있다는 사실도 알려줍니다.

실업자를 제거하는 방법

마르크스는 실업자 또는 산업예비군의 형태를 대체로 다음과 같이 나누었습니다. 첫째로 일자리에서 해고되고 다시 고용되기를 반복하는 실업자가 있습니다. 둘째로 나이가 많고 기술이 부족하여, 현대화되는 산업에서는 일자리를 구하기가 어려워 점점 더 낮은 일자리를 찾게 되는 실업자가 있습니다. 셋째로 실업자의 최하층으로서 '공적 구호'를 받아야 할 빈민들입니다. 여기에는 산업재해·질병 따위로 취업할 수 없게 된 실업자가 있고, 죄인·매춘부 등 룸펜 프롤레타리아트도 있습니다. 영국에서는 이런 빈민을 구호하기 위해 16세기부터 구빈법Poor Law을 만들어 각 동네의 교회가 부자들에게 구빈세poor rate를 부과했습니다. 이런 빈민 구제가 19세기의 노동조합 운동을 거쳐 20세기의 복지국가로 발달한 것입니다.

맬서스T. R. Malthus(1766~1834)에 따르면, 실업자라는 과잉인구는 '자연법칙' 때문에 생기는 것이므로, 사회가 인위적으로 어떻게 해소할 수 없다고 주장합니다. 다시 말해 "식량은 산술급수적으로 증가하고, 인구는 기하급수적으로 증가하기 때문에", 식량이 먹여 살릴 수 있는 인구를 초과하는 '절대적' 과잉인구는 자연법칙이나 하느님의 섭리에 따라

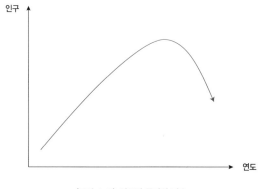

〈그림 4-3〉 인구의 증가와 감소

생기는 것이므로, 인간들이 어떻게 해결할 수 없다는 것입니다.

그러나 이런 자연법칙은 사실상 존재하지도 않는, 맬서스가 지어낸 이야기였습니다. 첫째로 식량이 산술급수적―예컨대 1, 2, 3, 4, 5…… 등―으로 증가한다는 말은 이론적으로도 현실적으로 틀린 이야기입니다. 토지가 아무리 제한되어 있더라도 과학과 기술의 발달이 토지를 개량하고 비료를 개발하며 경작 방식을 변경함으로써 식량은 엄청나게 증가할 수 있습니다. 그리고 농산물 이외에 수산물과 축산물도 풍부하고 공산품도 상당히 많이 식량으로 사용되기 때문입니다. 또한 인구가 기하급수적―예컨대 1, 2, 4, 8, 16…… 등―으로 증가한다는 말도 현실을 조금만 보면 전혀 맞지 않다는 것을 알 수 있습니다. 〈그림 4-3〉에서 보듯, 자본주의의 발달 과정에서 인구가 어느 시기까지는 상당히 증가하지만, 그다음부터는 출산율이 낮아지면서 인구수가 점점 감소하는 경향이 있습니다.

영국 성공회Church of England의 신부이고 자신은 계속 미혼으로 지낸 맬서스가 왜 이런 자연법칙을 지어냈을까요? 식량 생산을 초과하는 절대적 과잉인구가 자연법칙 또는 하느님의 섭리라고 본 것은, 과잉인구 문제를 해결하려고 사회가 개입해도 아무 소용이 없다는 이야기를 하고 싶었기 때문입니다. 맬서스는 잉글랜드와 웨일스의 각 교구에서 '아무 가치 없는' 빈민들을 구제하기 위해 부자들에게 구빈세를 거두는 것을 매우 못마땅하게 생각했습니다. 맬서스는 과잉인구로 말미암아 실업자나 빈민이 생기는 것은 어쩔 수 없기 때문에 실업자나 빈민을 굶어죽게 내버려 두라고 강조합니다. 나아가 빈민을 지원하는 구빈법이나 구빈세는 오히려 인구를 증가시켜 사태를 더욱 악화시킨다고 주장했습니다.

다른 한편으로 맬서스는, 상품들은 대량으로 생산되는데 일반 대중은 빈곤하여 그 상품들을 구매할 수 없기 때문에 '과잉생산'이 발생하여 경제가 불황에 빠지게 된다고 걱정했습니다. 경제가 이런 불황에 빠지는 것을 해결하기 위해서는, '생산에는 종사하지 않으면서 소비만 하는 계급들'—예컨대 왕, 관리, 신부, 목사, 교수, 군인 등 불로소득층—이 반드시 필요하다고 주장하기도 했습니다. 결국 맬서스는 실업자나 빈민의 고통은 자본주의 체제나 지배계급과는 아무런 관련이 없고, 오직 하느님의 뜻 또는 자연현상이라고 주장함으로써, 자본주의 체제와 지배계급의 이익을 옹호한 것입니다.

훗날 케인스J. M. Keynes(1883~1946)는 "자본주의에서는 과잉생산으로 경제가 불황에 빠진다"고 진단한 맬서스를 자기 이전의 경제학자 중 '최고'라고 찬양합니다. 하지만 불황을 제거하기 위해서는 불로소득자—예컨대 금리생활자, 증권투기꾼—를 양성할 것이 아니라 정부가

적자 재정을 통해 도로·항만·댐 등 사회 기반 시설의 건설에 투자해야
한다고 주장했습니다.

　마르크스는 기본적으로 자본가들이 새로운 노동 절약적 기술을 도
입하여 잉여가치를 증가시키는 과정에서 실업자가 필연적으로 생기게
된다고 분석했으며, 자본주의 사회를 '제대로 개혁한다면' 실업자가 모
두 사라질 수 있을 뿐 아니라 노동자가 오히려 부족할 수 있다고 말합니
다. 예컨대 마르크스는 임금노동자 모두의 노동시간을 합리적인 표준노
동시간으로 단축하고, 그들 모두를 나이·남녀·기능에 따라 적합한 생
산부문들에 배치한다면, "국민적 생산을 현재의 규모로 유지하기 위해
서는 현재의 노동인구로는 절대로 부족할 것이다. 현재의 '비생산적' 노
동자(예컨대 상업과 고리대 관련 노동자, 각종 투기꾼, 경찰, 군인, 신
부, 목사, 관리)의 대다수가 '생산적' 노동자로 되지 않으면 안 될 것이
다"(『자본론』 I(하): 869)라고 진단했습니다. 이 이야기는 물론 자본주의 체
제를 타도해야만 실업자와 빈민의 문제가 해결된다는 것입니다.

　실업자의 구제를 "개별 자본가들이나 자본가계급 전체가 책임져야
한다"고 말할 수 있을까요? 초과이윤을 얻으려는 자본가는 생산비를 절
감하기 위해 노동 절약적 기계를 채택하지 않으면 경쟁에서 패배하여
파산할 것이므로, 그는 새로운 기계를 도입하지 않을 수 없고, 그 결과
실업자가 발생하는 것입니다. 이 경우 그 자본가가 탐욕스럽다거나 나
쁜 인간이라고 비난할 수는 없습니다. 왜냐하면 자본주의 사회가 자본
가들에게 노동 절약적 기계를 채택하라고 강요하기 때문입니다. 마르크
스는 다음과 같이 말합니다.

자본가와 지주를 나는 결코 장밋빛으로 아름답게 그리지는 않는다. 그러나 여기서 개인들이 문제가 되는 것은, 오직 자본이나 노동이나 토지 소유 등 경제적 범주가 개인들의 모습을 취해 나타나는 경우이거나 개인들이 일정한 계급 관계와 계급 이익의 담당자인 한에서다. 경제적 사회구성체의 발전을 자연사적 과정으로 보는 내 관점에서는, 다른 관점과는 달리, 개인이 이런 관계들에 책임이 있다고 생각하지 않는다. 또한 개인은 주관적으로는 아무리 이런 관계들을 초월하고 있다고 하더라도, 사회적으로는 여전히 그것들의 산물이다. — 『자본론』 I(상): 6

결국 실업자의 문제는 자본가 개인이 해결할 수 있는 문제가 아니라 자본주의 사회가 해결해야 할 문제이고, 따라서 자본주의 사회를 유지하고 발전시키는 공권력을 가진 국가가 해결해야 할 것입니다.

최근 이명박 정부나 박근혜 정부는 "실업자를 줄이는 것은 민간기업의 고유한 영역이다"라고 강변하고 있는데, 이것은 경제의 ABC도 모르는 이야기입니다. 지금의 대규모 실업자는 결국 따져 보면, 민간기업들이 취업자를 대규모로 해고해야 기업의 수지가 맞겠다고 판단한 결과입니다. 취업자를 해고한 민간기업에게 다시 고용하라고 하면 민간기업이 순순히 받아들일까요? 이 때문에 정부는 실업자를 고용하는 민간기업에게 공적 자금을 지원하거나 세금을 삭감해 준다고 이야기하는 것입니다. 그러나 민간기업은 이윤을 더 많이 얻으려고 노력하는 과정에서, 취업노동자를 해고하여 실업자로 만들기도 하고 실업자를 고용하여 취업자의 수를 늘리기도 하는 것입니다. 따라서 실업자의 문제를 민간기업에게 맡기는 것은 애초에 실업자 문제를 해결하는 방법이 아닙니다.

저는 대학 강연 중에 "어떻게 하면 취업할 수 있습니까?" 하는 질문을 받으면 항상 이렇게 충고합니다. "도서관에 앉아서 스펙을 쌓으려고 노력하지 말고, 취직하려는 친구들을 모아 가장 번화한 거리에 가서 '못 살겠다. 우리에게 일자리를 주는 것이 정부가 해야 할 당연한 의무인데도, 지금 정부는 무능하고 부패하여 일자리도 만들지 못하고 있다'라고 고함치는 것이 가장 빨리 일자리를 얻는 방법이다."

구직자가 민간기업가에게 잘 보이기 위해 돈을 들여 아무 쓸모도 없는 스펙을 쌓지만, 기업가는 냉정합니다. 자신에게 필요한 노동자 수 이상은 절대 고용하지 않을 것입니다. 정부가 스스로 일자리를 만들어내야 실업을 해결할 수 있습니다. 예컨대 학교에서 무상급식을 실시함으로써 무상급식과 관련된 분야에서 새로운 일자리가 생긴 것이고, 유아교육을 무상으로 실시함으로써 수많은 어린이집이 생기고 여기에 필요한 어린이집 경영인, 보육교사, 운전사 등의 일자리가 새로 생긴 것이 아닙니까? 정부 스스로 공기업이나 연구 기관, 노인 보호원을 만들어 국민의 필요와 욕구를 직접적으로 충족시키는 것이, 돈벌이에 혈안이 된 민간기업에 공적 자금을 주는 것보다 훨씬 더 공정성, 투명성, 효율성을 높일 것입니다.

국민의 복지가 향상되면서 동시에 경제도 성장한 선진국의 사례를 영국의 경우를 들어 설명해 보겠습니다. 1939~1945년의 제2차 세계대전을 담당한 수상은 보수당의 윈스턴 처칠Sir Winston Churchill(1874~1965)입니다. 그는 이 전쟁에서 이기기 위해 1940년에 노동당과 자유당의 당수를 포함하는 거국내각을 만들었습니다. 그리고 노동당 출신 장관들에게 "전쟁하는 동안에는 노동조합이 파업하지 않을

영국의 경제학자 윌리엄 베버리지와 베버리지 보고서에서 제시한 5개의 사회악: 궁핍, 무지, 질병, 불결, 나태

것을 약속하도록 노동조합과 협의해 줄 것"을 요청했습니다. 노동당은 1900년에 노동조합이 만든 정당이므로 노동조합으로부터 대규모의 정치자금을 받으면서 매우 긴밀한 관계를 유지하고 있었습니다. 노동당 출신 장관들과 노동조합 사이의 협의에서, "전쟁 동안 파업하지 않는 대신에 전쟁 이후에는 반드시 사회보장제도를 확립하고 완전고용을 보장해 주어야 한다"는 합의를 도출했고, 처칠이 이 합의를 받아들이게 됩니다. 이리하여 노동당 출신 장관들의 주도로 전쟁 중인 1942년에 "요람에서 무덤까지"From the cradle to the grave라는 표어로 유명한 '베버리지 보고서'Beveridge Report가 나왔습니다. 이 보고서는 정부가 국민에게 태어나서 죽을 때까지 건강, 교육, 주택, 생활비 등을 보장하는 '복지국가'를 만드는 계획서였습니다. 1944년에 정부는 앞으로 실업을 완전히 제거하여 완전고용을 유지하는 방안을 연구한 '경제 정책 백서'를 발표했습니다.

1945년 5월 전쟁이 끝나고 7월에 총선이 실시되었습니다. 노동당은 당수 클레멘트 애틀리Clement Attlee(1883~1967)의 지휘 아래, 전쟁 중에 준비한 사회보장제도와 완전고용 정책을 실시하겠다는 강령을 내세워 전쟁 영웅 처칠을 물리치고 집권하게 되었습니다. 집권하자마자 1946년부터 무상의료를 실시하기 위해 국민건강제도National Health System(NHS)를 입법했습니다. 이로써 영국의 모든 병원은 국가소유가 되고 의사 등 병원 관계자는 모두 공무원이 되며 병원은 세금으로 운영하게 되었습니다. 당시 보건부 장관인 어나이린 베번Aneurin Bevan(1897~1960)은 초등학교도 나오지 않은 광산 노동자 출신이었는데, 의사들의 거센 반대를 물리치고 무상의료를 마침내 정착시켰습니다. 교육도 모두 무상으로 운영되었고, 실업수당과 노후연금은 실업자와 노인들의 생활을 보장했으며, 공공 장기 임대주택을 많이 지어 소득에 따라 월세를 내게 함으로써 무주택자의 걱정을 덜어 주었습니다. 또한 정부는 완전고용의 달성을 가장 중요한 정책 목표로 삼아 재정금융정책과 국유화 정책을 실시했습니다. 이런 복지국가 건설은, 1930년대의 대공황과 제2차 세계대전의 고통을 겪은 모든 유권자들의 강력한 요구 사항이었으므로, 1979년 5월 대처Margaret Thatcher(1925~2013)가 수상이 되어 신자유주의 정책을 추진할 때까지는 하나의 사회적 합의로써 보수당도 존중했던 것입니다.

　병원과 학교가 무상으로 운영되자 환자와 학생이 대거 몰려들었고, 이에 따라 건물을 더 많이 지음으로써 건설업과 그 관련 산업이 호황을 맞이했습니다. 의사, 교사, 간호사, 병원·학교의 관리직 등 좋은 일자리가 많이 생기면서 소득이 창출되었습니다. 또한 더욱 건강하고 지식 있는 노동자들이 많이 나타나서 새로운 기술을 개발할 뿐 아니라 국제 경쟁력을 향상시킴으로써, 영국 경제는 복지와 성장을 동시에 확대할 수 있었습니다. 물론 이 과정에서 경제 활동의 활성화와 소득 증대로 정부의 세금 수입이 크게 증가하면서 재정 적자 문제는 거의 등장하지 않았습니다. 주요 산업의 국유화는 처음에는 국가가 자금을 공급하여 주요 산업을 현대화하기 위한 수단이었지만, 나중에는 실업을 감축하는 큰 수단이 되었습니다. 왜냐하면 극심한 불황기에 실업을 감축하기 위해서는, 이윤 증대보다는 국민 생활과 사회 질서의 안정을 도모하는 국가가 국유 산업에 더 많은 자금을 투자하여 일자리를 민간기업보다는 훨씬 쉽게 만들어 낼 수 있기 때문입니다.

2007년 이래 전개된 세계대공황으로 발생한 현재의 거대한 실업자를 어떻게 해결할 수 있는가를 연구하는 것이 모든 국가의 가장 큰 과제가 되었습니다. 일반적으로 말하여, 공황과 그 뒤를 이은 불황 국면이 경기회복 국면으로 전환하기 위해서는 다음과 같은 몇 가지 조건이 필요한 것 같습니다. 첫째는 새로운 기술·상품·산업이 혜성처럼 등장해 새로운 시장을 개척하면 대규모의 실업을 해소할 수 있을 것입니다. 사실상 공황 뒤의 불황기에는 실업자가 많아 임금수준도 낮고, 대부자본에 대한 수요도 증가하지 않아 이자율도 낮으며, 상품 수요도 적어 상품 가격은 낮은 수준입니다. 이런 상황에서는 어떤 혁신이 등장하기만 하면 수익성 있는 벤처기업을 설립할 수 있는 가능성이 매우 높습니다. 둘째는 자본주의 사회를 올바르게 파악하여 정치적·경제적·사상적 엘리트들이 현재 채택하고 있는 불황 대책을 과감히 버리고 새로운 불황 대책을 채택해야 할 것입니다. 1930년대의 세계대공황에서는 루스벨트 대통령이 그 이전의 '자유방임 정책'을 배척하고 국가가 경제에 깊숙하게 개입하는 '뉴딜 정책'을 채택했기 때문에 세계대공황에서 벗어날 수 있었다고 보면 될 것입니다. 물론 1930년대의 대공황은, 1939년부터 개시된 제2차 세계대전에 대비하기 위한 군수산업의 건설과 실업자의 대량 징집에 의해 탈출할 수 있었다고 말하는 것이 더욱 정확하지만, 자유방임주의가 국가개입주의로 전환하지 않았다면 군수산업의 건설이나 실업자의 대량 징집을 국가가 쉽게 시의적절하게 수행할 수 있었을까 의심스럽기 때문입니다.

지금 우리가 겪고 있는 2007년 이래의 세계대불황은, 1945~1970년의 복지국가가 강화한 일반 시민과 노동자계급의 '즐거운 삶'을 파괴하려는 자본가들과 부자들의 반격—예컨대 사회보장제도의 해체, 부자 감세, 국유화의 사유화 전환, 금융적 자본의 지배력 강화, 노동조합의 세력 약화 등—이 기존의 자본주의 세계경제를 투기와 경쟁의 소용돌이로 몰아넣었기 때문에 생긴 현상이라고 보아야 할 것입니다. 그런데 아직도 '부자에 의한, 부자를 위한, 부자의 정치'인 신자유주의가 세계의 정치와 경제를 지배하고 있습니다. 신자유주의는, 새로운 가치를 직접적으로는 전혀 창조하지 않는 금융적 자본의 지배력을 조금도 약화시키지 않으면서, 세계경제 질서를 개혁하지 못하도록 봉쇄하고 있습니다. 이 때문에, 세계경제는 계속 불황 속에서 헤어나지 못하고 대다수 서민의 삶은 피폐해지면서 자본주의 체제의 변혁을 요구하기에 이르고 있습니다. 이 때문에 2014년 5월 27일의 런던회의에서 국제통화기금 IMF의 라가르드C. Lagarde 총재는 "더욱 안전한 금융제도를 건설하려는 우리의 노력은 새로운 규제의 도입을 반대하는 '강력한 금융산업의 반격' 때문에 지체되고 있다"고 불만을 토로했고, 잉글랜드은행 총재인 카니M. J. Carney는 "금융시장에 대한 맹목적인 신념, 부패와 불평등의 증가는 자본주의의 '사회 조직'을 손상시키고 있기 때문에, 자본주의 체제 전체가 위험에 빠져 있다"고 폭로한 것입니다.

2010년부터 세계의 노동자계급과 일반 시민은 자본가계급(특히 금융적 자본가계급)이 세계적 금융기업들과 각국 정부를 통해 강요하는 '긴축내핍정책'을 대규모 시위로 반대하기 시작했습니다. 그리스, 포르투갈, 이탈리아, 스페인 등 유로 지역에서는 트로이카(IMF, 유럽연합, 유럽중앙은행)에 대항하여, 그리고 북아프리카의 알제리와 이집트에서는 신자유주의를 실시하는 독재적 군사정권의 퇴진을 요구하며, 미국에서는 "월 가를 점령하자"는 구호로 1%의 부자에 반대하는 등, 현재의 자본주의적 세계 체제가 지닌 억압과 착취를 근본적으로 제거하는 것이 필요하다는 자각과 인식이 크게 확대되고 있습니다. 이에 대해 자본가계급과 국가는 시민들의 온갖 자유를 제한하고 억압하면서 대외적으로는 전쟁을 점점 더 확대하고 있습니다. 이제는 실업자를 제거하는 문제가 세계 전체를 변혁하는 과제의 일부에 속하게 된 것입니다.

5
자본주의적 축적의 역사적 경향

Das Kapital.

Kritik der politischen Oekonomie.

Von

Karl Marx.

자본가는, 인격화한 자본으로서만, 역사적 가치와 역사적 생존권을 가지고 있다. 자본가의 활동 동기는 사용가치의 획득과 향락이 아니라 교환가치의 획득과 증식이다. 그는 가치증식을 열광적으로 추구하며, 무자비하게 인류에게 생산을 위한 생산을 강요한다. 이리하여 자본가는 보다 높은 사회 형태를 위한 물질적 생산조건을 창조한다.

『자본론』 I : 806

『자본론』1권의 마지막 장 : 33장 「근대적 식민이론」

『자본론』1권의 마지막 장인 33장은 「근대적 식민이론」이고 32장은 「자본주의적 축적의 역사적 경향」입니다. 32장은 자본가들이 잉여가치를 얻어 자본을 계속 축적하는 과정에서 자본주의는 어떻게 변모할 것인가를 『자본론』1권의 이론을 근거로 예측하는 곳입니다. 물론 32장의 내용은 자본주의가 한층 더 자유롭고 평등한 사회로 성장·전환한다고 주장하는데, 이것은 쉽게 이야기하면 자본주의는 멸망한다는 것입니다. 따라서 논리적으로 보면 32장이 『자본론』1권의 맨 끝에 와야 합니다. 그런데 그것을 맨 끝이 아니라 맨 끝의 바로 앞 장에 넣었습니다. 왜 그랬을까요? 그 이유는 독일 정부의 도서 검열을 통과하려는 의도가 있었다고 말할 수 있습니다. 지금도 그러하듯이, 검열 당국은 무식하거나 검열을 단순화하기 위해, 책의 첫 장과 마지막 장을 한번 보고는 그 책의 불온성 여부를 판단하게 마련이기 때문입니다.

『자본론』33장은 영국의 식민지였던 오스트레일리아에 대한 이야기이고, 영국이 식민지 정책을 얼마나 잘못하고 있는가에 대한 기술이 많습니다. 그러니, 독일 당국에서 봤을 때는 좋은 내용이라고 판단하고 출판 허가를 내주었을 것입니다.

그러나 이 33장은 자본주의가 발달하지 않은 영국 식민지 오스트레일리아의 상황을 예로 들면서 '자본주의의 본질'을 매우 간단명료하고 투명하게 폭로한다는 점에서 '자본주의 바로 알기'에 크게 기여하고 있습니다.

영국에서 방적업을 하는 필Peel이라는 자본가가 있었습니다. 그는 토지가 무상으로 제공되는 자유식민지 오스트레일리아에서 방적공장을 짓고 면사를 만들면 면사 생산비용이 크게 저하될 것이므로 세계시장에서 성공할 수 있다고 믿었습니다. 필은 £50,000어치의 생활수단과 생산수단, 그리고 노동자계급의 성인 남녀와 아동들 3천 명을 데리고 서부 오스트레일리아의 스완 강 지역으로 갔습니다. 그곳에 공장을 짓고 이집트·인도·미국으로부터 면화를 구매하여 값싼 면사를 만들어 세계시장에 판매했습니다. 그러나 얼마 지나지 않아 공장의 노동자인 직공들이 회사를 그만두기 시작했습니다. 직공들은 공짜로 주는 거대한 토지를 차지하고 농산물을 생산·판매하여 자급자족하는 것이 그들의 육체적·정신적 건강과 가족생활에 훨씬 더 낫다고 생각했기 때문입니다. 자본가 필은 결국 임금노동자를 찾지 못해 공장 문을 닫을 수밖에 없었습니다. 착취의 대상인 임금노동자가 없으면, 공장이나 기계나 원료는 자기 가치를 증식시키는 '자본'이 될 수 없다는 것이 판명된 것입니다.

이 이야기는 최고의 식민지 이론가인 웨이크필드E. G. Wakefield(1796~1862)가 소개한 실화인데, 이 실화를 근거로 웨이크필드는 새로운 식민정책을 영국 정부에 권고하여 실제로 집행하게 했습니다. 이 실화에 대해 마르크스는 다음과 같이 논평합니다.

웨이크필드가 식민지에서 발견한 것은, 어느 한 사람이 화폐·생활수단·기계·기타의 생산수단을 소유하더라도, 만약 그 필수적 보완물인 임금노동자가 없다면, 그는 아직 자본가가 되지 않는다는 점이다. 웨이크필드는 자본은 물건이 아니라, 물건들에 의해 매개된 사람들 사이의 사회적 관계라는 것을 발견했다. ……만약 생산수단과 생활수단이 직접적 생산자의 소유인 경우에는, 그것들은 자본이 아니다. 그것들은 노동자를 착취하고 지배하는 수단으로 기능하는 조건 아래에서만 자본이 된다. ─ 『자본론』I(하): 1054~1055

4장에서 언급했듯이, 농민들이 토지를 빼앗겨서 생활에 필요한 어떤 수단도 가지지 못하고, 이리하여 자기의 노동력을 화폐소유자에게 팔지 않을 수 없게 되었을 때, 비로소 화폐와 생산수단 등이 자본으로 전환하고 자본주의 사회가 성립한다는 것을 자유식민지 오스트레일리아가 우리에게 분명히 보여 주고 있습니다.

웨이크필드는, 자본가들이 오스트레일리아에서 거대한 부를 얻기 위해서는 자기의 노동력을 팔아야 하는 무산대중이 반드시 충분히 있어야 한다는 사실을 발견하고, 자유식민지에서 어떻게 임금노동자를 육성할 것인가를 연구했는데, 이것이 바로 그가 말하는 '조직적 식민이론'입니다. 그는 다음과 같은 정책을 영국 정부에 제안했습니다.

첫째, 영국 정부는 오스트레일리아의 토지를 이민자에게 무상으로 주어서는 안 됩니다. 이민자가 일정 기간 공장에서 노동해야 벌 수 있는 금액까지 토지 가격을 인위적으로 높게 책정해야 합니다. 이렇게 해야만 자본가들이 이민자들을 일정 기간 고용하여 착취함으로써 이윤을 얻을 수 있기 때문입니다. 둘째, 이민자가 토지를 구매하기 위해 지불한 돈을 영국 정부가 기금으로 모아서, 오스트레일리아로 이민할 빈민들을 모집하고 수송하는 데 사용해야 합니다. 이렇게 하면 이민 노동자들이 계속 공급되어 자본가들은 노동자 부족을 걱정하지 않고 계속 이윤을 얻을 수 있을 것입니다.

영국 정부는 웨이크필드의 제안을 받아들여 법률로 정하고 이 정책을 오랫동안 실시했습니다. 그러나 영국의 해외 이주자들은 이민 조건이 나쁜 오스트레일리아로 가지 않고 이보다 나은 미국으로 모두 가 버렸다는 뒷소문이 있습니다.

결국 33장에서 이야기하는 '자본주의의 본질'은 다음과 같습니다. 첫째, 자기의 노동력을 팔아야만 먹고살 수 있는 임금노동자가 충분하지 않으면, 자본가가 노동자를 지배하고 착취하여 이윤을 얻는 자본주의는 성립할 수 없다는 것입니다. 다시 말해 스스로 노동하여 먹고살 수 있는 사람들에게서 그 먹고살 수 있는 방법들을 모두 빼앗아야만 자본주의가 성립할 수 있기 때문에, 자본주의는 처음부터 계급적 불평등을 전제로 한다는 점입니다. 둘째, 자본가가 이윤을 보아 자본을 축적하는 것이 자본주의 사회의 발전으로 나타나므로, 국부 또는 국민의 부를 증가시킨다는 것은 결국 자본가계급의 치부와 국민 대다수의 빈곤을 의미한다는 점입니다.

인류 사회의 발전 단계

마르크스는 '대체로 말해', 인류 사회가 원시공산사회→노예사회→봉건사회→자본주의 사회로 발전했다고 합니다(이 책 22쪽의 그림 1-1 참조).

첫째 질문은, "모든 나라나 지역이 위와 같은 발전 단계를 반드시 거쳤거나 거쳐야 합니까?"입니다. 마르크스는 이 질문에 대해, "위와 같은 발전 단계설은 나의 '유럽 중심적' 사고방식에서 나온 것이며, 모든 나라나 지역이 이런 단계들을 밟았다든가 밟아야 한다고 말한 적은 없다"고 대답했습니다(김수행, 『자본론의 현대적 해석』 2011: 25). 그리고 인도의 촌락공동체나 러시아의 토지공동체(미르mir)가 자본주의라는 연옥을 거치지 않고 자본주의 이후의 '새로운 사회'로 직접 옮아갈 수 있느냐는 질문에 대해서, 마르크스는 "이미 '새로운 사회'로 전환한 나라가 이웃에 있어서 그 나라가 인도나 러시아에 높은 수준의 생산방식과 자유롭고 평등한 생산관계를 옮겨 심어 준다면, 인도나 러시아는 자본주의라는 지옥을 거칠 필요가 없다"고 말한 바 있습니다(같은 책: 25~26). 그러나 자본주의 사회를 변혁하여 새로운 사회로 나아갈 때, 기존의 강대한 자본주의 국가들이 이 혁명을 군사적·경제적으로 저지할 가능성이 있으며, 따라서 '만국의 노동자들이 단결하여' 세계의 많은 나라들에서 동시에 혁명을 일으키는 것, 즉 세계혁명이 새로운 사회의 건설 방법으로 가장 적합하다는 주장이 나옵니다. 그러나 각 나라의 구체적인 주체적·물질적 요소들의 성숙 상태가 다르고 혁명의 성공을 좌우하는 일시적·우연적인 요소들이 다르기 때문에, 세계혁명보다는 일국 혁명이 먼저 성공하고 이 국가가 혁명을 다른 나라로 '수출'하여 세계혁명을 달성하는 것이 더욱 현실적이라는 주장도 있습니다.

　둘째 질문은, "위에서 본 인류 사회의 발전 과정이 무엇에 의해 추진된다고 보았을까요?"입니다. 이 책 1장에서 우리는 현실 사회의 구조를 '사회구성체'로 단순화하여, 토대를 구성하는 '생산력'('인간의 몸'으로 비유할 수 있음)과 '생산관계'(경제적 계급관계이고, '인간의 옷'으로 비유할 수 있음)가 서로 조화로운 상호작용을 하지 못할 때, 경제적 계급들은 서로 자기 계급의 이익을 옹호하기 위해 정치·법률·언론·종교·교육 등의 '상부구조'를 통해 서로 투쟁하게 되며, 이 계급투쟁에서 승리하는 계급이 새로운 생산관계를 확립하여 새로운 사회구성체를 건설하게 된다고 마르크스가 분석했다는 것을 알았습니다(이 책 34쪽 참조). 다시 말해, 인류 사회의 발전 동력은 생산력과 생산관계 사이의 '모순'(이것은 대립을 당연히 포함하면서 협력, 투쟁, 폭발 등의 형태를 띱니다)에 근거하는 계급투쟁이라고 마르크스는 보았습니다. "계급사회의 역사는 계급투쟁의 역사"이고, "역사는 일정한 객관적 조건 아래에서 인간들이 만든다"고 마르크스는 말하기도 했습니다. 인간 사회는 계급들 사이의 모순, 그리고 계급과 자연 사이의 모순을 가지면서 운동하고 있습니다. 따라서 하느님이나 신이 인간 사회를 움직이고 있다거나, 인간 사회는 어떤 물질적인 요소에 의해 전혀 주체의 개입 없이 '자동 붕괴' 된다고 보아서는 안 됩니다. 예컨대 각국 노동자계급의 국제조직인 제2인터내셔널의 경제결정론자들은 "마르크스의 이윤율 저하 경향의 법칙에 따라, 자본가들의 이윤율이 0에 가까워지면, 자본주의 경제는 망하지 않을 수 없다"는 엉터리 이론에 의거하여 자본주의의 자동 붕괴를 기다리고 있었습니다.

셋째 질문은, "봉건사회에서 자본주의 사회로 옮겨갈 때 그 사이에 있는 '과도기'나 '이행기'는 어떤 의미를 가집니까?"입니다. 봉건사회는 크고 작은 영주들이 각자의 장원을 가지면서 자급자족하는 형태의 사회이며, 각 영주는 일정한 영토를 하나의 장원manor으로 설정하여 그 안에 사는 농민('농노'라고 부릅니다)들을 지배하고 착취합니다. 또한 가톨릭교회는 로마교황의 지휘 아래 교회 토지를 가지고 있으며 농노들로부터 십일조(1/10 세금)를 받았습니다. 각 장원은 한편에는 영주의 넓은 직영지가 있고 다른 한편에는 농민들이 조상 대대로 물려받아 '점유'

하고 있는 작은 토지들이 있습니다('점유'는 '소유'와 달리 그 토지를 팔수는 없습니다). 농노들은 영주의 직영지에 가서 부역을 하여 영주에게 '잉여노동'을 바치고 자기의 토지에서 '필요노동'을 하여 가족들과 함께 먹고삽니다. 이런 기본 형태의 봉건사회가 장원들 사이의 상품 교환이나 외부 상인들과의 상품 거래를 통해 점점 변해 가다가, 특히 영주들의 사치욕이나 영주들 사이의 전쟁에 의해 특정한 장원이 팔리거나 다른 영주에 의해 지배되는 과정에서, 자기 자신의 토지를 '소유'하는 독립적인 농민들이 많이 생겼습니다. 큰 토지를 가진 영주, 교회, 지주는 차지농민tenant farmer에게 토지를 빌려주면서 '지대'를 받거나, 임금을 주고 소농민들peasants을 고용하여 농산물을 생산했습니다. 이런 상황이 봉건사회의 말기이고 자본주의로 옮아가는 과도기(또는 이행기)의 시작이었습니다. 이 이행기는 기본적으로 자본주의 사회의 두 개의 큰 계급인 자본가계급과 임금노동자계급이 형성되는 시기이고, 흔히들 '시초축적primitive accumulation의 시기'라고 부릅니다.

자본주의 사회가 새로운 사회로 옮아가는 과정

자본가계급이 임금노동자계급을 지배하고 착취하는 관계는 두 계급 사이에 대립이나 모순이 있다는 것을 가리킵니다. 이 모순은 두 계급이 서로 '협력하는' 형태로 나타날 수도 있습니다. 예컨대 평상시에는 자본가가 노동자에게 표준노동시간에 따라 노동을 시키고 정상적인 임금을 지불하며, 노동자는 임금을 받아 가족과 함께 정상적인 생활을 하면서 좋은 질의 상품을 정상적인 양만큼 생산하는 것입니다. 이런 과정에서 자본의 축적이 진행되고 자본의 규모가 커지며 새로운 혁신들이 도입되고 노동자의 수도 증가하게 됩니다.

두 계급 사이의 대립이나 모순이 '투쟁'의 형태를 취할 수도 있습니다. 예컨대 자본가들이 경쟁에서 더 많은 초과이윤을 얻기 위해 임금수준을 인하하거나 새로운 기계를 도입하여 노동자를 해고하려고 하면, 노동자는 '파업'하기도 하고 자본가는 '공장을 폐쇄'하기도 하면서 서로 투쟁하게 됩니다. 그러나 이 투쟁은 노동자계급이 자본가계급을 없애 버리고 공장과 생산의 주인이 되려는 것보다는 낮은 단계에 머물 수 있습니다. 다시 말해 노동자가 새롭게 창조하는 부가가치를 노동자계급에게 더욱 많이 분배하는 '단체협상'을 통해 서로 일정한 양보를 하면서 이 투쟁은 해소될 수가 있습니다.

자본가와 노동자 사이의 모순이 '폭발'의 형태를 취하게 되면, 노동자계급은 자본가계급의 모든 재산을 빼앗아 사회의 공동재산으로 전환시키고, 노동하는 모든 사람들이 사회의 인적·물적 자원을 모든 주민의 필요와 욕구를 충족시키기 위해 사용하는, 평등하고 자유로운 새로운 사회를 만들려고 노력하게 될 것입니다. 이 단계의 계급투쟁은 자본가계급과 자본주의 사회를 없애 버리고 새로운 사회를 건설하는 '혁명'이라고 부릅니다. 이 '혁명적 계급투쟁'이 일어날 수 있는 조건들은, 첫째로 자본가계급의 지배를 없애더라도 노동자계급이 사회를 충분히 운영할 수 있다는 것을 확인시켜 주는 새로운 사회의 싹이 이미 자본주의 안에서 자라나고 있어야 하며, 둘째로 자본주의 사회가 일으킨 문제들이 자본가들에 의한 내부 개혁을 통해서는 도저히 해결할 수 없다는 것이 분명히 드러나야 할 것이고, 셋째로 양심 세력을 포함하는 노동하는 개인들의 연합이 혁명을 완수할 수 있는 역량을 충분히 지니고 있어야 할 것입니다.

혁명적 계급투쟁이 일어날 수 있는 첫째의 조건부터 이야기합시다. 마르크스는 자본주의가 발달하는 과정에서 생기는 주식회사와 생산협동조합이 모든 사람에게 새로운 사회의 모습을 보여 주는 싹이라고 말합니다. 주식회사는 거대한 사업을 경영하기 위해 필요한 자금을 각계각층의 사람들로부터 모집하는 회사 형태입니다. 이 회사는 개인 자본가의 소유가 아니고 '사회의 소유'라고 볼 수 있습니다. 그리고 이 거대한 사업체는 온갖 산업부문에서 생산된 원료·부품·반제품·완제품 등을 사용하여 새로운 상품들을 생산하기 때문에, 이 생산된 상품들은 개별 노동의 생산물이 아니라 사회의 노동, 공동 노동, 집단적 노동의 산물이라고 보아야 할 것입니다. 여기에서 우리는 이미 개인의 소유 대신에 사회의 소유, 개별 노동 대신에 사회의 노동, 공동 노동, 집단 노동이라는 개념을 가지게 됩니다.

주식회사의 지배 구조를 봅시다. 주식회사는 소유와 경영이 분리되어, 주식의 소유자인 '주주'는 회사의 소유자로서 자본가의 기능을 합니다. 그리고 '경영'은 월급쟁이 전문 경영인이 사무직 노동자들과 함께 온갖 계획을 세우고, 실제 '생산과 판매'는 기술직·생산직·판매직들이 담당하고 있습니다. 자본가인 주주는 주식을 만지작거리기만 해도 회사의 이윤을 배당의 형식으로 받아 가므로, 사실상 주주는 불로소득자이며 따라서 '무노동 무보수' 원칙을 위반하고 있습니다. 물론 주주는 주식을 구매하기 위해 자금을 투자하긴 했지만, 이 최초의 주식 구매 자금은 몇 년 동안의 배당 수입으로 이미 보상을 받았을 것이므로, 이제 주주는 순수한 의미에서 '무위도식자'입니다. 그리고 회사의 운영에는 아무런 기여를 하지 않고 회사에 기생하는 계층입니다. 실제로 회사를 운영하는 사람들은 고급 노동자인 월급쟁이 전문 경영인과 일반노동자들뿐입니다. 가장 광범하게 퍼져 있는 회사 형태인 주식회사에서 우리는 자본가계급인 주주가 없더라도 회사는 아무런 영향을 받지 않는다는 것을 확인할 수 있었습니다. 혁명적 계급투쟁이 일어날 때, 이 회사의 노동조합이 회사를 완전히 '접수'하더라도 이전과 마찬가지로 정상적으로 운영할 수 있을 뿐 아니라, 노동자는 자기의 적인 자본가를 위해 일하는 것이 아니라 자기 자신을 위해 일한다는 자부심에서 더욱 열심히 자발적이고 헌신적으로 일하게 될 것입니다.

그런데 주식회사보다 더욱 훌륭한 새로운 사회의 싹은 '생산협동조합'이라고 마르크스는 말합니다. 왜냐하면 주식회사는 여전히 '자본가들의 연합'이라는 형태를 취하고 있지만, 생산협동조합은 처음부터 모두가 노동자이므로 자본가와 노동자 사이의 대립과 모순이 없으며, 따라서 자본가가 노동자를 장시간 저임금으로 착취하는 자본주의적 제도가 애초에 없기 때문입니다. 마르크스는 1864년 9월 28일 '국제노동자협회'(이른바 제1인터내셔널)의 「창립선언문」에서 영국과 유럽 대륙에서 전개되고 있는 생산협동조합이 다음과 같은 사실을 '증명'했다고 말하면서 협동조합을 크게 찬양했습니다. 협동조합은, '현대 과학의 지휘에 따라 대규모로 운영되는 생산은, 노동자계급을 고용하는 자본가계급이 없더라도 경영될 수 있다는 것'을 증명했고, 공장과 기계 등 '노동수단이 생산물을 낳기 위해서는 자본가가 노동수단을 독점하여 노동자를 지배하고 착취할 필요가 없다는 것'을 증명했으며, 끝으로 '임금노동은 노예노동이나 농노노동과 마찬가지로 일시적이고 저급한 형태의 노동에 불과하며, 자발적 손과 임기응변적 정신과 즐거운 마음으로 자기의 일을 부지런히 하는 연합한 노동 앞에서 사라질 운명에 있다는 것'을 증명했다는 것입니다.

마르크스는 노동자들이 자기들의 돈으로 스스로 건설한 협동조합에서는 자본가가 없어도 생산이 능률적으로 잘 수행된다는 점을 증명함으로써, 모든 사업장에서 노동자를 착취하고 억압하는 자본가를 내쫓아 버리더라도 경영에는 아무런 곤란이 발생하지 않을 것이며, 따라서 자본가가 없는 새로운 사회를 위해 투쟁할 수 있다고 말합니다. 보통 사람들은 자본가가 사라지면 과연 의식주 생활이라도 제대로 할 수 있을까를 걱정하는데, 협동조합은 분명히 "자본가가 없어지면 노동자에 대한 착취가 사라지기 때문에 노동자의 생활은 훨씬 더 나아진다"는 것을 증명한 셈입니다.

더욱이 마르크스는 자본주의 공장에서 행해지는 노동과, 협동조합에서 행해지는 노동을 비교합니다. 자본주의 공장에서는 자본가계급이 기계와 원료 및 생활수단까지 독차지하며, 임금노동자계급은 아무런 재산이 없어 자기의 육체적·정신적 힘인 노동력을 자본가계급에게 팔아 임금을 받지 않고서는 살아갈 수가 없습니다. 이런 의미에서 임금노동자계급은 '임금노예'입니다. 지금과 같은 세계대불황에서 일자리를 잃거나 찾지 못한 노동자들이 빈곤에 빠지거나 자포자기하여 자살하는 현상은 자본주의의 본질을 분명히 드러내는 것입니다. 자본가계급은 노동자계급의 이런 딱한 사정을 이용해 노동자가 하루 동안 노동하여 창조한 가치 중 일부만을 임금으로 지불하고 나머지인 잉여가치를 자기의 이윤으로 취득함으로써 자기의 '자본'을 증식시키고 있는 것입니다. 다시 말해 자본가의 배를 채워 주지 않으면 임금을 얻을 수 없는 상태에서 노동을 해야 하기 때문에, 노동자가 공장이나 회사에 출근하는 것은 '강제로 끌려가는' 것입니다. 그러니 누구도 일하는 것을 좋아하지 않습니다. 더욱이 노동자가 힘껏 일하더라도 이것의 모든 성과는 자본가가 독차지하기 때문에, 노동자는 노동하기를 꺼려합니다. 이것이 이른바 '노동의 소외'입니다. 자본주의 사회의 노동은 '하지 않아도 된다면 하고 싶지 않은 노동'이 되어 버렸습니다.

그러나 협동조합에서는 노동자들 모두가 공장의 주인이고 자기를 위해 노동하기 때문에 '자발적 손과 임기응변적 정신과 즐거운 마음으로 자기의 일을 부지런히' 하게 되는 것입니다. 자본주의 사회에서처럼 노동자계급이 노동수단과 생활수단으로부터 완전히 분리되어 있는 상태가 사라지고, 노동자계급이 노동수단과 생활수단을 자기의 것으로 대할 수 있기 때문입니다. 협동조합의 노동자들은 노동하는 것을 싫어하지도 않고, 노동을 '희생'으로 생각하지도 않으며, 노동은 자신이 원하는 것을 실현하는 수단이라고 생각하게 됩니다.

이것이 바로 새로운 사회를 지탱하고 발달시킬 노동에 대한 올바른 관념입니다. '능력에 따라 노동하는 것'은 새로운 사회에서는 노동하는 개인들의 의무이고 윤리입니다. 아무리 자기의 노동생산성이 높다 하더라도, 자기의 필요와 욕구를 충족시킬 정도로만 일하지 않고 자기의 능력에 따라 노동해야, 어린아이·노인·장애인·병자·실업자 등 모든 사람의 필요와 욕구를 충족시킬 수 있기 때문입니다.

자본주의 이후의 새로운 사회에서는 자본가계급이 사라지고, 자유로운 평등한 개인들이 공동으로 공장과 기계와 원료 및 생활수단을 소유하면서, 이윤을 얻기 위해서가 아니라 노동하는 개인들과 기타 주민들의 필요와 욕구를 충족시키기 위해, 사회의 인적·물적 자원을 계획적으로 사용하게 될 것이며, 따라서 협동조합은 분명히 자본주의 사회가 잉태하고 있는 새로운 사회의 싹임에 틀림없습니다.

혁명적 계급투쟁이 일어날 수 있는 둘째의 조건은, 자본주의 사회가 일으킨 문제들이 자본가계급에 의한 자본주의 개혁을 통해서는 도저히 해결할 수 없다는 것이 분명히 드러나야 한다는 것입니다. 마르크스가 특히 강조한 것은 기존의 생산관계(또는 소유관계)가 생산력의 발전을 저지하거나 지체시킨다는 점입니다. 비유하면 인간의 몸(생산력)이 계속 성장하고 있는데 옷(생산관계)은 어린 시절의 것이라서 몸이 더 성장할 수 없는 지경에 빠지게 되는 것입니다. 이런 몸(생산력)과 옷(생산관계)의 모순을 해결하는 방법은 두 가지가 있습니다. 옷(생산관계)은 그대로 두면서 몸(생산력)을 옷에 맞도록 줄이거나, 몸(생산력)에 맞도록 옷(생산관계)을 바꾸는 것입니다.

앞의 방법은 몸을 도려내서 작은 옷에 몸을 맞추는 것인데, 이것은 자본-임금노동 관계를 조금도 변화시키지 않고 생산력을 헛되게 낭비하는 것을 가리킵니다. 이것은 지금과 같은 불황에서 훌륭한 생산력인 노동자들을 일자리에서 쫓아내 굶어죽게 하는 것, 너무 많이 생산한 상품들을 강물에 흘려보내거나 창고에 넣어 썩혀 없애는 것, 훌륭한 생산요소인 기계·공장·원료를 오랫동안 사용하지 않고 그냥 두는 것 등이 가장 좋은 예입니다. 자본가가 국가를 지배하지 않았더라면, 노동자와 일반 시민은 위와 같이 놀고 있는 생산요소들을 사용하여 생산물을 만들어 생활을 유지할 수 있었을 것입니다. 다른 방법인 몸(생산력)에 맞도록 옷(생산관계)을 바꾸는 방법이 노동자와 일반 시민에게 유리한 방법입니다. 예를 들면 상품을 생산하는 능력이 시장의 상품 구매 능력을 초과할 가능성이 있을 때는, 국가가 고소득층으로부터 세금을 거두어들여 저소득층에게 지원함으로써 많은 상품들을 살 수 있게 하는 제도를 만들어 놓습니다. 그렇게 하면 상품의 생산능력은 소비능력을 초과하지 않으면서 계속 증가할 수 있을 것이며, 국민 대다수가 혜택을 볼 수 있을 것입니다. 그러나 어느 시점에서 자본가계급이 생산력의 성장에 알맞도록 생산관계를 변경시키는 것을 완고하게 반대하게 되면, 혁명적 계급투쟁이 일어날 수밖에 없을 것입니다.

자본주의 사회에서는 한편으로는 자본가들이 더 큰 초과이윤을 얻기 위해 경쟁적으로 최신 기술을 대규모로 도입함으로써 생산력을 끝없이 증가시키는 경향이 있습니다. 다른 한편으로는 이렇게 생산된 대규모의 상품들을 구매하는 시장의 확대는 매우 제한되어 있습니다. 왜냐하면 자본가는 노동자의 임금을 최저한으로 인하할 뿐 아니라 기계 도입으로 해고를 증가시키므로, 소비재에 대한 수요 증대가 제한을 받기 때문이고, 자본가 스스로도 경쟁에서 지지 않으려고 소비를 줄이고 축적을 확대하기 때문이며, 자본가들의 무계획적 또는 무정부적 생산으로 말미암아 산업부문들 사이의 균형이 파괴되어 어떤 생산물은 과잉이고 어떤 생산물은 부족한 상황이 나타나지 않을 수 없기 때문입니다.

이처럼 생산력은 무제한적으로 증대하지만, 시장은 자본 – 임금노동 관계에 의거한 분배와 무정부적 생산으로 말미암아 제한되어 있으므로, 정상적인 이윤을 붙여 팔 수 없는 상품들이 창고에 대량으로 쌓이면, 은행 대출을 갚을 수 없는 기업들은 도산하게 되어 공황이 주기적으로 폭발하게 됩니다. 이런 과잉생산 공황들이 1825년 이래 그 심각성은 서로 다르지만 계속 일어나고 있었습니다. 그런데 자본가들은 서로 더 많은 이윤을 얻으려고 경쟁하기 때문에, 이 과잉생산 공황을 해소하여 자본가계급 전체의 이익을 도모할 수 있는 방법들을 제시하지도 않았으며 어떤 방법에 합의할 수도 없었습니다. 이것은 노동자들의 노동시간이 너무 길어서 노동자들의 건강이 나빠지고 수명이 단축됨으로써 자본가계급 모두가 손해를 본다는 것을 알면서도, 자본가들이 노동일의 단축에 합의할 수 없었던 것과 마찬가지입니다. 이런 경향에 대해 마르크스는 다음과 같이 말했습니다.

> 뒷일은 될 대로 되라지. 이것이 모든 자본가와 모든 자본주의 나라의 표어이다. 그러므로 자본은 사회에 의해 강제되지 않는 한, 노동자의 건강과 수명을 조금도 고려하지 않는다. ―『자본론』 I(상): 361

과잉생산 공황의 발생과 이것에 따른 자본가들의 파산, 공장·기계·원료를 장기간 사용하지 않는 것, 대규모 실업자의 등장과 그들의 굶어죽음, 일반 대중들의 불만 증대와 자본주의를 타도하자는 시위 등에 자본가계급은 전혀 대응하지 않았습니다. 이 때문에 자본가계급 전체의 이익을 보호하는 국가가, 표준노동일을 제정한 것과 마찬가지로, 등장하지 않을 수 없었습니다. 국가가 경제에 광범하게 개입한 것은 1930년대 세계대공황기에 처음 있었습니다.

미국의 루스벨트 정부는 1930년대에 노동자와 일반 시민의 거대한 항의 시위가 자본주의 체제를 전복시킬지도 모른다는 위험에 직면하자, 부자의 세금으로 실업자와 저소득층을 지원하는 사회보장제도를 도입했으며, 실업자에게 일자리를 주고 자본가에게는 수익 사업을 주기 위해 도로·주택·댐 등 사회 기반 시설을 건설했고, 노동조합의 설립을 권장하여 단체협상을 통해 임금 인상을 도모하게 했습니다. 이런 예가 자본주의적 생산관계(또는 소유관계)를 생산력의 발전에 적응시키는 방법의 하나가 될 것입니다.

그런데 2007년부터 시작된 현재의 세계대불황에서는 1980년대 초부터 정치적·경제적·사상적 지배력을 잡은 금융적 자본가계급이 자신의 이윤 획득 방법을 조금도 바꾸려 하지 않기 때문에, 세계경제는 계속 침체에 빠져 있고 노동자와 일반 시민은 기아에 허덕이고 있습니다. 금융적 자본가들은 특히 주택담보대출(모기지)의 거대한 확대와 모기지에 기반을 두는 온갖 증권의 발행을 통해 막대한 이윤을 얻었지만, 이 이윤을 실질적으로 지탱한 것은 이자율이 매우 높은 비우량 모기지였습니다. 이 비우량 모기지의 차입자가 원리금을 갚지 못하자, 모기지 관련 금융자산은 가격이 폭락하고, 이런 금융자산을 대규모로 가진 금융회사가 파산하면서 세계대공황이 시작된 것입니다. 파산 위기의 금융회사들을 정부와 중앙은행이 공적 자금으로 구제했지만, 이 때문에 정부는 거대한 채무를 짊어지게 되었고, 파산을 면한 금융회사들은 배은망덕하게 이제 정부의 부채와 재정 적자를 문제 삼게 된 것입니다. 금융적 자본가들은 정부가 긴축내핍정책을 채택하여 부채를 삭감하지 않으면, 국채를 구매하지 않거나 국가의 신용등급을 낮추어 대출금리를 인상하겠다고 위협합니다. 지금 세계는 기아에 허덕이는 무수히 많은 실업자가 있고,

공장·기계 등 생산수단이 대규모로 놀고 있으며, 산업자본가는 거대한 현금을 가지고 있는데도, 경제는 침체 속에서 조금도 개선되지 않고 있습니다.

노동자와 일반 시민은 지금의 이 썩어빠진 자본주의 체제를 무너뜨리고 자본가계급의 모든 재산을 사회의 공동재산으로 전환시켜 사회 전체를 위해 이용해야만 모든 주민의 삶을 되살릴 수 있습니다. 따라서 혁명적 계급투쟁을 통해 선거에서 승리하든 또는 기존 권력 집단의 권력 포기에 의해서든, 혁명 추진 세력은 국가 권력을 잡아야만 합니다.

혁명적 계급투쟁이 일어날 수 있는 셋째의 조건은, 양심 세력을 포함한 노동하는 개인들의 연합이 혁명을 완수할 수 있는 충분한 역량을 지니고 있음을 모든 주민들에게 보여 주어야 합니다. 혁명적 계급투쟁은 '아래로부터의 혁명'이며, 노동자계급 자신이 스스로 자기들의 쇠사슬을 끊고 해방을 쟁취하는 것입니다. 자본주의 사회로부터 새로운 사회로 옮겨가는 이행기의 시작은, 이미 자본주의 사회의 주식회사와 생산협동조합에서 나타난 '사회의 소유', '공동 노동', '자본가 없는 생산' 등을 광범하게 현실화하는 것입니다. 다시 말해 노동자들로부터 분리·독립하여 그들을 착취하고 지배하던 생산수단들을 자본가들의 손에서 빼앗아서 노동자들이 자기의 것으로 상대하면서 공동으로 사용하는 것입니다. 이렇게 되면 노동하는 개인들이 자기의 노동력을 팔아야만 살 수 있던 '임금노예'의 상태에서 벗어날 것이고, 이리하여 그들은 자본주의적 습관과 문화에서 점점 더 벗어날 것입니다. 개인들의 사고방식이나 행동방식은 환경이 변하면 함께 변하지 않을 수 없습니다. 예컨대 이제는 자본가를 위해 일하는 것이 아니라 자기 자신을 위해 그리고 우리 모두를 위해 일하게 되는 상황에서는, 노동하는 모든 개인들은 공동 노동, 공동소유가 사적 소유와 경쟁보다는 훨씬 더 낫다는 것을 피부로 느끼지 않을 수 없을 것입니다. 이처럼 우리는 환경의 변화와 인간성의 변화를 번갈아 실행하면서, 우리가 타인과 자연을 '인류'의 입장에서 상대할 수 있게 되어야 할 것입니다. 이렇게 될 때, 우리는 자유·평등·평화·자연보호의 가치를 올바르게 인식할 수 있고, 사회의 생산수단 전체와 개인의 노동력 전체를 사회의 차원에서 계획적으로 이용하는 것의 우월성을 알게 될 것이며, "개인의 자유로운 발달이 만인의 자유로운 발달의 기초가 된다"(마르크스와 엥겔스, 『공산당선언』)는 것을 느낄 수 있을 것입니다.

먼저 소수의 대자본가들로부터 재산을 빼앗아야 합니다. 자본주의 사회에서 수많은 소자본가들을 멸망시켜 그들의 재산을 빼앗은 소수의 대자본가들로부터 혁명 주체 세력인 '노동하는 개인들의 연합'('노개연'이라고 줄입시다)이 이들의 재산을 빼앗아야 합니다. 이것이 이행기의 첫 과제입니다. 국가 권력을 잡은 혁명 세력은 국회에서 "모든 주주는 자기의 주식을 자기 회사를 위해 기증한다. ……그리고 각 회사는 그 회사의 '노동하는 개인들의 연합'에 의해 운영된다"는 법률을 통과시키면 될 것입니다. 이렇게 해야만 대자본가들은 세력을 잃고 혁명의 진행을 방해할 수 없을 것입니다.

소수 대자본가들의 재산을 빼앗는다는 것은, 그들이 소유한 공장과 회사를 그곳의 '노개연'(예컨대 현재의 '노동조합'이 재편된 것)이 접수하여, 공장과 회사를 '주민의 필요와 욕구를 충족시킨다'는 새로운 원칙 아래에서 운영하는 것입니다. 물론 자본주의 국가의 모든 기관이나 방송·신문·SNS·인터넷·병원·학교 등 모든 공공기관도 '노개연'이 접수한 뒤 개혁해야 할 것이고, 국가정보원·군대·경찰 등 폭력을 행사하는 기구도 그곳의 '노개연'이 접수하여 개혁해야 할 것입니다. 이리하여 자본가계급으로부터 '노개연'으로 정치적·경제적·사상적 권력이 이동하는 과정에서도 사회 전체의 일상적인 활동은 중단되지 않고 계속되며, 특히 주민 전체가 열정적으로 이런 혁명 과정에 참여하게 되는 것입니다. 사실상 모든 사회운동·시민운동 중에서 노동운동이 '중심'이라는 이야기는 모든 분야에 결성되어 있는 '노개연'이 서로서로 협력하여 혁명을 계획적으로 추진할 수 있기 때문일 것입니다. 혁명의 추진 세력은 '노개연'이 될 수밖에 없고, 부문별 연합이 전국적 연합으로 확대되어 사회 전체의 모든 문제를 함께 협의해 민주적으로 결정하게 될 것입니다.

노동하는 개인들의 연대는 대기업별 '노개연', 산업부문별 '노개연', 전국 '노개연' 등으로 확대되면서, 단결과 협력을 강화하게 됩니다. 그리고 노동하는 개인들의 자유로운 발달을 도모하여 개인들 사이의 차이를 축소하며, 개인들이 자기의 개성을 마음껏 전개함으로써 사회의 다양성과 조화로운 발달에 기여하고 사회의 생산성을 크게 증진하게 될 것입니다.

노개연은 국가권력을 장악하고, 대자본가들로부터 재산을 빼앗아 사회의 공동소유로 전환시키며, 사회의 인적·물적 자원 모두를 주민 전체의 필요와 욕구를 충족시키기 위해 주민 모두가 참여하는 계획경제를 실시합니다. 노동자계급이 착취와 억압에서 해방됨으로써 자본가계급은 이윤 추구라는 멍에로부터 풀려나며, 이에 따라 모든 인간은 '자유롭고 평등한 개인'으로 새롭게 태어나게 됩니다. 이제 계급이 사라졌기 때문에, 계급의 지배 도구로 기능하는 국가기구도 사라지게 됩니다. 이런 엄청난 역사적 과업이 성공적으로 끝나면, 자본주의의 멸망으로부터 새로운 사회의 시작까지의 이행기는 끝이 나게 됩니다. 이 새로운 사회를 마르크스와 엥겔스는 '사회주의'나 '공산주의' 또는 '자유로운 개인들의 연합'association of free individuals이라고 불렀는데, 소련을 '사회주의'나 '공산주의'라고 불러 마르크스가 말한 '사회주의'와 '공산주의'의 개념이 많이 훼손되었으므로, 저는 이 새로운 사회를 '자개연'이라고 부를 것을 강력히 권고합니다.

마르크스는 토머스 모어Thomas More(1478~1535), 생시몽Saint Simon (1760~1825), 푸리에François Marie Fourier(1772~1837), 오언Robert Owen(1771~1858)을 '공상적 사회주의자'utopian socialist로 명명했습니다. 마르크스는 그들이 이야기하는 새로운 사회의 구체적 내용은 좋다고 평가하면서도, 새로운 사회의 싹이 현재 사회에서 자라고 있음을 그들은 파악하지 못했고, 누가 어떻게 현재 사회를 붕괴시키고 새로운 사회를 만들 것인가를 전혀 논의하지 않았다는 의미에서 '공상적'이라고 지적한 것뿐입니다.

자본주의의 발달이 어떤 새로운 사회를 잉태하는가?

이제 『자본론』 1권의 32장 「자본주의적 축적의 역사적 경향」을 자세히 살펴봅시다.

먼저 마르크스는 단순상품생산 사회, 자본주의 사회, 그리고 '자유로운 개인들의 연합'을 노동과 소유의 관점에서 〈그림 5-1〉과 같이 분류

	노동	소유
① 단순상품생산 사회	자기 노동	사적 소유(개인적 소유)
↓	↓	↓
② 자본주의 사회	타인 노동(임금노동자의 노동 착취)	자본주의적 사적 소유
↓	↓	↓
③ 자개연	공동 노동	공동소유(개인적 소유)

〈그림 5-1〉 노동과 소유의 관점에서 본 세 사회의 특징

하고 있습니다.

단순상품생산 사회는 직접적 생산자가 자기의 생산수단으로 생산물을 생산하여, 그 생산물로 자기 자신과 가족의 필요를 충족시키고, 남은 생산물을 시장에서 상품으로 팔아 다른 필수품을 구매하는 사회를 가리킵니다. 구체적으로는 봉건사회가 무너진 뒤, 자기 토지를 소유하고 자기 도구로 경작하던 '자영농민'이 큰 비율을 차지하던 사회를 가리킵니다.

단순상품생산 사회에서는 '자기 노동'으로 생산물을 생산하고, 그 생산물을 자기의 것으로 삼는 '사적 소유'가 지배합니다. 여기에 '개인적 소유'라고 단서를 붙인 것은 직접적 생산자가 생산수단(노동 도구와 노동 대상)을 '자기의 것'으로 사용하고 있다는 의미를 가지고 있습니다. 그런데 자본주의 사회에서는 임금노동자의 노동에 의거해 생산물을 생산하고 그 생산물을 자본가의 것으로 하기 때문에, '타인 노동에 의거한 자본주의적 사적 소유'라고 부릅니다. 자본가들은 공장의 기계나 원료 등 생산수단에는 전혀 손도 대지 않으며, 노동자들이 사실상 생산수

단을 '점유'하여 사용하고 있기 때문에, 생산수단에 대한 자본가의 '개인적 소유'라는 특징은 나오지 않습니다. 끝으로, 자본주의적 소유가 사라진 '자개연'에서는 노동하는 개인들이 공동으로 노동하여 생산물을 공동으로 소유합니다. 그리고 생산수단도 노동하는 개인들이 공동으로 소유하지만, '협업과 모든 생산수단의 공동 점유에 힘입어' 노동하는 개인들이 생산수단을 자기의 것처럼 사용한다는 의미에서 '개인적 소유'라는 특성을 붙이고 있습니다. 마르크스는 다음과 같이 말합니다.

> 자본주의적 생산방식으로부터 생기는 자본주의적 취득 방식은 자본주의적 사적 소유를 낳는다. 이 자본주의적 사적 소유는, 자기 자신의 노동에 입각한 개인적 사적 소유individual private property의 첫 번째 부정이다. 그러나 자본주의적 생산은 자연 과정의 필연성을 가지고 자기 자신의 부정을 낳는다. 이것은 부정의 부정이다. 이 부정의 부정은 생산자에게 사적 소유를 재건하는 것이 아니라, 자본주의 시대의 성과—협업 그리고 토지를 포함한 모든 생산수단의 공동 점유—에 힘입어 개인적 소유를 재건한다. —『자본론』 I(하): 1050

여기서 한 가지 주목해야 할 것은, 마르크스가 단순상품생산 사회에서 직접적 생산자가 자기의 토지와 노동 도구를 개인적으로 소유한 것을 매우 강조한다는 점입니다. 직접적 생산자가 생산수단을 자기의 것으로 소유하기 때문에 여러 가지 실험을 하면서 개인들의 개성과 능력을 크게 개발할 수 있었다는 점입니다. 이것과 마찬가지로, '자개연'에서는 생산수단이 공동소유이면서, 노동하는 개인들이 생산수단을 자기의 것으로 사용할 수 있기 때문에, 개인들의 개성과 능력을 크게 발전시킬 수 있다는 점입니다. 다시 말해, 노동하는 개인이 생산수단을 자기의 것으로 사용하는 것—노동과 생산수단이 분리되지 않고 결합되어 있는 것—이, 자본주의에서 노동자가 생산수단을 가지지 않아서 노동이 자본가를 위한 것으로 되어 노동에 싫증을 느끼고 고용의 불안정에 시달리는 것보다, 훨씬 더 노동자의 삶의 개선과 노동생산성 향상에 박차를 가하게 된다는 것입니다. 마르크스는 다음과 같이 말합니다.

> 생산수단에 대한 노동자의 사적 소유는 소경영의 기초이며, 소경영은 사회적 생산의 발전과 노동자 자신의 자유로운 개성의 발전에 필요한 조건이다. 〔불어판*에는 다음과 같이 되어 있다: 노동자가 생산적 활동의 수단을 사적으로 소유한다는 것은 농업 또는 공업에서 소경영의 필연직 귀결이지만, 이 소경영은 사회적 생산의 못자리이고 노동자의 손의 숙련, 공부의 재능, 자유로운 개성을 연마하는 학교다.〕 —『자본론』 I(하): 1047

—
불어판 『자본론』

마르크스는 1867년에 『자본론』 1권 독일어 1판을 출간하고, 1872년부터 1875년까지 프랑스 신문에 『자본론』 1권을 연재했습니다. 신문에 연재하다보니 『자본론』의 내용도 수정하게 되고 문체도 원래의 독일어판보다는 훨씬 쉬워졌습니다. 그리하여 그는 "불어판은 원본과는 독립적인 과학적 가치를 가지므로 독일어판을 읽은 독자들이 이 불어판을 참조하는 것이 필요할 것"이라고 불어판 후기에 썼습니다. 엥겔스는 마르크스가 남긴 메모—"어떤 부분은 불어판에서 가져와서 고치세요"라는 메모—에 따라 독일어 3판을 수정해 1883년에 출판했습니다.

프루동Proudhon(1809~1865)은 자영농민이 지배하는 단순상품생산 사회를 새로운 사회로 찬양했습니다만, 마르크스는 여기에서 볼 수 있는 노동과 생산수단의 결합 그 자체만을 찬양한 것입니다. 왜냐하면 단순상품생산 사회에서는 자영농민이 작은 규모의 토지와 적은 수의 도구를 가지고 있어 소규모로 경영할 수밖에 없어서, 다수의 노동자를 고용하여 분업과 협업의 이익을 얻을 수도 없고, 자연력에 대한 사회적 규제도 불가능하며, 공장 노동이나 결합 노동에 의한 사회적 노동의 생산성을 이용할 수 없으므로, 단순상품생산은 자본주의적 상품생산에게 자리를 내주지 않을 수 없기 때문입니다.

또한 프루동은 자본주의 사회에서 너무나 큰 힘을 발휘하는 '화폐'를 없애기 위해서는 단순상품생산 사회로 되돌아가야 한다고 '잘못' 생각했습니다. 왜냐하면 상품이 시장에서 거래되기 시작하면 필연적으로 상품 가치를 표현하는 수단과 교환 수단으로서 화폐가 생기지 않을 수 없기 때문입니다. 마르크스는 역사가 단순상품생산 사회로부터 자본주의 사회로 발전해 왔으므로, 화폐를 없애려고 역사를 되돌리려는 것은 반동적reactionary이라고 비판하면서, 자본주의 사회에서 화폐를 없애기 위해서는 '자개연'을 건설하여 참여계획경제를 실시하면 된다고 주장했습니다.

자본주의 사회에서는 경쟁 과정에서 대자본가가 소자본가의 재산을 빼앗아 자본을 집중시키므로, 자본의 규모가 점점 더 커지면서, 과학의 기술적 적용에 따라 노동생산성이 크게 증가하고, 인간들이 세계시장을 통해 서로 교통함으로써 세계인이 되어 갑니다.

〔대자본가에 의한 소자본가의〕 수탈은…… 자본의 집중을 통해 수행된
다. 항상 한 자본가가 많은 자본가를 파멸시킨다. 이 집중〔즉 소수의 대
자본가가 다수의 소자본가를 수탈하는 것〕과 나란히, 노동 과정의 협업
적 형태, 과학의 의식적인 기술적 적용, 토지의 계획적 이용, 노동수단
이 공동으로만 사용할 수 있는 형태로 전환되는 것, 모든 생산수단이 결
합된 노동의 생산수단으로 사용됨으로써 절약되는 것, 각국 국민들이
세계시장의 그물 속에 편입되는 자본주의 체제의 국제적 성격 따위가
점점 더 대규모로 발전한다. ―『자본론』 I(하): 1049

이런 자본주의적 발전의 모든 이익을 독점하는 대자본가들의 수는
점점 더 감소하지만, 빈곤·억압·예속·타락·착취로 고통 받는 노동자
와 일반 대중은 더욱 증대하는데, 특히 자본주의적 축적이 증가시키고
훈련시키며 통일시키는 노동자계급은 자본가계급에 대한 반항을 강화
하게 됩니다.

독점자본가들은 공장·기계·화폐 등을 독점하면서 이윤을 얻을 가
능성이 없는 시기와 부문에는 투자를 하지 않습니다. 이리하여 경제는
침체에 빠지고 노동자계급과 일반 대중의 생활수준은 저하합니다. 생산
수단과 노동자 등 생산요소들은 충분하지만, 독점자본가들이 이윤을 얻
을 수 없다고 판단하여, 생산요소들을 조직해 생산을 개시하지 않기 때
문에 모든 주민들이 기아선상을 헤매게 되는 것입니다. 결국 노동자계
급과 일반 대중이 들고일어나 소수 독점자본가의 재산을 빼앗아 자본주
의적 사적 소유를 끝장내게 됩니다.

마르크스는 단순상품생산 사회로부터 자본주의 사회가 형성되기까

지 걸리는 시간에 비해, 자본주의 사회로부터 자개연에 이르기까지 걸리는 시간이 훨씬 짧다고 말합니다. 왜냐하면 전자에서는 소수의 횡령자가 수많은 소경영자들을 수탈해야 하지만, 후자에서는 거대한 인민대중이 소수의 대자본가를 수탈하면 되기 때문입니다. 다시 말해 소수의 영주나 대토지소유자가 사회 전반에 가득한 자영농민들로부터 토지와 도구를 빼앗고 무산계급이 된 이들을 도시로 내쫓아 임금노동자가 되게 하는 데는 엄청난 폭력과 시간이 걸렸지만, 이미 주식회사에서 공장과 기계를 사실상 점유하고 있는 노동자계급이 그 주식회사의 불로소득자인 주주에게 주식을 포기하게 함으로써 대주주인 소수 독점자본가들의 재산을 빼앗는 일은 시간이 거의 걸리지 않는다는 이야기입니다.

또한 『자본론』 32장의 끝에는 마르크스와 엥겔스가 1848년에 쓴 『공산당선언』의 유명한 단락이 인용되어 있습니다.

부르주아지가 싫든 좋든 촉진하지 않을 수 없는 산업의 진보는, 경쟁에 의한 노동자들의 고립화 대신 결사에 의한 그들의 혁명적 단결을 가져온다. 그리하여 대공업이 발전함에 따라, 부르주아지가 생산물을 생산하여 취득하는 토대 그 자체가 부르주아지의 발밑에서 무너진다. 다시 말해 부르주아지는 무엇보다도 먼저 자기 자신의 무덤을 파는 사람〔프롤레타리아트를 가리킴〕을 만들어 낸다. 부르주아지의 멸망과 프롤레타리아트의 승리는 어느 것도 피할 수 없다. ……오늘날 부르주아지와 대립하는 모든 계급 중 오직 프롤레타리아트만이 참으로 혁명적 계급이다. 다른 모든 계급은 대공업의 발전과 더불어 몰락하여 멸망하지만, 프롤레타리아트는 대공업의 가장 고유한 산물이다. 하층 중간계급들, 즉 소규모 공장주·소상인·수공업자·농민은 모두 중간계급으로 살아남기 위해 부르주아지와 투쟁한다. ……그들은 반동적reactionary이다. 왜냐하면 그들은 역사의 바퀴를 뒤로 돌리려 하기 때문이다. ―『공산당선언』.

Marx & Engels, Collected Works 6 : 496, 494

『공산당선언』은 마르크스가 30세, 엥겔스가 28세일 때, 자기들이 참석하는 작은 모임인 '공산주의자 연맹'의 강령으로 1848년 공동 저술한 책입니다. 이런 젊은 나이에 세계를 놀라게 하는 글을 쓸 수 있었다니 대단히 부럽습니다. 민주주의와 학문의 자유에서 우리는 165년이나 뒤떨어진 셈인데, 민주주의와 학문의 자유를 억압하면 할수록 우리나라는 더욱 후진국으로 떨어질 수밖에 없습니다.

"역사의 바퀴를 뒤로 돌리려 하기" 때문에 '반동적'이라는 평가를 마르크스는 자주 하는 셈입니다. 예컨대 현재 우리나라에는 독점의 폐해가 크니까 독점의 반대인 자유경쟁을 촉진하자고 주장하는 사람들이 많습니다. 이 사람들을 '반동적'이라고 부를 수 있습니다. 왜냐하면 자유경쟁이 대자본으로 하여금 소자본을 삼키게 한 결과 독점이 생긴 것인데, 자유경쟁을 촉진하면 독점이 사라지는 것이 아니라 더욱 광범하게 퍼질 것이기 때문입니다. 독점의 폐해를 없애려면 자유경쟁이 아니라, 독점을 사회의 소유로 만들어야 합니다. 이것이 역사의 나아가는 방향에 맞으므로 '진보적'이라고 말할 수 있을 것입니다.

6
자본의 유통과 자본의 가치 증식

Das Kapital.

Kritik der politischen Oekonomie.

Von

Karl Marx.

자본은 정지 상태의 사물로 이해할 수는 없고 운동으로서만 이해할 수 있다.

『자본론』 II: 122

자본의 운동 형태

6장부터는 『자본론』 2권에 들어갑니다. 1권이 '자본의 생산과정'을 이야기했다면, 2권에서는 '자본의 유통과정'을 이야기합니다. 1권에서 다룬 주제가 '자본이 어떻게 잉여가치를 생산하는가', 그리고 '자본이 어떻게 형성되는가'라면, 2권은 '자본이 가치를 증식하는 과정에서 어떻게 운동하는가', 그리고 '자본이 생산한 상품들은 어떻게 팔리는가'를 주로 다룹니다.

자기의 가치를 증식하려는 자본은 계속 '운동'하지 않으면 안 되며, 이 과정에서 자기의 형태를 계속 바꾸게 된다는 사실을 알아봅시다. 마치 나비가 세대를 이어 생명을 유지하기 위해서는, 알을 낳고 이 알이 애벌레가 되었다가 번데기가 되고 나중에는 다시 나비가 되어야만 하듯이, 자본도 마찬가지로 형태를 바꾸면서 자기의 가치 증식 과정을 계속 유지하고 있습니다.

〈그림 6-1〉(이 책 168쪽)에서 보는 바와 같이, 자본은 처음 화폐(M) 형태로 투하되고, 이 화폐가 상품시장에서 상품(W)인 생산수단(MP)과 노동력(LP)을 구매하여 생산요소 형태로 변하며, 노동자가 기계를 가지고 원료를 가공하여 새로운 상품을 만드는 생산과정(P)에서는 처음의 자본가치(100원)보다 큰 가치를 가지는 새로운 상품(W′)이 나타나게 되므로, 생산요소의 형태가 상품의 형태로 변하고, 이 새로운 상품(W′)은 시장에서 팔려서 다시 화폐 형태로 자본가의 손 안으로 되돌아옵니다. 이처럼 산업자본은 자기의 가치를 증식하는 운동 과정에서 화폐 형태(M), 생산요소의 형태(MP·LP), 그리고 상품의 형태(W′)를 취하고 버리기를

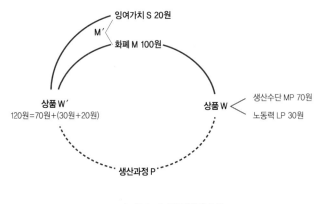

잉여가치 S 20원

M'

화폐 M 100원

상품 W'
120원=70원+(30원+20원)

상품 W < 생산수단 MP 70원
노동력 LP 30원

생산과정 P

〈그림 6-1〉 산업자본의 순환

반복하고 있습니다. 따라서 "자본이 무엇인가?" 하고 묻는다면, 주류경제학자들처럼 "자본은 기계"라고 답하지 말고, "자본은 화폐·생산요소·상품의 형태를 취하므로, 화폐나 생산요소나 상품은 모두 자본"이라고 답해야 옳습니다. 그런데 이 형태들은 가치 증식 과정에서 산업자본이 취하는 형태들이기 때문에, M은 '화폐자본', MP와 LP는 '생산자본', 그리고 W'은 '상품자본'이라고 부릅니다.

만약 이 형태 변화 과정(또는 순환)이 순조롭게 진행되지 못하고 어느 국면에서 중단된다면 어떤 사고가 날까요? 화폐가 생산수단과 노동력으로 전환하지 못하여, M—W(MP, LP) 국면이 중단되는 경우가 있습니다. 예를 들어 1973년 10월에 이스라엘과 아랍국가들 사이에 전쟁이 터져 석유수출국회의 OPEC가 미국 등 친이스라엘 나라들에 석유 수출을 중단하면서 석유 가격을 1배럴당 3달러에서 12달러로 4배 인상했습니다. 이 때문에 석유를 원료로 하는 각국의 석유화학산업 등은 석유 가격이 너무 비싸고 구하기 힘들어, 화폐로 생산수단을 구매하는

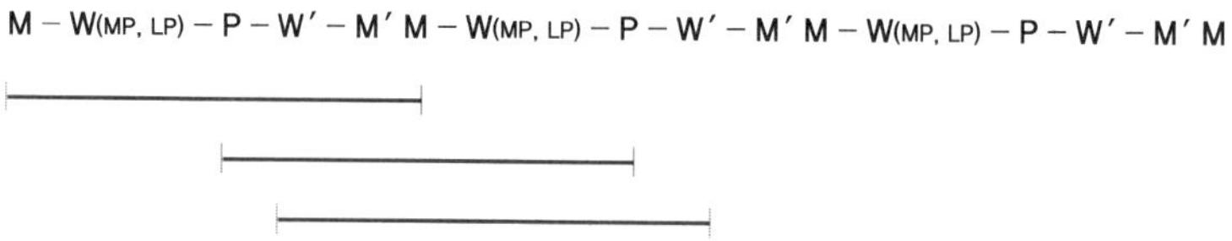

$$M-W(MP, LP)-P-W'-M'\ M-W(MP, LP)-P-W'-M'\ M-W(MP, LP)-P-W'-M'\ M$$

〈그림 6-2〉 산업자본의 회전

M—W(MP, LP) 국면을 중단하지 않을 수 없었습니다. 즉 화폐 M은 생산수단을 사지 못하고 금고에 쌓여 있게 된 것입니다.

또한 W(MP, LP)—P—W′ 국면이 중단되는 경우도 있습니다. 예를 들어 노동조합이 파업을 하는 경우 또는 자본가가 공장을 폐쇄하는 경우, 기계와 원료 및 노동력은 사용되지 않으므로 생산요소들에 투하한 자본은 낭비될 것입니다. W′—M′ 국면이 중단되는 경우도 있습니다. 예를 들어 상품을 만들었는데 그 사이에 유행이 변해서 상품들이 판매되지 않는 경우입니다. 상품이 판매되지 않아 창고에 '재고'로 쌓이면, 자본가는 자금을 회수할 수 없어 은행 대출을 만기일에 상환하지 못해 파산하게 될 것입니다.

산업자본이 잉여가치를 계속 얻기 위해서는 순환이 순조롭게 계속되는 것이 무엇보다 중요합니다. 〈그림 6-1〉처럼 '산업자본의 순환'이 한 번에 그치지 않고 계속 반복되면, 산업자본의 '회전'이라고 부릅니다. 이 회전을 원형이 아니라 〈그림 6-2〉처럼 가로로 길게 나타낼 수도 있습니다. 여기에서 우리는 산업자본의 회전은, 화폐 M으로부터 시작해서 화폐 M으로 끝나는 '화폐자본의 순환'과, 생산과정 P의 생산자본으로부터 시작해서 생산과정 P의 생산자본으로 끝나는 '생산자본의 순환', 그리고 상품자본 W′으로부터 시작해 상품자본 W′으로 끝나는 '상품자본의 순환'이, 각자의 순환을 반복할 뿐 아니라 다른 순환들과 서로 엉키면서 회전하고 있다는 것을 알 수 있습니다.

〈그림 6-1〉은 여러 가지를 이해하는 데 큰 도움을 줍니다. 운수업, 예컨대 택시업을 운영하는 자본가의 자본은 어떻게 순환할까요? 순환 형태는 다음과 같을 것인데, 여기에는 W'이 빠져 있습니다.

$$M - W(MP, LP) - P - M'$$

100억의 화폐자본 M을 가지고 생산수단인 택시·휘발유·차고 MP와 택시 기사의 노동력 LP를 삽니다. 이로써 생산과정 P에 들어가는데, 이 생산과정은 택시 기사가 어떤 재화를 생산하는 것이 아니라 손님을 원하는 장소까지 모셔 드리는 서비스를 생산하는 것입니다. 이 서비스는 택시 기사가 손님을 태워서 이동하는 동안에 생산이 되면서 또 소비가 됩니다. 서비스는 눈에 보이는 재화의 형태로 남아 있지 않지만, 택시 기사는 승객을 이동시키는 서비스를 생산하는 과정에서 자기가 받는 임금 이외에 자본가를 위한 잉여노동을 했으므로, 택시 요금에는 택시의 감가상각비, 연료비, 차고 비용, 택시 기사의 임금, 자본가의 잉여가치가 모두 포함되어 있습니다. 따라서 가치가 증식된 재화인 W'은 없더라도 가치가 증식된 화폐 M'을 승객으로부터 받는 것입니다.

보관업에 투자한 자본도 마찬가지의 순환 형태를 가집니다.

$$M - W(MP, LP) - P - M'$$

자본가가 원료를 한꺼번에 많이 사면 할인이 크므로, 많이 구입하여 이 원료를 보관 전문 회사의 창고에 넣어 둔다고 가정합시다. 창고업자는 일정한 화폐자본(M)을 투자하여 창고를 짓고 환풍기를 돌리고 난방기를 설치하며(MP), 창고와 상품들을 관리하는 노동자를 고용합니다(LP). 이 노동자가 상품을 보관하고 관리하는 서비스를 제공(생산)하는 과정이 생산과정P입니다. 이 생산과정에서 노동자는 자기의 노동을 통해, 창고와 환풍기와 선풍기 등 생산수단의 가치를 '보관 서비스의 가격'에 옮길 뿐 아니라, 자기가 받는 임금의 가치와 자본가에게 공짜로 주는 잉여가치를 창조하여 보관 서비스의 가격에 '부가'(또는 추가)하게 됩니다. 이 보관 서비스는 재화의 형태로 남아 있지 않고 생산되면서 소비되어 버리므로, W′은 이 공식에 나타나지 않고, 이 보관 서비스의 가격인 보관료를 M′ 형태로 고객으로부터 받게 됩니다.

　　자본의 '국제화' 또는 자본의 '세계화'globalization라는 말을 요즘 많이 합니다. 두 용어는 거의 같은 의미를 가지기 때문에, 저는 '세계화'라는 말을 주로 사용할 것입니다. 세계화는 〈그림 6-1〉에서 쉽게 설명할 수 있습니다. 산업자본의 순환 과정이 모두 한 나라 안에서 이루어진다면 자본은 세계화되지 않은 것입니다. 다시 말해 자본의 세계화는 한 나라 안에서 활동하던 자본이 자기의 활동 무대를 세계로 넓히는 것을 의미합니다. 예컨대 한국계 산업자본이 자기가 생산한 상품을 해외에 수출한다면, 이것은 분명히 '상품자본(W′)의 세계화'입니다. 또한 해외에 공장을 지어 상품을 생산한다면, 이것은 생산에 필요한 공장·기계·원료 등과 노동력을 세계적으로 조직하여 생산하는 것이기 때문에, '생산자본의 세계화'입니다. 만약 산업자본이 아닌 은행자본이 더 높은 이자를 얻기 위해 화폐자본을 해외에 대출한다면, 이것은 '화폐자본(또는 대부자본)의 세계화'라고 말해야 할 것입니다. 이런 자본의 세계화가 크게 진전된 것은, 세계 각국 출신의 자본들이 모두 이윤 획득을 위해 경쟁적으로 해외에 진출하기 때문이고, 이리하여 세계경제와 세계시장이 크게 확대했습니다. 그런데 이 자본의 세계화는, 한편으로는 선진국의 자본이 후진국의 경제발전을 저해하는 '제국주의적' 요소를 지니고 있으며, 다른 한편으로는 선진국의 산업자본 유출이 선진국 제조업을 침체시키는 요소를 지니기도 합니다. 이 때문에 자본의 세계화▪를 추진하는 자유무역협정 FTA의 체결 과정에서 협정국 정부 상호간에, 그리고 국민들 상호간에 상당한 갈등이 생기지 않을 수 없습니다.

해외의 여러 나라에 걸쳐 이윤 추구 활동을 벌이는 기업을 흔히들 다국적multinational 또는 초국적transnational 기업이라고 부릅니다. 이 명칭은 "기업의 주요 정책 결정자들이 여러 나라 출신이라서 주요 결정이 어떤 한 나라의 이익에 봉사하지 않고 세계를 위해 봉사한다"는 분위기를 풍기고 있습니다. 그러나 실제로 이 기업들은 '본사'를 대체로 어

자본의 세계화

경제는 세계화되고 있는데, 이 세계화된 경제를 지금 과연 누가 관리하고 있을까요? 사실상 세계정부가 없기 때문에, 각국 정부가 참가하는 국제연합 UN, 국제통화기금 IMF, 세계은행 IBRD, 세계무역기구 WTO, 그리고 지역경제통합체인 유럽연합 EU와 그 산하기관인 유럽중앙은행 ECB 등이 세계경제의 운영에 큰 힘을 발휘하고 있습니다. 그러나 예컨대 국제기구인 IMF에서는 미국 정부가 최대의 주주이고 모든 결정에서 거부권을 행사할 수 있기 때문에, 미국 정부가 IMF의 주요 정책을 결정하고 있습니다. 대부분의 국제기구에서도 미국 정부가 미국의 이익을 추구하는 것을 막을 수가 없으므로, 지금 세계경제의 혼란과 정체는 '세계화된 경제를 군사적으로 가장 강력하지만 경제적으로는 쇠퇴하고 있는 국민국가가 관리하고 있다'는 점에 그 근본 원인이 있습니다.

떤 한 나라(이른바 '본국')에 등록하고 있으며, 이 본국 정부와 긴밀한 협조 아래 세계에 진출하고 있습니다. 예컨대 전형적 다국적 기업인 포드 자동차는 미국에 본사를 두고 있으며, 세계 각국에서 엔진·차체·기어·브레이크·전기 제품 등 부품들을 만들고, 세계의 주요 소비시장에서 이 부품들을 조립하여 완성 자동차를 만든 뒤, 세계 각국에 판매하고 있습니다. 포드 본사는 세계 전체의 총이윤을 올리기 위해, 세계 각국의 포드 지사들에게 "임금수준을 가장 많이 인하하는 지사는 폐쇄하지 않겠다"든가, "포드 지사에 가장 큰 보조금을 주는 국가에는 지사를 존속시키겠다"는 식의 흥정을 하여, 세계노동운동을 분열시키고 있습니다.

지금까지 우리는 "산업자본은 자기의 형태를 변화시키면서 회전을 계속한다"는 것을 알았습니다. 이제 "자본의 회전에는 시간이 걸린다"는 사실을 살펴봅시다.

자본은 회전하는 과정에서, 〈그림 6-3〉(이 책 174쪽)에서 보는 바와 같이, 유통과정①, 생산과정, 그리고 유통과정②를 통과해야만 할 뿐 아니라, 유통과정과 생산과정을 통과하는 데 시간이 걸립니다. 유통과정①에서는 자본가가 시장에 가서 생산수단과 노동력을 구매하는 데 시간이 걸리며(이것을 구매시간이라고 부릅니다), 생산과정에서는 새로운 상품을 생산하는 데 시간이 걸리고(이것을 생산시간이라고 부릅니다), 유통과정②에서는 생산한 상품을 판매하는 데 시간이 걸립니다(이것을 판매시간이라고 부릅니다). 그리고 구매시간과 판매시간을 합해 '유통시간'이라고 말하므로, 자본이 1회전하는 데 드는 시간은 유통시간+생산시간이 됩니다.

왜 이 시간이 문제가 될까요? 〈그림 6-1〉(이 책 168쪽)을 다시 한 번

$$M \longlongrightarrow W(MP, LP) \longlongrightarrow P \longlongrightarrow W' \longlongrightarrow M'$$

유통과정 ①　　　　　　　　생산과정　　　유통과정 ②

〈그림 6-3〉 자본의 회전시간

보세요. 지금까지 이 라면 공장 사장은 하루 100원을 투자하고, 노동자
에게 하루 10시간 노동시켜, 하루에 20원의 이윤을 얻었습니다. 이 공
장은 오늘부터 주문 구매에 의해 구매시간을 0으로 하고, 주문 판매에
의해 판매시간도 0으로 하며, 라면의 생산시간도 특수한 생산방법에
의해 2시간으로 줄인다면, 이 라면 공장의 사장은 오늘부터 2시간마다
20원의 이윤을 얻게 되고, 하루 10시간 공장을 운영한다면, 지금까지는
하루에 20원의 이윤을 얻었지만 이제부터는 하루에 100원의 이윤을 얻
게 될 것입니다. 구매시간과 판매시간을 줄이고 생산시간을 줄이는 것
이 하루의 이윤을 5배나 증가시킨 것입니다. "시간이 돈이다"라는 말이
바로 이것을 가리킵니다.

　유통시간과 생산시간이 자본의 가치 증식에 어떤 영향을 미치는가
를 조금 더 자세히 알아보기 위해 먼저 다음과 같이 가정합니다.

　　① 생산요소들의 구매에는 시간이 걸리지 않는다.
　　② 상품의 생산에는 6일이 걸린다.
　　③ 상품의 판매에는 3일이 걸린다.
　　④ 상품의 생산을 위해 매일 100원을 투자해야 한다.
　　⑤ 기계와 건물에 대한 투자는 없고, 오직 원료와 노동력으로
　　상품을 생산한다.

⑥ 잉여가치 a를 얻으면 생산에 재투자하지 않고 일단 은행에 예금한다.

1월 1일에 사업을 시작했고, 1월 6일이 되어 새로운 상품이 생산되었습니다. 매일 100원씩 투자해서 6일 동안 600원을 투자했습니다. 이 상품이 시장에 나가서 3일이 지난 1월 9일에야 다 팔리고 화폐 $600+a$ (a는 잉여가치)가 들어올 것입니다. 그런데 상품들이 시장에서 팔리고 있는 이 3일 동안에도 생산은 계속되어야 하기 때문에, 이 사업에는 600원 이외에 추가로 300원이 더 필요합니다. 그러므로 이 사업을 정상적으로 운영하기 위해서는, 생산시간에 투자할 600원과 상품판매시간에도 생산을 계속하는 데 필요한 추가 자본 300원, 합계 900원의 화폐자본이 필요합니다. 따라서 이 자본가는 처음부터 900원을 가지고 사업을 시작하여, 1월 6일까지 600원을 투자해 상품을 만들어 이 상품을 시장에 내어 놓습니다. 이 상품은 3일 뒤인 1월 9일까지 다 팔려 판매 대금 $600+a$가 들어올 것입니다. 그런데 1월 6일부터 1월 9일까지 상품이 시장에서 팔리고 있을 동안에도 생산을 계속 하지 않으면 안 되기 때문에, 900원의 자금 중 아직 사용하지 않은 300원을 투자해 1월 9일까지 생산을 계속하는 것입니다. 이제 1월 9일에 상품의 판매 대금 $600+a$가 들어오기 때문에, 잉여가치 a는 은행에 예금하고, 600원 중 300원으로 1월 12일까지 투자하여 상품을 완성해 시장에 출하하고, 나머지 300원은 상품이 시장에서 팔리고 있는 3일 동안(1월 15일까지) 생산에 투자해야 할 것입니다. 1월 15일에 다시 $600+a$가 들어오기 때문에 이 사업은 순조롭게 계속될 수 있는 것입니다. 이 사업에서 화폐자본의 흐름을 날짜별로 그려 보면 다음과 같습니다.

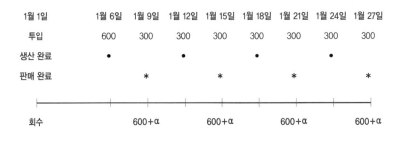

〈그림 6-4〉 화폐자본의 지출 누계와 회수

이렇게 화폐자본의 흐름을 보는 이유가 무엇일까요?

제품의 생산시간을 짧게 하고 판매시간을 짧게 할수록 자본가에게 유리하다는 점을 보여 주기 위해서입니다. 자본가는 컨베이어벨트를 빨리 돌려 생산시간을 6일이 아닌 3일로 단축시켜 제품을 빨리 생산하려고 하고, 상품 판매에서도 단골이나 주문생산을 이용해 판매시간을 단축하려고 합니다. 이렇게 하면 기업 운영에 투자하는 자금이 빨리 회수되면서 일정한 기간(예: 1년)에 얻는 잉여가치가 더욱 커지기 때문입니다.

화폐자본은 제품의 생산시간에만 필요한 것이 아니라 제품의 판매시간에도 제품의 생산을 계속하기 위해 필요합니다. 마크르스가 『자본론』을 집필하던 당시에는 런던에서 인도까지 상품을 배로 수송하는 데 3개월이 걸렸습니다. 그리고 상품 구매자가 인도에서 런던으로 상품 대금(런던에 있는 은행이 지불하게 하는 환어음)을 우편으로 부치는 데도 3개월이 걸렸습니다. 그래서 당시에는 장사를 하려면 돈을 엄청나게 많이 갖고 있어야 했습니다. 하지만 요즘은 그렇지 않지요. 신용장만 있어도 은행에 가서 빠르게 돈을 받을 수 있습니다. 그리고 운수 시설이 매우 발달하여 상품의 수송에도 시간이 많이 단축되었고, 인터넷을 통한 자금 이체로 아무리 먼 거리라도 상품 대금을 곧 받을 수 있게 되었습니다. 시간이 돈인데, 아무 가치도 창조하지 않는 시간을 줄이면 줄일수록 돈을 더 많이 벌 수 있게 된 것입니다.

자본의 회전시간과 이윤율

화폐자본의 순환에서 화폐로부터 시작하여 다시 화폐로 돌아오는 데 걸리는 시간, 즉 M—W(MP, LP)—P—W′—M′의 운동을 하는 데 걸리는 시간을 자본의 회전시간이라고 합니다.

예로 든 라면 공장에 투하한 자본의 회전시간은 하루입니다. 좀 더 분명하게 말하면 투하한 화폐 100원이 화폐 120원(자본가치 100원과 잉여가치 20원)으로 되어 다시 나타나는 데 하루가 걸립니다. 이 자본가는 하루에 100원을 투자하여 20원의 이윤을 얻으므로, '하루의 이윤율'은 20%라는 매우 높은 수준입니다.

하루의 이윤율

$$= \frac{\text{하루에 얻는 잉여가치}}{\text{투하한 자본 총액}} \times 100\% = \frac{\text{잉여가치(S) 20원}}{\text{생산수단(MP) 70원+노동력(LP) 30원}} \times 100\%$$

100원을 투자하여 하루 20원의 이윤을 얻으므로, 1년에 얻는 이윤은 7,300원(=20원×365일)이 됩니다. 연간이윤율은 1년 동안 얻은 잉여가치를 투하한 자본 총액으로 나눈 것을 퍼센트로 나타낸 것이므로, 이

라면 공장이 얻는 연간이윤율은 다음과 같은 공식에 의해 7,300%가 됩니다.

연간이윤율

$$= \frac{1년\ 동안\ 얻는\ 잉여가치}{투하한\ 자본\ 총액} \times 100\% = \frac{7,300}{MP\ 70 + LP\ 30} \times 100\% = 7,300\%$$

그런데 왜 분모가 100원밖에 되지 않을까요? 매일 기계와 원료를 구매하느라 70원을 지출했고 매일 노동자에게 임금을 주느라 30원을 지출했는데 말입니다. 그 이유는 아침에 100원을 지출하고 나서 저녁에 120원을 받았고, 그다음 날에는 20원의 잉여가치는 은행에 예금해 두고 나머지 100원을 다시 지출했기 때문입니다. '투하한 또는 투자한 자본 총액'은 자본가의 주머니에서 '실제로 내어놓은 돈'이어야 하는데, 라면 공장 사장은 사실상 자기의 자본 100원을 내어놓은 뒤 이 100원을 1년 동안 365번 회전시켜 매일의 이윤 20원의 365배가 되는 7,300원을 1년 동안 벌어들인 것입니다.

그런데 옛날에는 라면 제조 기술이 부족하고, 기계시장, 원료시장, 판매시장이 발달하지 않아, 일정한 수량의 라면을 만들어 파는 데 이틀이 걸렸다고 가정해 봅시다. 라면 공장 사장은 100원을 투자하여 이틀 만에 20원의 이윤을 얻었을 것이므로, 연간이윤율은 1년에 얻는 이윤 3,650원(=20원×365/2)을 투자금액 100원으로 나누고 100%를 곱하면 3,650%가 되며, 지금의 연간이윤율의 절반밖에 되지 않습니다.

생산시간과 유통시간이 길어지면 연간이윤율이 낮아집니다. 그래서 자본가들은 생산시간을 단축하기 위해 온갖 기술적 혁신(예: 기계화, 자동화, 로봇화, 컨베이어벨트 시스템)을 개발하고 도입하며, 유통시간을 단축하기 위해 판매 상점의 대형화와 상품 가격의 할인을 실시하고, 운송·통신 시설(예: 택배·전화·전신·인터넷·자금 이체·도로·철도·항공·항만)의 개선을 추진하고 있습니다. 물론 운송·통신 시설은 개별 자본가들이 새로운 투자 영역으로 개척하는 과정에서 발달하지만, 대규모 자본을 필요로 하며 장래의 안정적 수익을 보장하지 않는 경우가 많습니다. 이 때문에, 자본가계급 전체의 이익을 증진하려는 국가가 적극적으로 정보·운송·통신 시설을 혁신했습니다.

최근에는 정부가 도로·철도·지하철 등의 건설과 운영을 민간자본에 맡기고 높은 이윤율을 보장하는 경우가 많은데, 이것을 사회 기간 시설의 '사유화' 또는 '민영화'라고 부릅니다. 사회 기간 시설은 모든 국민들이 자주 이용하는 것이므로, 정부가 국민의 안전과 복지를 보장하기 위해 국유화하여 세금으로 운영하는 것이 옳은 길입니다.

최근 사회 기간 시설의 사유화 폐해가 크게 부각된 서울 지하철 9호선을 잠깐 살펴봅시다. 2009년에 개통된 9호선의 건설에 총 3조 4,768억 원이 들었는데, 그중 민간사업자가 부담한 비용은 1조 2,000억 원이었습니다. 이 9호선이 시민의 주목을 받기 시작한 것은, 9호선을 운영하는 민간기업 서울시메트로9호선(주)—최대 주주는 현대로템(25.0%)과 맥쿼리한국인프라투자금융(24.5%)—이 2012년 4월 기본 운임을 500원 인상하겠다고 발표했다가 서울시가 이 인상안을 돌려보내니까, 9호선(주)의 운영을 담당하는 맥쿼리가 법원에 소송을 제기했고, 2013년 5월 1심에서 서울시가 승리한 사건 때문입니다. 그 뒤 2013년 10월 23일 서울시가 지하철 9호선의 사업 재편성을 마무리했다고 발표했습니다.

　민간사업자가 9호선에 참가한 방식은 주식이나 채권을 구매하는 것입니다. 주식을 구매하면, 일반적으로는 9호선이 얻는 순수 이윤을 배당으로 나누어 가지는 것뿐일 텐데, 9호선의 경우에는 민간 주주(주로 13개의 금융회사)와 서울시가 합의하여, 민간 주주가 9호선을 30년 동안(2039년까지) 운영하기로 하고, 매년 주식에 대해 사업 수익률로 8.9%(고정수익률)를 보장하기로 했습니다. 그리고 채권을 구매하는 경우에는 연리 15%를 받을 수 있었습니다. 그런데 지하철의 경우에는 추가적으로 민간 주주들에게 '최소 운임 수입'을 보장하는 제도가 있었습니다. 민간 주주와 서울시가 2009년부터 2023년까지 15년 동안 매년 '운임 수입 예상액'—이 장래 예상액을 누가 알겠습니까?—을 2009년에 미리 합의하고, 그 예상액의 90~70%(2009~2013년은 90%, 2014~2018년은 80%, 2019~2023년은 70%)를 서울시가 보상하기로 한 것인데, 이 보상 금액은 합계 1조 4,193억 원입니다. 뒤에서 보듯이 '장래의 운임 수입 예상액'을 너무 높게 잡았기 때문에 서울시가 보상해야 하는 최대 금액이 크게 증가하지 않을 수 없었습니다. 끝으로, 지하철 요금은 민간 주주들이 결정하여 서울시에 '신고'하기로 했습니다.

　이것이 2009년 서울시메트로9호선(주)과 서울시가 합의한 '실시협약'입니다. 2013년 10월 23일 박원순 서울시장이 새로운 민간 주주들—교보생명(24.7%), 한화생명(24.0%) 등 11곳—과 맺은 '변경 실시협약'의 내용은 다음과 같습니다. 첫째로 9호선 주식회사의 가치를 7,464억 원으로 평가했는데, 민간 주주가 가진 6,464억 원에 대해서는 연리 4.86%의 사업 수익을 보장하면서, 이 원금과 이자를 2039년까지 매 분기마다 상환하기로 했습니다. 나머지 1,000억 원은 시민들에게 채권을 발행하여 모금하는데, 금리는 만기가 되는 햇수에 따라 4.15~4.45%로 하기로 했습니다. 둘째로 민간 주주에게 '최소 운임 수입'을 보장하는 것이 아니라 '실제 비용'을 보상하는 방식으로 바뀌었습니다. 이전의 실시협약에서는 '장래의 운임 수입 예상액'에 따른 최대 보상액이 2009년에는 428억 원이었다가 2012년에는 848억 원, 2018년에는 1,148억 원, 2023년에는 1,171억 원으로 크게 증가하고 있었습니다. 그런데 이제는 실제의 비용을 보상하기 때문에, 매년의 보상액은 총비용(=민간 주주들에 대한 원금과 이자의 상환액+채권 발행액에 대한 이자 지불액+운영비용)에서 총수입(=9호선 운임 수입+부속 사업 수입)을 뺀 것이 될 것이고, 2039년에 가까워질수록 이 보상액은 점점 더 줄어들 것입니다. 셋째로 지하철 요금은 허가제로 함으로써 서울시가 요금 결정권을 갖게 되었습니다.

9호선(주)과 서울시 사이의 싸움에서 우리가 주목해야 할 사실은, 민간기업을 사회 기간 시설의 건설에 참여시킨 동기가 의심스럽다는 점입니다. 철도와 지하철은 모든 국민의 복지에 큰 영향을 미치므로 요금을 인상하기가 어렵고, 투하해야 할 자본 규모가 매우 크며, 환경 파괴와 사고 발생의 가능성이 크기 때문에, 이윤만을 목적으로 하는 민간자본은 이 분야에는 참여하기를 꺼려할 것입니다. 그런데도 맥쿼리라는 전문 기업이 참가한 것을 보면 엄청난 특혜를 약속받았을 가능성이 큰데, 그중 하나가 '요금 인상'을 민간 주주들이 마음대로 결정할 수 있다는 조항이었습니다. 지하철이나 철도의 경쟁 상대는 자가용·택시·버스인데, 교통량이 증가하는 상황에서는 지하철과 철도의 경쟁상 우위성이 분명하기 때문에, 민간자본가들은 지하철과 철도가 지닌 독점적 지위를 이용하여 요금은 올리고 서비스 질은 낮추며 환경보호와 안전시설에는 투자하지 않는 형태로 폭리를 얻을 작정이었을 것입니다. 영국의 철도 민영화에서 철도선로, 기차역, 신호망을 불하받은 레일트랙 Railtrack이 철도선로와 신호망에 대한 투자를 소홀히 하여, 1999년 런던 패딩턴 역에서 31명이 사망하는 대형 철도사고를 일으킨 뒤 파산함으로써 다시 국영화하게 된 것을 하나의 교훈으로 삼아야 할 것입니다. 더욱이 '부자를 위한, 부자에 의한, 부자의 정치'를 실천하는 지금의 신자유주의 시대에는, 고급 공무원이나 경찰·검사·판사·변호사 등 지배계급의 윤리와 도덕이 땅에 떨어지고 황금만능주의가 휩쓸기 때문에, 독점적인 국영사업의 불하(민영화 또는 사유화)에는 엄청난 특혜와 뇌물이 개입할 가능성이 매우 크다는 점을 명심해야 할 것입니다. 특히 9호선 건설비용의 1/3에 불과한 1조 2,000억 원을 정부가 은행으로부터 대출 받는 경우에는 민간기업이 대출받는 경우보다 훨씬 낮은 이자를 지불해도 되기 때문에, 9호선의 건설에 민간기업을 참여시킨 것은 처음부터 부정·부패의 의도가 있었던 것은 아닐까요?

고정자본과 유동자본

우리는 앞에서 라면을 하루에 생산하고 판매하는 간단한 예를 들면서, 기계나 건물 등에 대한 투자를 일부러 말하지 않았습니다. 그러나 어떤 상품의 생산에서도 기계와 건물은 필요하며, 이런 생산수단은 하루보다는 훨씬 오랫동안 라면 생산에 기여할 것입니다. 애덤 스미스를 비롯한 부르주아 경제학자들은, 자본가가 라면 공장에 투하한 자본 중에서 하루에 모두를 회수할 수 있는 자본을 유동자본circulating capital이라 부르고, 라면의 생산·판매시간인 하루를 훨씬 넘어 오랜 기간에 걸쳐 회수하는 자본을 고정자본fixed capital이라고 불렀습니다. 고정자본과 유동자본은 자본가가 투자한 자본이 '어떻게 회수되는가'를 기준으로 분류한 것입니다. 이에 반해 마르크스가 창조한 용어인 '불변자본'과 '가변자본'은 자본가가 투하한 자본이 '생산과정'에서 '새로운 가치를 창조하는가, 창조하지 않는가'를 기준으로 분류한 것입니다.

	마르크스 경제학	부르주아 경제학
기계와 건물	불변자본	고정자본
원료	불변자본	유동자본
임금	가변자본	유동자본

〈그림 6-5〉 불변·가변자본과 고정·유동자본

〈그림 6-5〉와 같이, 원료와 노동력의 구입에 투하한 자본은 상품을 생산하고 판매하면 곧 모두가 회수되기 때문에 유동자본이지만, 기계와 건물에 투자한 자본은 유동자본의 1회전시간을 넘어 여러 차례의 회전시간에 걸쳐 조금씩 회수되기 때문에 고정자본이라고 부릅니다. 그리고 노동력의 구입에 투하한 자본은 노동자가 생산과정에서 '새롭게 노동함으로써', 자기가 받은 노동력의 가치(또는 가격)인 임금 이외에 지불받지 못하는 잉여가치까지 생산하므로 가변자본이라고 부르고, 기계·건물과 원료에 투자한 자본은 노동자가 생산과정에서 그것들의 가치(또

는 가격)를 그대로 상품에 옮기기 때문에 불변자본이라고 부릅니다.

　라면 공장에서 원료와 노동력의 구입에 투하한 자본은 모두 하루만에 회수됩니다. 그렇다면 기계와 건물에 투하한 자본은 어떻게 회수될까요?

　기계와 건물의 구매에 예컨대 3,650원을 투자했는데, 기계와 건물은 '정상적으로 기능하는 기간'―이것을 흔히들 '사용 연수'라고 부릅니다―이 1년이라고 가정합시다. 이 기계와 건물은 1년(365일)에 자기의 가치 3,650원을 모두 새로운 상품에 옮겨서 회수해야만, 1년 뒤에는 이 돈 3,650원으로 다시 새로운 기계와 건물을 살 수 있을 것입니다. 따라서 하루 동안 생산한 라면에, 기계와 건물은 자기의 가치인 3,650원의 1/365인 10원을 옮기고, 이 라면이 팔려 이 10원이 회수되면, 이 10원을 새로운 기계와 건물을 구매하기 위해 적립해야 할 것입니다. 이렇게 1년 동안 적립하면 3,650원이 되어 이 돈으로 새로운 기계와 건물을 다시 구입하게 되는 것입니다.

　이렇게 기계와 건물에 대한 투자인 고정자본을 고려하면, 우리의 라면 공장 자본가는 라면 공장을 운영하기 시작할 때, 화폐 100원이 아니라 기계와 건물을 구매하기 위한 돈 3,650원을 포함해서 3,750원을 가지고 있어야 합니다. 다시 말해 유동자본인 원료비 70원과 임금 지불액 30원 이외에 고정자본 3,650원, 합계 3,750원의 화폐를 투자해야 합니다. 이리하여 하루에 생산된 라면의 값은 원료비 70원＋임금 30원 ＋잉여가치 20원＋기계·건물의 하루 소모비(하루 감가상각비) 10원 ＝130원이 됩니다. 이렇게 되면 하루의 이윤율과 연간이윤율도 다음과 같이 달라집니다.

하루의 이윤율은, '하루에 얻은 잉여가치' 20원을 '투하한 자본총액' 3,750원(=원료비 70원+임금 30원+기계와 건물의 구입비 3,650원)으로 나누어서 100%로 곱해야 하기 때문에, 0.53(0.53333…)%에 불과합니다. 그리고 연간이윤율은, '1년에 얻은 잉여가치' 7,300원(=20원×365일)을 '투하한 자본총액' 3,750원으로 나누어서 100%를 곱해야 하기 때문에, 194.67(194.6666…)%가 됩니다. 이 연간이윤율은 하루의 이윤율에 365일을 곱하면 나옵니다.

이처럼 고정자본을 투하자본에 집어넣으면, 자본의 생산시간과 유통시간이라는 개념을 좀 더 자세하게 이야기해야만 합니다. 자본의 회전시간은 자본의 생산시간과 유통시간의 합계인데, 원료와 임금에 투하한 자본(즉 유동자본)은 상품의 생산시간과 유통시간이 지난 뒤에는 회수되기 때문에, '유동자본의 회전시간=상품의 생산시간+상품의 유통시간'이 맞습니다. 그러나 기계와 건물에 투하한 고정자본은 상품의 생산시간과 상품의 유통시간이 지난 뒤에도 몇 차례나 더 유동자본의 회전시간을 지나야 회수될 수 있기 때문에, 고정자본의 회전시간은 당연히 '자본이 생산과정과 유통과정에 묶여 있는 시간'이라고 다시 정의해야 할 것입니다. 따라서 라면 공장의 예에 따르면, 상품의 생산시간과 유통시간의 합계는 하루이기 때문에, 유동자본의 회전시간은 하루라고 말할 수 있지만, 기계와 건물에 투하한 고정자본은 1년 365일 동안 상품의 생산과정과 유통과정에 묶여 있으면서 자본을 1년 뒤에 회수할 수 있기 때문에, 고정자본의 회전시간은 1년(365일)이라고 말해야 할 것입니다. 또한 '자본의 생산시간은 자본이 생산과정에 묶여 있는 시간'이고 '자본의 유통시간은 자본이 유통과정에 묶여 있는 시간'이라고 먼저 정의한 뒤, '유동자본의 생산시간과 유통시간은 상품의 생산시간과 유통시간과 동일하고', '고정자본의 생산시간과 유통시간은 고정자본이 정상적으로 기능하는 기간과 같다'고 이야기할 수도 있습니다.

물론 고정자본이 '정상적으로 기능하는 기간'은, 기계나 건물을 사용하여 닳거나 사용하지 않더라도 녹슬고 썩어 망가지는 것을 고려할 뿐 아니라, 기능이 더 좋고 값싼 새로운 기계나 건물이 등장하면 기존의 기계나 건물은 사실상 사용할 수 없게 되거나 값이 폭락하는 것을 고려하여 결정되어야 합니다. 그렇다면 새로운 기계를 처음 도입한 자본가는 노동자에게 하루 8시간 노동시켜 그 기계를 10년 동안 사용하는 것과, 하루 16시간 노동시켜 5년 동안 사용하는 것 중 어느 것을 선택할까요? 언제 또 새로운 기계가 등장하여 자기의 기계가 못 쓰게 될지 모르기 때문에 당연히 후자를 선택합니다. 1770년 이후 새로운 기계가 발명되기 시작한 영국의 섬유산업에서 잔인하게 노동시간이 연장된 이유가 이것이고, 이 때문에 주야간 교대제에 의해 그 기계를 24시간 가동시킨 것입니다. 이처럼 자본가는 거액의 자본이 투하된 기계가 밤에 쉬는 것까지도 잉여가치를 착취하지 않기 때문에 '손실'이라고 생각하여, 노동자들을 밤낮으로 24시간 일을 시킨 것입니다.

일본의 도요타 자동차는 'Just-In-Time'(JIT)이라는 생산방식으로 한때 세계를 제패했습니다. 원래 자동차 공장은 각종 부품을 모아 조립하는 곳입니다. 자체 생산 부품도 있지만, 대부분 외부에 하청을 주어 생산한 부품입니다. 도요타 회사 안에서 부품을 만들면, 자기 회사 직원을 높은 임금의 정규직으로 고용해야 하므로, 임금 지불액이 증가하고 노동조합을 다루기가 힘들어지며, 창고를 만들어 부품을 쌓아 놓으니 창고 부지가 부족하고 부품 관리 비용도 증가하게 됩니다. 이 때문에 도요타는 부품을 만드는 하청회사들에게 매일 몇 시에 부품이 '필요하게 된 바로 그 시간에'(JIT) 부품을 가져오라고 명령합니다. 부품 회사들은 그 시간을 맞추기 위해 부품 실은 차량을 도로 위에 대기시키고, 도요타는 비용을 전혀 들이지 않고 부품을 제때에 사용할 수 있게 된 것입니다. 이렇게 되면 도로들이 부품 회사의 트럭들로 꽉 들어차서 엄청난 교통 혼잡과 대기오염을 일으킵니다. 이 비용은 누가 물어야 할까요?

사적 이익과 공적 이익▪은 이처럼 다른 것인데도, 정부는 재벌에게 아무 제재를 가하지 않고 '유전무죄'를 고수하고 있습니다. 정부 전체가 재벌의 하수인이 된 것 같은 착각이 듭니다. 재벌 기업에는 노동조합이 제대로 결성되지도 못하며, 노동운동이 일어나면 공권력이 즉각 개입하여 노동자들을 범죄인 취급하고, 공장에서 알 수 없는 질병에 의해 젊은

사적 이익과 공적 이익

애덤 스미스는 『국부론』에서 "개인들이 자기 이익을 추구하더라도 '보이지 않는 손'invisible hand에 이끌려 사회 전체의 이익도 올라간다"고 말했습니다. 그러나 이 명제는 너무 쉽게 반박할 수 있습니다. 개별 자본가들이 각자의 이익을 추구하기 위해 공장 굴뚝에서 매연을 마구 뿜어낸다면 어떻게 사회 전체의 이익이 올라가겠습니까? 스미스는 뉴턴Newton(1642~1727)이 천체의 운동법칙을 '만유인력의 법칙'에 의해 깨끗하게 설명했다는 것을 인정하면서, 자기도 '사회의 운동법칙'을 찾아내려고 노력했지만 '아직' 찾아내지 못했으므로 찾아내지 못한 그 법칙을 '보이지 않는 손'이라고 묘사한 것입니다. 스미스는 신학·윤리학·법학·경제학을 두루 연구한 큰 학자로, 경제학을 연구할 때는 "인간은 윤리적으로 완전하다"는 가정을 토대에 깔고 있었습니다. 다시 말해 개인의 이윤을 올리기 위해 함부로 연기를 뿜어대는 그런 인간은 이 세상에 없다고 생각한 것입니다. 이 윤리적 가정 위에서 경제가 어떻게 운동하는가를 밝힌 것이 『국부론』입니다. 그러나 세상에 비윤리적인 기업가들이 너무나 많기 때문에 스미스의 위의 명제는 엉터리가 된 것입니다. 김수행, 『청소년을 위한 국부론』(두리미디어, 2010) 참조.

노동자들이 죽어도 공장과는 아무 관련이 없다는 회사의 발표만 따를 뿐 아무런 조사도 하지 않고 있습니다.

마르크스는 자본이 운동하는(또는 유통하는) 과정에 쓸데없는 비용이 많이 든다고 이야기합니다. 이 책 3장에서 새로운 사회인 '자유로운 개인들의 연합'은 그 사회의 인적·물적 자원을 사용하여 주민들이 원하는 재화와 서비스를 생산하고 각각의 주민들에게 택배로 그것을 배달한다고 이야기했습니다. 이렇게 되면 생산물이 상품이 되지도 않고 시장도 사라지며 화폐도 없는 전혀 새로운 사회가 될 것입니다. 마르크스는 분명히 이런 사회를 머릿속에 두면서 자본주의 사회에서는 다음과 같은 분야에서 너무 많은 자원이 쓸데없이 낭비된다고 비판합니다.

첫째, 상품들을 구매하거나 판매하는 데 드는 인적·물적 자원은 '직접적으로는' 새로운 가치를 전혀 창조하지 않기 때문에, '쓸데없는 비용'(공비)이고 '비생산적 비용'입니다. 왜냐하면 상품들은 그 상품의 가치대로 교환되기 때문입니다. 특히 상품들을 판매하기 위해 직판장을 만들고 상업노동자를 고용하는 것은 새로운 가치를 생산하는 것이 아니라, 상품들이 최종 소비자에게 빨리 팔리는 것을 돕는 일일 뿐입니다. 물론 사회적 분업이 발달하여, 산업자본가는 상품을 생산하는 것에 전념하고, 상업자본가는 상품을 판매하는 것에 전념하게 되면, 각각의 산업자본가들이 자기 공장에 직판장을 세우고 상업노동자를 고용하여 상품을 판매할 때보다는 '비생산적 비용' 전체가 훨씬 감소할 것이지만, 상인의 상점과 상업노동자도 역시 잉여가치를 '직접' 생산하지는 못합니다. 상업노동자들은 상인을 도와 상품의 구매와 판매에 종사하지만, 그들은 가치를 직접적으로는 생산하지 않는 '비생산적' 노동자입니다.

둘째, 화폐로 사용하는 금화와 은화는 광석에서 금과 은을 뽑아내는 작업과, 금과 은을 주화로 만드는 작업에 인적·물적 비용이 크게 듭니다. 이렇게 큰 비용이 드는 금화와 은화를 상품의 교환 수단으로 사용하여 닳게 하는 것은 분명히 자원의 낭비입니다. 물론 금화와 은화를 대표하는 태환지폐를 사용하면 자원 낭비가 감소할 테지만, 중앙은행이 태환지폐를 발행하고 관리하는 제도에서는 태환지폐를 금과 은의 준비금액보다 훨씬 많이 발행함으로써 태환지폐가 금과 은의 가치를 정확히 대표하지 않는 경우가 자주 생깁니다. 이에 따라 태환지폐를 금화와 은화로 교환하려고 태환지폐 소유자들이 중앙은행에 쇄도하는 현상—이것을 뱅크런bank run이라고 부릅니다—이 나타나는데, 사실상 중앙은행 금고에 금과 은이 태환지폐 발행액만큼 있는 것은 아니기 때문에, 정부는 태환은행권에 대해 금과 은을 지불하는 것을 정지하는 모라토리엄moratorium을 선언하게 됩니다. 엄청난 경제적 혼란이 일어납니다.

이런 혼란과, 금·은의 생산량이 세계 각국의 상품 거래량 증가보다 훨씬 부족하기 때문에, 각국 정부는 1930년대에 자국 화폐를 금과 은의 보유량에 연결시키지 않고 발행하는 '관리통화제도'를 채택하게 되었습니다. 다시 말해 각국이 금·은과 교환할 수 없는 불환지폐를 발행하게 되었고, 이리하여 각국 통화들 사이의 교환 비율이 문제가 되었습니다. 이 교환 비율 또는 환율을 세계적 차원에서 합의하게 된 것은 1945년에 설립된 국제통화기금 IMF에서 금과 미국 달러를 세계화폐로 사용하기로 결정한 뒤였습니다. 그 이후의 세계화폐에 관해서는 2장의 '화폐' 부분을 참고하시기 바랍니다.

7

1년 동안 생산된 상품들은
누가 구매하는가?

Das Kapital.

Kritik der politischen Oekonomie.

Von

Karl Marx.

공황이 지불 능력 있는 소비의 부족이나 지불 능력 있는 소비자의 부족 때문에 일어
난다고 말하는 것은 순전히 동어반복에 지나지 않는다. 자본주의 체제는 구호 빈민의
소비나 사기꾼의 소비를 제외하면 지불할 수 있는 소비자밖에는 다른 종류의 소비자
를 인정하지 않는다. 상품이 팔리지 않는 것은, 상품에 대한 지불 능력 있는 구매자,
즉 생산적 소비나 개인적 소비를 위해 상품을 구매하는 소비자를 찾아내지 못하는 것
을 의미할 따름이다.

『자본론』 II: 496

상품이 제값에 팔리지 않는 경우

생산된 상품들이 '전혀' 판매되지 않는다면, 그 상품에 들어 있는 자본가치(기계의 감가상각비, 원료비, 임금 비용)와 잉여가치는 화폐로 실현되지 않으며, 따라서 자본가들은 자본가치만큼 손실을 입게 됩니다. 잉여가치에 관해 말한다면, 자본가가 노동자를 '잉여가치'만큼 착취하기는 했지만 그것을 화폐로 실현하지는 못했다고 이야기할 수 있습니다.

자본주의 사회에서는 생산과 소비가 전체적으로 어떤 계획에 따라 행해지는 것이 아니라, 개별 생산자나 개별 소비자의 '판단'에 맡겨져 있습니다. 따라서 어떤 상품의 생산과 소비가 일치하기는(또는 균형을 이루기는) 하늘의 별 따기와 같습니다. 생산이 소비보다 적을 때는 상품 가격이 상승하여 생산을 촉진하고 소비를 억제할 것이며, 생산이 소비보다 많을 때는 상품 가격이 저하하여 생산을 억제하고 소비를 촉진할 것입니다. 가격 변동이 이처럼 수요와 공급을 '즉각적으로' 변동시키지 못한다면, 상품 가격은 '폭등'하거나 '폭락'하여 경제 전체를 혼란에 빠뜨릴 수 있습니다.

원료 가격이 폭등하면 그 원료를 생산하는 산업부문은 수익성이 크게 나아져서 원료를 더욱 많이 생산하려고 하지만, 원료 자원이 고갈하면 원료 생산 기업들도 큰 이윤을 얻지 못할 것입니다. 그리고 이 원료를 사용하여 완제품을 생산하는 산업부문은 완제품의 가격 상승으로 판매가 감소해서 생산 규모를 이전처럼 유지할 수가 없어 노동자들을 해고할 것입니다. 반대로 원료 가격이 폭락하면, 그 원료를 생산하는 산업부문은 원료 판매 수입(=원료 가격×원료 판매량)이 증가하는 경우에만, 다시 말해 원료 가격의 폭락이 원료 판매량의 폭증을 일으켜서 원료 판매 수입이 증가하는 경우에만 생산 규모를 유지하거나 확대할 것입니다. 그런데 상품 가격이 폭등하거나 폭락한 분야의 생산자들은 이미 이전의 상품 가격에 근거하여, 은행으로부터 자금을 차입했을 것이므로, 가격의 폭등과 폭락이 상품 판매 수입을 감소시킨다면 은행 빚의 결제가 곤란해져서 대규모로 도산할 수가 있습니다. 결국 "경제를 시장에 맡기면 수요·공급의 법칙에 따라 만사가 형통한다"는 시장 맹신자들 또는 시장주의자들의 주장은 반드시 옳다고는 말할 수 없습니다.

위와 같은 생산의 무정부성(무계획성)이 과잉생산 공황을 일으킵니다. 그런데 자본주의가 다수의 소자본가들이 경쟁하는 경쟁자본주의로부터, 독점체들 사이의 암묵적 경쟁 제한(또는 담합)이 지배하는 독점자본주의로 발전하고, 나아가서 독점체와 국가가 유착하는 국가독점자본주의로 발달하면서, 생산의 무정부성(무계획성)이 약화하여 새로운 사회로 넘어간다고 주장하는 마르크스주의자들이 있었습니다. 엥겔스도 이렇게 주장한 측면이 있고, 그 뒤 스탈린이 세계 공산주의 운동을 지배하면서 새로운 사회는 '계획경제'라고 선언했던 것입니다. 이런 주장은 사실상 마르크스가 말하는 '자개연'(자유로운 개인들의 연합)과는 큰 차이가 있습니다. 자개연은 노동자가 착취와 억압에서 해방됨에 따라 자본가도 인간을 착취하는 비인간적 행동으로부터 해방되므로, 모든 인간이 자유롭고 평등한 계급 없는 사회이기 때문입니다.

스탈린은 소련에서 급속한 공업화를 달성하여 자본주의 선진국들의 '공격'을 물리쳐야 할 긴급한 필요성이 있다고 판단했습니다. 이에 따라 당과 정부의 고위 관료들이 국가계획위원회인 고스플란Gosplan을 차지하여, 전국적 경제개발계획을 세우고 각 생산 단위에게 계획 목표를 할당하고 감독하게 된 것입니다. 노동하는 개인들은, 사실상 자본주의 체제의 임금노동자처럼, 고위 관료의 명령에 따라 계획 목표 달성에 매진할 뿐이었습니다. 새로운 사회에서는 자유로운 개인들이 연합하여 스스로 경제계획을 세우고 스스로 사회 전체의 온갖 문제를 함께 민주주의적으로 해결할 것이라 생각했는데, 그 기대감이 완전히 사라진 것입니다. 다시 말해 노동자·농민·군인의 위원회인 소비에트soviet는 사실상 점점 더 사회의 중심에서 사라진 것입니다. 물론 학교·병원·주택·연금·교통 등에서는 자본주의의 임금노동자보다는 훨씬 나은 복지를 누리긴 했지만, 공장에서의 노동이 자기의 개성과 능력을 발달시키는 창조적 활동이 아니라 계획 목표의 달성에 묶여 있는 노예노동이었던 것입니다. 이에 노동하는 개인들은 노동을 싫어하게 되어 자발성, 창의성, 헌신성 등을 발휘하지 않게 된 것입니다. 이것이 1991년 소련이 붕괴하는 근본 원인이었습니다.

독점자본주의에서 반드시 생산의 무정부성이 약화된다고 말할 수는 없습니다. 왜냐하면 독점자본가들 사이의 경쟁이 더욱 치열해지는 측면이 있기 때문입니다. 예컨대 독점자본가들이 독점가격을 어떤 수준에서 유지하기로 담합했다고 합시다. 그런데 각 독점자본가들은 주어진 독점가격에서 더 많은 이윤을 얻기 위해, 생산비를 절감시키려 경쟁적으로 노동자에 대한 착취를 강화하고 새로운 생산방법을 도입할 것입니다. 이리하여 독점자본가들 중 일부는 경쟁에서 패배하면서 도산하여 경제 전체가 혼란에 빠집니다. 다시 말해 독점자본주의 아래에서는 독점자본들의 거대한 자금 동원력 때문에, 시장의 무계획성·무정부성은 오히려 강화되는 경향까지 나타납니다. 그리고 독점체와 정부가 유착하여 정부가 정책적으로 독점체를 지원하는 국가독점자본주의에서는 대다수의 국민들이 이런 유착에 반대하는 가운데 독점체들도 서로 더욱 큰 이윤을 얻으려고 경쟁적으로 혁신을 도입하지 않을 수 없으므로, 생산의 무계획성은 존속할 따름입니다. 결국 자본주의 사회에서는 자본들 사이의 이윤 획득 경쟁이 생산의 무정부성을 낳는 원인이라고 결론 내릴 수 있을 것입니다.

자본가들이 공급하는 1년간의 생산물은 누구에게 팔리는가?

마르크스는 자본주의 생산의 무계획성을 잘 알기 때문에, 오히려 1년 동안 생산된 모든 상품들이 어떤 조건에서 다 팔릴 수 있는가를 검토함으로써, 자본주의 사회에서는 이런 조건을 충족시키기가 매우 어렵다는 것을 보여 줍니다.

자본가들이 공급하는 1년간의 생산물이 누구에게 팔리는가를 분석하기 위해, 마르크스는 다음과 같이 가정합니다.

첫째, 1년간의 생산물은 생산수단(생산재)과 생활수단(소비재)으로 분류되며, 각각은 제1부문(D_1: Department 1)과 제2부문(D_2)에서 생산됩니다. 예를 들어 석탄은 생산수단인가요, 생활수단인가요? 둘 다에 해당합니다. 공장에서 연료로 쓰이면 생산수단이고, 집에서 난방 연료로 쓰이면 생활수단입니다. 하지만 마르크스는 모든 생산물은 생산수단과 생활수단 중 어느 하나에 속한다고 가정합니다.

둘째, 모든 생산재와 소비재는 1년 안에 모두 소비된다고 가정합니다. 기계 등 고정자본의 문제는 다른 곳에서 다시 논의하고 있습니다.

셋째, 1년간의 생산물은 모두 연말인 12월 31일에 한꺼번에 매매된다고 가정합니다. 즉 2014년에 생산된 생산물은 모두 2014년 12월 31일에 매매됩니다.

넷째, 생산물의 가치는 원료의 가치(C), 임금의 가치(V), 잉여가치(S)로 구성됩니다. 위의 둘째 가정에서 본 것처럼 1년 이상 생산과정에서 기능하는 기계를 논의에서 빼기 때문에, C는 원료의 가치만을 이야기합니다.

다섯째, 자본가는 잉여가치 모두를 '개인적으로' 소비하며, 따라서 매년의 생산규모는 동일하고 매년의 생산기술도 변하지 않습니다. 다시 말해 단순재생산을 다룹니다. 잉여가치 일부를 자본으로 전환시켜 생산을 확대하는 확대재생산은 여기에서 다루지 않고 다른 곳에서 다룹니다.

여섯째, 자본주의 사회에는 '자본가'와 '노동자'라는 거대한 두 계급밖에 없다는 것을 전제합니다.

이런 가정 아래 1년 동안 생산된 생산재와 소비재는 누가 구매할까를 공부합니다. 먼저 분명한 것은, 생산수단은 공장을 가진 자본가만이 구매할 것이고 노동자는 구매할 필요가 없다는 점입니다. 그리고 생활수단은 누가 구매할까요? 먹고살아야 할 자본가와 노동자 둘 다 구매자가 됩니다.

다음으로 어떤 자본가가 생산수단인 원료를 2014년 12월 31일에 구매한다고 하면, 이 자본가는 그다음 해인 2015년에도 생산을 하겠다고 결정했기 때문이라는 점입니다. 자본가들이 2015년에는 생산을 중단하겠다고 하면 원료가 팔리지 않습니다. 그리고 노동자가 생활수단을 살 수 있는 것은 그가 자본가로부터 임금을 받았기 때문입니다. 다시 말해, 자본가가 2015년에도 생산을 계속하기 위해 원료를 사고 노동자를 고용했기 때문에, 노동자가 임금을 받고 생활수단을 구매할 수 있다는 이야기입니다. 결국 모든 상품들 즉 생산수단과 생활수단이 팔리려면 자본가들이 2015년에도 생산을 계속하겠다고 작정을 해야 한다는 말입니다. 다른 말로 하면, 상품들이 팔리지 않아, 경제 전체가 혼란에 빠지고 실업자가 대규모로 발생하며 국민들의 생활수준이 바닥으로 떨어지는 것을 막고 있는 것은, 자본가들이 내년에도 생산을 계속하겠다는 결정이라는 말입니다. 마르크스가 상품들이 누구에게 팔리는가를 이야기하면서 근본적으로 말하고자 하는 점은 바로 이것입니다. 왜 한 사회가 죽느냐 사느냐 하는 근본 문제를 대자본가들 몇 명에게 맡기는가?

이제 상품들의 판매를 좀 더 자세히 봅시다. D_1은 생산재를 만드는 부문이고, D_2는 소비재를 만드는 부문입니다. 2014년 1년 동안 생산된 생산수단 전체와 생활수단 전체의 가치 구성은 다음과 같습니다.

$$D_1 \quad 6,000 = 4,000\ C_1 + 1,000\ V_1 + 1,000\ S_1$$

$$D_2 \quad 3,000 = 2,000\ C_2 + 500\ V_2 + 500\ S_2$$

생산재 생산부문 D_1은 2014년 1년 동안 생산재를 6,000원어치 생산했는데, 이것을 생산하는 데 원료가 4,000원어치 들었고(4,000 C_1), 임금이 1,000원어치 들었으며(1,000 V_1), 노동자가 자본가를 위해 1,000원어치의 잉여가치를 공짜로 창조해 주었습니다(1,000 S_1).

소비재 생산부문 D_2는 2014년 1년 동안 소비재를 3,000원어치 생산했는데, 이것을 생산하는 데 원료가 2,000원어치 들었고($2,000 C_2$), 임금이 500원어치 들었으며($500 V_2$), 노동자가 자본가를 위해 500원어치의 잉여가치를 공짜로 창조해 주었습니다($500 S_2$).

이제 2014년의 생산물들이, 위에 말한 가정들에 따라, 2014년 12월 31일에 어떻게 누구에게 판매되는가를 살펴보겠습니다.

소비재를 생산하는 D_2의 자본가들은 2015년에도 2014년과 동일한 규모로 생산하기 위해서는, 원료를 2,000원어치 구매해야 할 것입니다. 이 자본가들은 2,000원을 자기 주머니에서 꺼내어 생산재 생산자들에게 주고 원료를 2,000원어치 삽니다. 2,000원어치의 원료는 $1,000 V_1$과 $1,000 S_1$에 해당하는 부분입니다.

〈그림 7-1〉

2,000원을 가지게 된 생산재 생산자는 그 돈 중 1,000원을 노동자에게 1년 동안의 임금으로 주는데, 노동자는 이 돈으로 소비재 생산자로부터 1년 동안의 생활에 필요한 소비재를 삽니다.

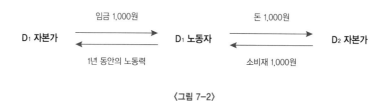

〈그림 7-2〉

D₁ 자본가는 2,000원 중 남은 1,000원으로 2015년 동안 자기와 가족이 살아가기 위해 D₂ 자본가로부터 소비재를 삽니다. 결국 D₁ 자본가는 노동자들이 공짜로 만들어 준 1,000원어치의 잉여생산물 S₁을 〈그림 7-1〉처럼 D₂ 자본가에게 팔아 1,000원의 돈을 얻고, 이 돈으로 소비재를 구매함으로써 2015년을 편안하게 살게 됩니다.

〈그림 7-3〉

지금까지의 이야기는, D₂ 자본가가 2015년에도 2014년과 마찬가지로 생산을 계속하기 위해 자기의 주머니에서 2,000원을 꺼내 D₁ 자본가로부터 생산재를 구매한다는 사실, D₁ 자본가가 그 돈으로 노동자에게 임금을 주고 노동자는 이 돈으로 D₂ 자본가로부터 소비재를 1,000원어치를 구매한다는 사실, 그리고 D₁ 자본가는 나머지 1,000원으로 자기와 가족이 1년 동안 살아가는 데 필요한 소비재를 구매한다는 사실을 밝힌 것입니다.

결국, D₁ 자본가는 생산재 6,000원 중에서 2,000원어치를 D₂ 자본가에게 팔았고, D₂ 자본가는 소비재 3,000원 중 1,000원어치는 D₁ 노동자에게, 그리고 1,000원어치는 D₁ 자본가에게 팔았습니다. 2,000원의 돈을 자기 주머니에서 꺼내어 지출한 D₂ 자본가는 이제 2,000원을 모두 자기 주머니로 회수했습니다.

다음으로 D₂ 자본가가 자기 주머니에서 500원을 꺼내 노동자에게

1년 동안의 임금을 주고, 1년 동안의 노동력을 구매했습니다. 이 노동자는 이 돈으로 1년 동안 살아가기 위해 D_2 자본가에게서 소비재를 삽니다.

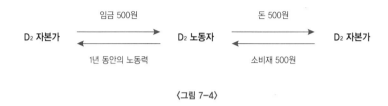

〈그림 7-4〉

아직 팔리지 않은 생산물은 생산재 4,000원어치와 소비재 500원어치입니다.

D_1 부문에 생산자가 a, b 두 사람이 있는데, a는 b가 생산한 생산재 2,000원어치가 필요하고 b는 a가 생산한 생산재 2,000원어치가 필요하다고 가정하면, a가 주머니에서 2,000원을 꺼내 b의 생산물을 사고, b가 이 돈으로 a의 생산물 2,000원어치를 사면, 4,000원의 생산재가 모두 팔리게 됩니다.

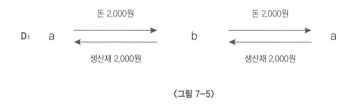

〈그림 7-5〉

D_2에서도 생산자가 c, d 두 사람이 있는데, c는 d가 생산하는 소비재 250원어치를 원하고 d는 c가 생산하는 소비재 250원어치를 원한다면, c가 250원을 자기 주머니에서 꺼내 d의 생산물을 사고, d가 이 돈

으로 c의 생산물 250원어치를 사면, 500원의 소비재가 모두 팔립니다.

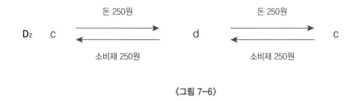

〈그림 7-6〉

이렇게 하여 2014년에 생산된 생산재 6,000원어치와 소비재 3,000원어치가 모두 팔리게 됩니다. 총 9,000원의 연간 생산물을 누가 구매했을까요?

(1) 〈그림 7-1〉에서 D_2 자본가가 2015년에도 생산을 계속하기 위해 D_1 자본가에게서 생산재 2,000원어치를 구매합니다.

(2) 〈그림 7-2〉에서 D_1 자본가가 2015년 1년 동안의 임금(노동력의 대가)으로 노동자에게 준 1,000원을, 노동자들이 D_2 자본가에게 주고 소비재 1,000원어치를 구매합니다.

(3) 〈그림 7-3〉에서 D_1 자본가가 2015년 1년 동안 가족과 살아가기 위해 D_2 자본가에게서 1,000원어치 소비재를 구매합니다.

(4) 〈그림 7-4〉에서 D_2 자본가가 2015년 1년 동안의 임금으로 노동자에게 준 500원을 노동자들이 D_2 자본가에게 주고 소비재를 500원어치 구매합니다.

(5) 〈그림 7-5〉에서 2015년에도 생산을 계속하기 위해, D_1의 자본가 a가 생산재 2,000원어치를 b로부터 구매하고, b는 생산재 2,000원어치를 a로부터 구매합니다.

(6) 〈그림 7-6〉에서 2015년에도 자기들의 생활을 위해, D_2의 자본

가 c가 250원어치의 소비재를 d로부터 구매하고, d는 250원어치의 소비재를 c로부터 구매합니다.

결국 6,000원어치의 생산재는 소비재를 생산하는 자본가들에게 2,000원이 팔리고, 생산재를 생산하는 자본가들에게 4,000원이 팔렸습니다. 그리고 3,000원어치의 소비재는 생산재를 생산하는 자본가들에게 1,000원이 팔리고, 소비재를 생산하는 자본가들에게 500원어치가 팔렸고, 나머지 1,500원어치의 소비재 중 1,000원어치는 생산재를 생산하는 노동자들에게 팔리고 500원어치는 소비재를 생산하는 노동자들에게 팔렸습니다. 이 노동자들이 1,500원어치의 소비재를 살 수 있었던 것은 자본가들이 2015년에도 생산을 계속하기 위해 노동자들의 노동력을 사면서 임금 1,500원을 지불했기 때문입니다.

2014년에 생산된 생산재와 소비재를 구매한 돈('유효수요'effective demand)은 모두 자본가의 주머니에서 나온 것입니다. 그리고 이렇게 연간 생산물이 모두 팔릴 수 있었던 것은 자본가들이 2015년에도 2014년과 같이 생산을 계속하려고 결심하여 투자*를 했기 때문입니다. 다시 말해 자본주의 경제의 흥망성쇠는 자본가의 투자 의지와 투자 능력에 전적으로 달려 있다고 말할 수밖에 없습니다.

지금까지는 연간 생산물이 완전히 판매되려면 어떤 조건이 필요한

투자investment

'투자'는 산업자본가들이 이윤을 얻으려고 생산수단을 사고 노동자를 고용하는 것을 가리키는데, 자본가가 노동자를 고용하여 임금을 주면 노동자는 그 임금으로 소비재를 구매하기 때문에, 투자는 직접적으로는 생산수단에 대한 수요를, 그리고 간접적으로는 소비재에 대한 수요를 낳습니다.

가를 살펴보았습니다. 먼저 위의 〈그림 7-1〉에서 보는 바와 같이, 소비재 부문이 필요로 하는 '종류'의 생산재가 '알맞은 양'만큼 생산재 부문에서 생산되어야 소비재 부문은 내년에도 생산을 계속할 수 있을 것입니다. 또한 〈그림 7-2〉, 〈그림 7-3〉, 〈그림 7-4〉, 〈그림 7-6〉에서 보는 바와 같이, 노동자계급과 자본가계급이 필요로 하는 '종류'의 소비재가 '알맞은 양'만큼 소비재 부문에서 생산되어야 노동자계급과 자본가계급이 내년 1년 동안 정상적 생활을 하면서 생산에 종사할 수 있을 것입니다. 〈그림 7-5〉에서는 생산재 부문의 자본가들이 원하는 생산재가 생산재 부문에서 '알맞은 양'만큼 생산되어야 한다는 것을 알려 줍니다.

그러나 개별 자본가들이 자기 스스로의 예상과 기대에 따라 생산 품목과 생산량을 결정하는 자본주의 체제에서는 사회 전체적으로 위와 같은 균형(또는 수요와 공급의 일치)을 달성하기가 어렵습니다.

연간 생산물이 판매되어야, 자본가는 투하한 자본가치(=c+v)를 회수하고 잉여가치 S를 화폐로 실현하게 되며, 이 회수한 자본가치를 자본가는 다시 생산에 투하하여 재생산을 계속하게 되고, 잉여가치를 실현한 화폐로 자본가는 자기와 가족의 생활을 유지하게 됩니다. 그런데 연간 생산물이 판매되는 것은, 자본가들이 그다음 해에도 생산을 계속하기 위해 투자하려는 의지를 가지고 있어야 하고, 적절한 규모의 투자를 할 수 있는 능력이 있어야 합니다. 자본가는 이윤을 얻을 수 있는 전망이 있을 때만 투자하고, 이윤을 얻을 전망이 없으면 투자하지 않을 것입니다. 이처럼 자본가계급이 경제 전체의 성장과 안정을 좌지우지할 수 있는 힘을 가지고 있기 때문에, 이 힘을 빼앗지 않고서는 사회를 모든 주민들을 위한 사회로 개혁하는 것은 불가능합니다.

베네수엘라에서는 독점적 대자본가들이 2002년 12월에서 2003년 3월까지 차베스 정권[*]을 경제적으로 몰락시키기 위해 생산을 중단하고 공장을 폐쇄하는 따위의 '자본파업'을 단행한 적이 있습니다. 그리고 2008년의 세계대공황 이래 세계경제가 대불황에서 벗어나지 못하는 것은, 국가와 자본가들이 생산을 확대하기 위해 투자하지 않기 때문입니다. 자본가계급 중 특히 금융적 자본가들은 증권시장에서 투기에 몰두하고 있으며, 금융적 자본가가 지배하는 국가는 중앙은행을 통해 화폐를 방출하면서 증권시장의 투기를 조장하고 있기 때문입니다. 이미 미국의 다우존스 산업증권 시세는 2008년 세계대공황 이전의 최고 수준을 훨씬 넘어섰지만, 실업률·빈곤율·빈부 격차·비정규직과 정규직의 비율·사회복지 관련 지출·중간 노동자의 임금수준 등은 더욱 악화되고 있습니다. 이윤을 더욱 많이 얻을 전망이 보이지 않기 때문에, 자본가들이 투자를 중단하거나 축소하므로 세계의 인민대중이 실업자가 되고 생활수준이 저하하며 심지어 자살까지 하게 되는 것입니다. 사용하지 않아 낭비되고 있는 거대한 공장과 기계와 원료와 실업자들을 모든

베네수엘라의 자본파업과 차베스 정부의 대응

차베스 정부는 자본가들의 자본파업에 대항하여 다양한 조치를 단행했습니다. 먼저 국영석유회사인 페데베사(PDVSA)의 자본파업에 대해서는 종업원 전체의 45%나 되는 경영진 전체와 어용 노동조합원을 해고하고, 퇴직 기술자들을 불러들이며 반숙련 노동자들을 훈련시켜 대처했습니다. 그리고 문을 닫은 대형 슈퍼마켓 대신에, 정부는 서민들에게 생필품을 공급하기 위해 서민 동네마다 미션 메르칼이라는 슈퍼마켓을 만들어 국내 중소기업의 공산품과 식량을 세금 없는 가격으로 싸게 팔았습니다.

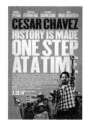

인민대중의 긴급한 생활상의 필요를 충족시키기 위해 활용하면, 인민대중의 궁핍이 사라질 뿐 아니라 사회 구성원 모두가 더욱 부유하고 평등하며 자유로워질 것입니다.

확대재생산을 위해서는 연간 생산물이 어떻게 판매되어야 할까?

내년의 생산 규모가 금년의 규모보다 큰 확대재생산 또는 자본축적이 일어나기 위해서는, 자본가가 잉여가치의 일부를 생산수단과 노동력의 추가 구매에 투자해야만 합니다. 아래의 설명에서는 설명의 단순화를 위해, 제1부문인 생산재 부문이 잉여가치 중 자본으로 전환시키는 비율(이른바 축적률)을 먼저 결정하면, 제2부문인 소비재 부문이 두 부문 사이의 균형을 유지하는 수준에서 소비재 부문의 축적률을 나중에 결정한다―이것을 생산재 부문의 선도적 기능leading role이라고 흔히 부릅니다―고 가정하고 있습니다. 그러나 실제로는 이윤율이 더 높아 더 큰 생산 확장을 도모하는 부문이 선도 부문이 될 것입니다.

연간 생산물이 어떻게 판매되어야 확대재생산이 이루어지는가를 분석하기 위해, 먼저 다음 가정들이 전제되어야 합니다. 지금 우리가 알고자 하는 것은 확대재생산이 어떤 '조건들'에서 가능한가이기 때문에, 재생산표식은 항상 균형을 이룰 수 있게 미리 알맞은 숫자를 선택했습니다.

첫째, 2014년의 연간 생산물은 다음과 같이 구성되어 있습니다.

$$D_1: 6,000 = 4,000 \; C_1 + 1,000 \; V_1 + 1,000 \; S_1$$

$$D_2: 3,000 = 1,500 \; C_2 + \;\; 750 \; V_2 + \;\; 750 \; S_2$$

둘째, 각 부문의 자본가는 잉여가치의 전부를 개인적 소비에 사용하지 않고, 일부를 축적에 사용합니다. 먼저 D_1의 자본가들은 매년 잉여가치의 50%를 축적하고, 나머지 50%를 개인적 소비에 사용합니다.

셋째, 축적되는 자본의 C:V의 비율은, 첫째의 숫자처럼, D_1에서는 4:1이고, D_2에서는 2:1이며, 매년 동일합니다.

넷째, 매년의 잉여가치율은 100%로 변하지 않습니다.

위의 전제들을 충족시키기 위해서는, 2014년의 연간 생산물 중 생산재는 아래 식과 같이 분할되어야 할 것입니다. 이 식에서 나오는 SK는 잉여가치 S 중 자본가가 개인적으로 소비하는 금액이고, SC는 잉여가치 중 불변자본(원료)에 투하하는 금액이며, SV는 잉여가치 중 임금에 투하하는 금액입니다. 그러므로 생산재 부문의 1,000원의 잉여가치는 그 50%가 자본가의 소비에 사용되므로 500원이 SK로 나타납니다. 그리고 나머지 50%인 500원이 자본으로 투하되는데, 이것이 4:1로 불변자본과 가변자본으로 분할되기 때문에, 400원이 SC가 되고 100원이 SV로 된 것입니다.

2014년

$$D_1 \quad 6,000 = 4,000 \ C_1 + 1,000 \ V_1 + 1,000 \ S_1$$
$$= 4,000 \ C_1 + 1,000 \ V_1 + (500 \ SK_1 + 400 \ SC_1 + 100 \ SV_1)$$
$$= (4,000 \ C_1 + 400 \ SC_1) + (1,000 \ V_1 + 100 \ SV_1) + 500 \ SK_1$$

이 식에서 D_1의 생산물 중 D_2의 소비재와 교환되어야 할 금액을 먼저 찾습니다. 노동자가 내년 1년 동안 생활수단을 구매할 돈은 이전과 같은 임금액 1,000원(1,000 V_1)과 내년 초에 추가될 임금액 100원(100 SV_1)이고, 자본가의 생활수단 구매액은 500원(500 SK_1)이므로, 이것을 합하면 1,600원입니다.

이에 따라 D_2는 소비재를 D_1에 1,600원만큼 판매하고 생산재를 1,600원어치 D_1으로부터 구매해야 서로 균형을 이루게 됩니다. 그런데 2014년의 D_2 가치 구성에서는 생산재를 1,500원어치(1,500 C_2)만 사용했으므로, 잉여가치 S_2에서 100원을 C_2에 추가해야 합니다(따라서 100 SC_2). 그런데 불변자본이 100원 추가되면 C : V = 2 : 1의 가정에 따라 임금을 50원만큼 추가해야 합니다(50 SV_2). 이렇게 되면 S_2 중 자본가의 개인적 소비액 SK_2는 600원이 됩니다. 이리하여 제2부문의 축적률—잉여가치 중 자본으로 전환된 금액을 잉여가치로 나눈 것으로 $\frac{(100\ SC_2 + 50\ SV_2)}{750\ S_2} \times 100\% = 20\%$ —은 제1부문의 축적률 50%를 전제로 균형을 맞추기 위해 제2부문이 수동적으로 채택한 것입니다.

결국 소비재 부문의 2014년 생산물은 다음과 같이 분할되어야 합니다.

2014년

D_2 3,000 = 1,500 C_2 + 750 V_2 + 750 S_2

= 1,500 C_2 + 750 V_2 + (100 SC_2 + 50 SV_2 + 600 SK_2)

= (1,500 C_2 + 100 SC_2) + (750 V_2 + 50 SV_2) + 600 SK_2

이제 생산재와 소비재의 금년 생산물이 어떻게 사용될 것인가가 자세하게 드러났으므로, 이런 생산물들의 판매는 단순재생산의 경우와 다름이 없습니다.

첫째, 소비재 부문이 자기 주머니에서 돈을 1,600원 꺼내어 내년도에 필요한 생산재 1,600원어치를 삽니다. 둘째로 제1부문은 이 1,600원으로 내년도에 필요한 노동력을 1,100원어치 사는데, 노동자들은 이 돈으로 제2부문에서 소비재를 삽니다. 셋째로 1,600원 중 나머지 500원으로 제1부문의 자본가가 내년 1년 동안 필요한 소비재를 제2부문에서 구매하게 됩니다. 넷째로 제2부문의 자본가는 노동자에게 임금으로 800원을 지불하여 내년도의 노동력을 구매하며, 노동자는 이 800원으로 제2부문의 자본가로부터 소비재를 구매하게 됩니다. 다섯째로 생산재 4,400원은 제1부문의 자본가들 사이에서 팔려야 하는데, 예컨대 자본가 a는 b로부터 2,200원어치의 생산재를 구매하고 b는 a로부터 2,200원어치의 생산재를 구매하면, 4,400원어치의 생산물이 모두 팔리게 됩니다. 여섯째로 제2부문에서 아직 팔리지 않은 600원어치의 소비재는 자본가들의 개인적 소비를 위한 것이므로, 자본가 c가 300원어치의 소비재를 d로부터 사고 또 d가 300원어치의 소비재를 c로부터 사면, 합계 600원어치의 소비재가 팔리게 됩니다.

이렇게 생산재와 소비재가 모두 팔린 결과로, 2015년 초의 자본 규모는, D_1: 4,400 C_1 + 1,100 V_1 = 5,500원이 되고, D_2: 1,600 C_2 + 800 V_2 = 2,400원이 되어, 2014년 초의 자본 규모(제1부문 4,000 C_1 + 1,000 V_1 = 5,000원, 제2부문 1,500 C_2 + 750 V_2 = 2,250원)보다 증가했으므로, 자본의 축적이 일어났고, 이에 따라 2015년의 연간 생산물은 2014년보다 증가하여 확대재생산이 일어나게 되는 것입니다.

2015년의 연간 생산물(잉여가치율을 100%로 가정)은 다음과 같을 것입니다.

$$D_1: 4,400\ C_1 + 1,100\ V_1 + 1,100\ S_1 = 6,600원$$

$$D_2: 1,600\ C_2 + 800\ V_2 + 800\ S_2 = 3,200원$$

이 2015년의 연간 생산물은 연말에 위의 가정에 따르면 다음과 같이 분할될 것입니다.

2015년

$$
\begin{aligned}
D_1 \quad 6,600 &= 4,400\ C_1 + 1,100\ V_1 + 1,100\ S_1 \\
&= 4,400\ C_1 + 1,100\ V_1 + (550\ SK_1 + 440\ SC_1 + 110\ SV_1) \\
&= (4,400\ C_1 + 440\ SC_1) + (1,100\ V_1 + 110\ SV_1) + 550\ SK_1
\end{aligned}
$$

D_1이 D_2에게 합계 1,760원어치(노동자가 1,210원어치, 자본가가 550원어치)의 소비재를 요구하므로, D_2는 그만큼의 소비재를 주고 같은 금액의 생산재를 구매해야 균형이 이루어집니다. 그런데 D_2는 2015년에 1,600원만큼 생산재를 소비했으므로, 그다음 해에는 160원만큼 더 많이 생산재에 투자해야 하고, 이에 따라 노동력에도 추가로 80원만큼 투자해야 합니다. 따라서 제2부문의 연간 생산물은 다음과 같이 분할될 것입니다.

2015년

$$
\begin{aligned}
D_2 \quad 3,200 &= 1,600\ C_2 + 800\ V_2 + 800\ S_2 \\
&= 1,600\ C_2 + 800\ V_2 + (160\ SC_2 + 80\ SV_2 + 560\ SK_2) \\
&= (1,600\ C_2 + 160\ SC_2) + (800\ V_2 + 80\ SV_2) + 560\ SK_2
\end{aligned}
$$

이렇게 생산재와 소비재가 판매된 결과로 2016년 초의 자본 규모는 다음과 같습니다.

$$D_1: 4,840\ C_1 + 1,210\ V_1 = 6,050원$$
$$D_2: 1,760\ C_2 + 880\ V_2 = 2,640원$$

그리고 2016년의 연간 생산액은 잉여가치율을 100%라 가정하면 다음과 같습니다.

$$D_1: 4,840\ C_1 + 1,210\ V_1 + 1,210\ S_1 = 7,260원$$
$$D_2: 1,760\ C_2 + 880\ V_2 + 880\ S_2 = 3,520원$$

이런 식으로 자본축적 또는 확대재생산은 균형이나 비례관계를 전제로 진행될 것입니다. 그러나 현실적인 자본축적 과정은 전혀 다르게 온갖 불균형에 부닥치게 될 것이며, 이로 말미암아 공황이 폭발할 수도 있습니다. 그러나 이런 생산의 무정부성이나 무계획성은 자본주의 체제의 하나의 '속성'이고 '환경'이며 항상 존재하는 것이기 때문에, 이것을 이따금 일어나는 공황의 '원인'이라고 말할 수는 없을 것입니다.

8

평균이윤율의 형성과
이윤율의 저하·상승 경향

Das Kapital.

Kritik der politischen Oekonomie.

Von

Karl Marx.

━━━━━━━━━━━━━━━━━━━━━━━

지난 30년 동안[1835~1865] 사회적 노동의 생산력이 이전의 모든 시기에 비해 뚜렷하게 발달한 것을 고려한다면, 지금까지 경제학자들을 괴롭힌 문제, 즉 이윤율의 저하를 설명하는 문제보다는 오히려 그 반대의 문제, 즉 왜 그 저하가 더욱 크고 급속하지 않는가를 설명하는 문제에 부닥치게 된다. 거기에는 이윤율 저하라는 일반 법칙의 효과를 억제하고 제거하여 이 일반 법칙이 하나의 경향일 뿐이라는 성격을 주고 있는 상쇄 요인들—즉 이윤율을 상승시키는 요인들—이 작용하고 있음에 틀림없다.

『자본론』 III: 277

산업자본의 연간이윤율 공식

8장부터는 『자본론』 3권에 해당합니다. 3권의 제목은 '자본주의적 생산의 총과정'입니다. 1권에서는 '자본의 생산과정'을, 2권에서는 '자본의 유통과정'을 다루었기 때문에, 3권에서는 자본주의 경제 전체를 다루기 위해 산업자본가들 사이의 경쟁, 상업자본과 상업이윤, 금융적 자본과 신용·이자·주식, 그리고 토지소유와 지대 따위를 고찰합니다.

먼저 자본가에게 가장 중요한 개념인 '이윤율'에 관해 설명합니다. 이윤율은 얼마를 투자하면 얼마를 이윤으로 얻을 수 있다는 것을 가리키기 때문에, 이윤율은 자본가의 투자 의욕을 자극하는 지표가 됩니다. 그리고 돈을 빌려 투자하는 경우에는, 돈을 빌리는 이자율과 돈을 투자해 얻을 이윤율을 비교하는 것은 당연할 것입니다. 『자본론』 1권에는 마르크스가 더닝T.J.Dunning의 다음 글을 인용하고 있습니다.

> 자연이 진공을 싫어하듯이, 자본은 이윤이 없거나 이윤이 매우 적은 것을 싫어한다. 상당한 이윤만 있으면 자본은 과감해진다. 10%의 이윤이 보장되면 자본은 장소를 가리지 않고 투자한다. 20%라면 자본은 활기를 띠며, 50%라면 대담무쌍해지고, 100%라면 인간의 법을 모두 짓밟을 준비가 되어 있으며, 300%라면 단두대의 위험을 무릅쓰고라도 범하지 않을 범죄가 없다. 만약 소란과 분쟁이 이윤을 가져다준다면, 자본은 소란이나 분쟁 모두를 고무하고 사주할 것이다. 위에 말한 것의 증거는 밀수와 노예무역이다. ─『자본론』 I(하): 1046의 주에서 재인용

이윤율은 항상 일정한 기간의 이윤율(예: 하루의 이윤율, 한 달의 이윤율, 1년의 이윤율 등)을 가리키기 때문에, 우리는 연간이윤율 r의 공식을 다음과 같이 표현할 수 있습니다.

$$r = \frac{st}{c+v} \times 100\% = \frac{t\frac{s}{v}}{\frac{c}{v}+1} \times 100\% = \frac{t\frac{s}{v}}{\frac{P_cQ_c}{P_vQ_v}+1} \times 100\% = \frac{t\frac{s}{v}}{\frac{P_c}{P_v}\frac{Q_c}{Q_v}+1} \times 100\%$$

r 연간이윤율　c 불변자본 투자액　v 가변자본 투자액　s 유동자본의 1회전시간에 얻는 잉여가치

t 유동자본의 연간회전수　P_c 기계·원료 등 불변자본 요소 1단위의 가치　P_v 노동자의 임금수준

Q_c 기계·원료 등 불변자본 요소의 수량　Q_v 노동자의 수

〈8-1 식〉 연간이윤율 r의 공식

〈그림 8-1〉에서 라면이라는 상품을 일정 수량 생산하여 판매하는데 하루가 걸렸다고 하면, '하루의 이윤율'은 100원을 투자해 20원의 이윤을 얻었으므로 20%가 됩니다.

$$\frac{s}{(c+v)} \times 100\% = \frac{20}{(70+30)} \times 100\% = 20\%$$

이 하루의 이윤율을 연간이윤율로 쉽게 바꿀 수 있습니다. 하루에 100원을 지출해 라면을 생산하고 판매하여 20원의 이윤을 얻는 이 공장에서는, 유동자본(즉 원료와 임금에 지출한 자본)의 1회전시간은 '하루'이므로, s 20원은 '유동자본의 1회전시간에 얻는 이윤'이 되고, 유동자본은 1년 동안 365회나 회전하게 될 것입니다. 따라서 '유동자본의

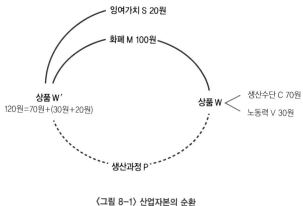

〈그림 8-1〉 산업자본의 순환

연간 회전수 t는 365가 됩니다. 그렇지만 자본가가 실제로 이 사업을 위해 투자한 돈은 c 70원과 v 30원, 합계 100원뿐입니다. 따라서 이 공장의 연간이윤율 r은 다음과 같게 됩니다.

$$r = \frac{st}{c+v} \times 100\% = \frac{20 \times 365}{100} \times 100\% = 7,300\%$$

만약 5년 전에는 이 공장이 100원을 투자하여 20원의 이윤을 얻는 데 하루가 아니라 한 달이 걸렸다면, 이 100원은 1년 동안 12회 회전할 수밖에 없기 때문에, 이 공장의 연간이윤율은 240%였을 것입니다.

$$r = \frac{st}{c+v} \times 100\% = \frac{20 \times 12}{100} \times 100\% = 240\%$$

그러므로 자본가에게는 이 유동자본의 연간 회전수 t를 높이는 것—같은 이야기지만 유동자본의 회전시간(=생산시간+유통시간)을 줄이는

6시간	4시간
지불 받은 노동 30원 V	지불 받지 못한 노동 20원 S

<그림 8-2> 잉여가치율($\frac{s}{v}$)의 상승

것―이 매우 중요한 문제가 됩니다. 7장에서 이미 말한 것이지만, 예컨대 공장의 컨베이어벨트를 1시간이 아니라 30분 만에 한 바퀴 돌리는 것이 t를 높이는 하나의 방법이 될 것입니다.

연간이윤율의 공식(8-1 식)에서 s/v는 무엇일까요?

s/v는 지불받지 못한 노동/지불받은 노동이고 '잉여가치율'이며 다른 말로 '착취율'입니다. 이 착취율을 높이기 위해서는, 노동시간을 연장시켜 s를 증가시키는 방법(이것은 v를 가만두고 s를 증가시켜 잉여가치율을 높인다)과, 필요노동시간을 감소시켜 잉여노동시간을 증가시키는 방법(이것은 v를 감소시키고 s를 증가시켜 잉여가치율을 높인다)이 있습니다(그림 8-2 참조).

표준노동일이 법률로 정해지면, 노동일을 연장하여 잉여가치를 증가시키는 방법은 유행할 수 없고, 그 대신 노동일 중 필요노동시간을 감소시켜 잉여노동시간을 증가시키는 방법이 유행하게 됩니다. 그런데 이렇게 하기 위해서는, 노동생산성 향상을 통해 노동자가 소비하는 생활필수품의 가치를 저하시켜 노동자의 임금수준(또는 노동력의 가치) v를 낮추어야만 합니다. 이것을 '상대적 잉여가치의 생산'이라고 부른다는 것은 3장에서 이미 알았습니다.

산업자본가들 사이의 경쟁과 평균이윤율의 형성

산업자본가들은 서로 경쟁적으로 더 높은 이윤율을 얻으려고 노력합니다. 다른 자본가가 새로운 생산방법으로 자기보다 높은 이윤율을 얻는다면, 자기도 그것을 모방하여 이윤율을 높이려고 할 것입니다. 이런 경쟁 과정에서 어떤 순간에 모든 자본가들이 동일한 이윤율을 가지는 상황이 벌어질 수 있을 것입니다. 이 동일한 이윤율이 이론적으로 '평균이윤율'이라고 말할 수 있습니다. 그러나 자본가들은 서로 끊임없이 다른 자본가보다 더 높은 이윤율을 얻기 위해 경쟁하기 때문에, 평균이윤율이 형성되더라도 곧 파괴되어 버립니다. 따라서 평균이윤율은 모든 자본가들이 끝까지 경쟁하여 얻게 되는 동일한 이윤율이라고 가정할 수밖에 없습니다.

이 평균이윤율이, '동일한 산업부문 안'에서 형성되는 과정과, '상이한 산업부문들 사이'에서 형성되는 과정은 서로 다릅니다. 먼저 동일한 상품(예: 라면)을 생산하는 동일한 산업부문에서 평균이윤율이 형성되는 과정을 살펴봅시다. 여기에서 자본가들은 초과이윤(=시장가격 − 개별가격)을 얻으려고 경쟁합니다. 예컨대 라면 1개의 시장가격이 10원일 때, 자본가 A가 새로운 생산방법을 도입해서 라면 1개를 6원에 만들어 시장가격 10원에 팔면 4원의 초과이윤을 얻게 됩니다. 이제 다른 자본가들도 이 새로운 생산방법을 도입하지 않는다면 A에게 져서 파산하게 될 것이므로, 이 새로운 생산방법을 도입하여 라면 1개를 6원에 만들어 팔려고 하지 않을 수 없습니다. 이렇게 되면 원래 10원이던 라면 1개의 시장가격이 6원으로 떨어지면서, 모든 자본가들이 A와 동일한 이윤율을 가지게 됩니다. 다시 말해 이윤율이 평준화되는데, 이것이 바로 평균이윤율입니다. 그러나 항상 초과이윤을 획득하려고 노력하는 자본가들은 다시 새로운 생산방법을 도입하지 않을 수 없으므로, 현재의 평균이윤율은 곧 사라질 것입니다.

이처럼 동일한 상품을 생산하는 동일한 산업부문 안에서는 모든 자본이 동일한 생산방법을 채택하면 이윤율이 균등해집니다. 연간 이윤율의 공식 〈8-1식〉에서, 동일한 생산방법은, 노동자에 대한 착취율 s/v가 동일한 상황에서, 유동자본의 연간 회전수 t와 불변자본과 가변자본 사이의 비율 c/v를 동일하게 만들기 때문입니다. 노동자에 대한 착취율 s/v가 동일하게 되는 것은, 노동자들이 착취율이 높은 공장에서 낮은 공장으로 끊임없이 옮겨 가기 때문입니다.

그러나 상이한 산업부문들은 동일한 상품을 생산하는 것이 아니라 상이한 상품들(예: 라면, 컴퓨터, 자동차 등)을 생산하기 때문에, 위에서 말한 것처럼 "모든 자본이 동일한 생산방법을 채택하면 평균이윤율이 형성된다"는 원칙은 적용되지 않습니다. 왜냐하면 라면 공장은 컴퓨터 공장에 비해 기계류에 대한 투자가 훨씬 적을 것이고, 또한 컴퓨터 공장은 자동차 공장에 비해 기계류에 대한 투자가 훨씬 적을 것이기 때문입니다. 그렇다면 라면 공장의 이윤율보다 자동차 공장의 이윤율이 더욱 높은 경우, 어떻게 두 산업부문에서 이윤율이 동일하게 되겠습니까? 이윤율이 낮은 라면 공장에서 이윤율이 높은 자동차 공장으로 자본이 이동함으로써 이윤율이 평준화된다고 곧 대답할 것입니다. 그러나 이 대답은 틀렸습니다. 왜냐하면 라면을 만들던 기계나 원료 등이 자동차 공장으로 이동하더라도 자동차 생산은 전혀 증가하지 않기 때문입니다. 그러므로 자본의 이동은, 라면 공장에 이미 투하되어 있던 자본이 자동차 공장으로 이동하는 것이 아니라, 은행이나 증권시장에서 높은 수익률을 기다리고 있던 부동자금idle money이 수익률이 좋은 자동차 산업에 몰려듦으로써 이루어지는 것입니다. 이리하여 자동차 공장에서는 자본이 증가하고 생산량이 증가하여 자동차 가격이 저하함으로써 이윤율이 저하하고, 라면 공장에서는 자본 공급이 부족하여 생산량이 감소하고 라면 가격이 상승함으로써 이윤율이 상승하게 됩니다. 이리하여 결국 두 산업부문들 사이에 이윤율이 평준화되어 평균이윤율이 형성된다고 말할 수 있을 것입니다. 그러므로 평균이윤율이 형성되기 위해서는 경쟁이 발달하고 독점이 금지되어야 하며, 사회의 부동자금 또는 유휴화폐자본을 다루는 금융기구들(은행, 증권시장 등)이 발달해야 합니다.

동일한 산업부문 안에서, 그리고 상이한 산업부문들 사이에서 평균이윤율이 형성되었다고 가정해 보겠습니다. 평균 연간 이윤율이 10%라면, 1,000원을 투자하면 어디에서든 1년에 100원의 이윤을 얻을 것이고, 10,000원을 투자하면 1,000원의 이윤을 얻을 것입니다. 그러나 평균이윤율의 형성을 가로막는 요소들이 생깁니다. 경쟁에서 수많은 중소자본을 삼킨 소수의 독점적 대자본들이 어떤 산업부문에서 '담합'을 통해 다른 기업들의 '진입'을 막는다면, 이 독점적 대자본들은 독점이윤을 얻어 평균이윤율을 크게 초과하는 이윤율을 얻게 될 것입니다. 더욱이 이 소수의 대자본들은 자기의 거대한 생산 설비가 무용지물이 되는 것을 막기 위해, 새로운 생산방법이 발명되는 경우 이것을 비밀리에 매수하여 감추어 버리기도 합니다. 이리하여 경제 전체는 혁신의 도입이 점점 더 사라지면서 정체에 빠질 것입니다. 따라서 주류경제학에서도 자본들 사이에 평균이윤율이 형성되어야 사회의 인적·물적 자원이 가장 효율적으로 사용된다고 가르치고 있습니다.

우리나라의 주류경제학 교과서에서도 자유로운 경쟁이 이루어져야 이윤율이 높은 기업과 산업으로 인적·물적 자원이 이동함으로써 자원이 가장 효율적으로 사용된다고 쓰여 있습니다. 하지만 재벌에 관해 이야기할 때는 독점의 폐해를 전혀 이야기하지 않고 단순히 '대기업'이라고 묘사할 뿐입니다. "재벌을 해체하자"고 주장하면 "효율적인 대기업을 없애고 비효율적인 중소기업으로 어떻게 경제 발전을 달성하겠는가?" 하며 흥분합니다. 그러나 재벌은 사실상 경제적·정치적·사상적 권력을 휘두르는 왕중왕입니다. 재벌과 재벌 총수는 공정거래에 관한 어떤 법률적 제재도 받지 않을 뿐 아니라 그 법률 자체를 자기들의 이익에 맞게 수정할 수 있을 정도로 민주주의와 사회의 정의를 훼손하고 있습니다. 아마도 독점이윤의 일부를 사회의 엘리트에게 뇌물로 계속 나누어 주고 있기 때문이 아닐까요?

평균이윤율의 저하 경향과 상승 경향

『자본론』 1권 '자본의 생산과정'에서 자본의 축적 과정이 실업자를 점점 더 증가시키는 '경향'이 있다고 말한 마르크스는 3권 '자본주의적 생산의 총과정'에서는 자본의 축적 과정이 이윤율을 저하시키는 '경향'이 있다고 말합니다. 전자가 자본주의의 발달이 노동자계급에게 주는 영향을 집약한 것이라면, 후자는 자본가계급에게 미치는 영향을 요약한 것입니다. 그리고 실업자의 증가 경향과 이윤율의 저하 경향은 모두 자본가들이 상대적 잉여가치를 증가시키기 위해 기계화·자동화·로봇화를 도모하기 때문에 생기는 것입니다.

마르크스가 즐겨 사용하는 경향tendency이라는 용어는 법칙law과 같은 의미를 가지고 있지만, 기계화·자동화·로봇화는 하나의 경향을 만들어 내는 것이 아니라 두 개의 상반되는 경향을 만들어 낸다는 것을 우리가 분명히 이해해야 할 것입니다. 자본의 축적 과정에서 상대적 잉여가치를 생산하기 위해 기계화가 진행되는 것은 필연적입니다. 그런데 이 기계화는, 한편에서는 면방적 기계가 물레를 돌리는 노동자들을 축출하여 실업자를 만들어 내는 경향이 있지만, 다른 한편에서는 면방적업을 크게 확장시킬 뿐 아니라 면방직업과 의류업을 활성화시켜 수많은 노동자들을 고용하는 경향도 낳는다는 점을 항상 기억해야 합니다. 다시 말해 기계화는 한편에서는 실업자를 만들어 내는 경향을 가지고, 다른 한편에서는 취업자를 증가시키는 경향을 가지는데, 마르크스는 이 두 경향 그 자체를 각각의 법칙으로 인정한다는 것입니다. 예컨대 기계화는 노동자를 기계로 대체함으로써 실업자를 증가시키는 '경향' 또는 '법칙'을 가지며, 기계화는 투하자본의 규모를 증가시켜 실업자를 감소시키는 '경향' 또는 '법칙'을 가지고 있다고 말하는 것입니다. 왜냐하면 기계화가 실업자를 증가시킬 것인가, 아니면 감소시킬 것인가는 이론 차원에서는 판명할 수가 없고, 현실에서 판명될 수 있는 문제이기 때문입니다. 마찬가지로 '이윤율의 저하 경향'도 '이윤율의 상승 경향'과 나란히 각각의 법칙으로 제출된 것이고, 현실적으로 이윤율이 저하한다고 예측한 법칙은 아니라는 것을 아래에서 볼 수 있을 것입니다.

이제 연간 평균이윤율이 어떻게 변동할 것인가를 이윤율 공식 〈8-1

식〉(이 책 212쪽)을 이용해 살펴봅시다.

자본가들은 노동일을 무제한 연장할 수 없으므로, 노동생산성을 향상시켜 상대적 잉여가치를 생산하려고 기계화·자동화·로봇화를 광범히 도입하게 됩니다. 이것은 자본가들 사이에서 '초과이윤'을 얻는 경쟁에서도 볼 수 있습니다. 이런 기계화·자동화·로봇화는 연간이윤율에는 서로 상반되는 영향을 미치게 됩니다.

한편으로 기계화·자동화·로봇화는, 잉여가치를 창조하는 노동자들의 수(Q_v)보다 잉여가치를 창조하지 않는 기계와 원료의 수량(Q_c)을 더욱 크게 함으로써, 연간이윤율 공식(8-1 식)에서 Q_c/Q_v가 증가하게 됩니다.* 그리고 Q_c/Q_v의 증가 그 자체는, 〈8-1 식〉의 다른 여러 변수들—P_c/P_v, t, s/v—이 어떻게 변동하더라도, 연간이윤율 r을 저하시키는 요인으로 작용하게 될 것입니다. 마르크스가, "자본이 노동생산성을 높여 상대적 잉여가치를 생산하는 과정에서, Q_c/Q_v(즉 자본의 기술적 구성)가 증가하여 연간이윤율을 저하시키는 '경향'이 있다"고 말한 것은 바로 이것을 가리킵니다.

다시 말해 '이윤율의 저하 경향'은, 기계화가 잉여가치를 창조하지 않는 기계와 원료의 수량을 잉여가치를 창조하는 취업노동자의 수보다 상대적으로 증가시키기 때문에 생기는 법칙입니다.

$\frac{Q_c}{Q_v}$ 가 증가한다는 것의 의미

이것을 마르크스는 '자본의 기술적 구성'이 상승하게 된다고 말합니다. '자본의 기술적 구성'이라고 이름 붙인 이유는, 어떤 사업에서나 기계·원료 등 불변자본 요소들과 노동자들이 필요한데, 이것들은 사업의 성격에 따라 '기술적으로' 상이한 구성 비율을 가지기 때문입니다.

다른 한편으로 기계화는 노동생산성을 향상시켜 상대적 잉여가치를 생산하기 때문에, 당연히 이윤율을 상승시키는 '경향'을 만들어 냅니다. 왜냐하면 기계화는 생활필수품뿐 아니라 기계와 원료의 가치(또는 가격)를 저하시킬 것이고, 자본의 회전시간도 감소시킬 것이기 때문입니다. 이렇게 되면, 잉여가치율 s/v가 증가하고, 투자총액(=c+v)은 감소하며, 유동자본의 연간 회전수 t는 증가하기 때문에, 이런 요소들은 "이윤율을 상승시키는 '경향'을 가진다"고 말할 수 있습니다.

이리하여 자본의 축적 과정에서 기계화·자동화·로봇화는, 한편으로는 이윤율의 저하 경향, 다른 한편으로는 이윤율의 상승 경향이라는 상반되는 경향들을 만들어 낸다고 말해야 할 것입니다. 그런데 이윤율을 저하시키는 경향과 이윤율을 상승시키는 경향은 그 크기를 '이론의 차원'에서 비교할 수가 없기 때문에, 마르크스는 "이윤율이 현실적으로 저하한다거나 상승한다고 예측하지는 않은 것"입니다. 따라서 실제로 이윤율이 상승할 것인가 저하할 것인가는 두 상반되는 경향들 사이의 대결에서 현실적으로 결정될 수밖에 없습니다.

"자본가가 왜 이윤율을 저하시킬 수 있는 기계화를 도입하겠는가?" 하고 의심할 수 있습니다만, '개별' 자본가는 무엇보다 자신의 '초과이윤'을 얻기 위해 기계화를 도입하지 않을 수 없고, 이윤율 저하 경향은 '자본가계급 전체'가 나중에 직면하게 되는 문제입니다. 마르크스는 개별 자본가와 자본가계급 전체 사이의 관계에 대해 다음과 같이 말합니다.

어떤 주식 투기의 경우에도, 언젠가 한 번은 벼락이 떨어지리라는 것[가격이 폭락하리라는 것]을 누구나 알고 있지만, 누구나 자기 자신은 황금의 비를 모아 안전한 장소에 옮겨 놓은 뒤에 그 벼락이 이웃 사람의 머리 위에 떨어질 것을 바라고 있다. 뒷일은 될 대로 되라지! 이것이 모든 자본가와 모든 자본주의 나라의 표어이다. ―『자본론』I(상): 361

또한 흔히들 마르크스가 '이윤율 저하 경향의 법칙'이라고 말한 것을 근거로 삼아, "마르크스는 이윤율이 현실적으로 저하한다고 예측했다"고 주장하는 사람들이 많지만, 그가 『자본론』을 준비하기 위해 쓴 모든 원고들―『정치경제학 비판 요강』(그룬트리쎄Grundrisse), 『잉여가치학설사』 등―에서도 "이윤율이 현실적으로 저하한다"고 결론 내린 곳은 찾을 수가 없습니다. 물론 9장 도입부분에 있는 『자본론』 인용문(이 책 230쪽)을 잘못 읽으면, 이윤율의 저하 경향이 '이론적으로 항상' 이윤율의 상승 경향을 압도하는 것처럼 보입니다만, 마르크스가 이야기하는 것은 1835~1865년에 현실적으로 이윤율이 저하했는데, 이것은 이윤율의 저하 경향이 상승 경향을 압도했기 때문이라는 것뿐입니다. 더욱이 제2인터내셔널에서는 "자본의 투자 능력과 투자 유인을 결정하는 이윤율이 장기적으로 저하하는 경향이 있기 때문에, 이윤율이 0% 수준까지 저하하여 자본주의가 멸망할 때까지 노동자계급은 가만히 앉아 기다리고 있으면 만사형통하게 된다"는 '자동붕괴론'·경제주의·대기주의가 유행했지만, 이것은 경제적·정치적·이데올로기적 지배권을 가진 자본가들이 행하는 잔인한 '위로부터의 혁명'을 완전히 망각하고 있는 일종의 '패배주의'에 지나지 않았습니다. 자본가들은 실제로 이윤율이 감소한다면, 이 감소를 막고 더욱 큰 이윤을 얻기 위해 국가의 외교력과 군사력을 앞세워 해외를 침략하고(제국주의), 국내에서는 파시즘 체제를

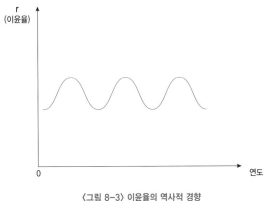

〈그림 8-3〉 이윤율의 역사적 경향

강화하여 노동자와 서민의 피 한 방울이라도 착취하려고 발버둥 칠 것이기 때문입니다.

자본주의의 긴 역사에서 현실의 연간이윤율을 통계적으로 계산한 자료에 따르면, 〈그림 8-3〉과 같이 이윤율은 대체로 주기적으로 상승과 저하를 반복한 것 같으며, 일정한 상승 경향이나 저하 경향을 나타내지는 않았습니다. 자본주의 체제를 타도하는 것은 노동자계급과 서민들의 정치적·이데올로기적 힘입니다.

이윤율의 저하·상승 경향과 공황

이윤율이 저하한다고 해서 반드시 공황이 올까요? 마르크스는 이윤율뿐 아니라 '이윤량'에 대해서도 많은 관심을 가졌습니다. 이윤율의 저하 경향과 상승 경향이 서로 작용하여 실제로 이윤율이 저하하더라도, 경제가 큰 혼란에 빠지는 경우는 대체로 세 가지로 나눌 수 있습니다.

투하자본 총액	이윤율	이윤량
200원	20%	40원
2,000원	10%	200원

축적은 계속된다

〈그림 8-4〉

첫째는 이윤율이 저하하여 이윤량이 어떤 수준 이하로 감소하는 경우입니다.

이윤율은 실제로 저하하더라도 이윤량이 증가하는 경우라면 자본 축적은 계속될 수 있습니다. 왜냐하면 〈그림 8-4〉에서 보듯이 40원보다는 200원으로 더욱 많은 생산수단과 노동력을 구입하여 생산을 확대할 수 있기 때문입니다. 사실상 마르크스는 '투자 의욕'을 자극하는 이윤율보다는 '투자 능력'을 크게 하는 이윤량을 더욱 강조했다고 볼 수 있습니다. 왜냐하면 개별 자본가는 경쟁에서 살아남기 위해 이윤율이 높건 낮건 모든 이윤량을 동원해 새로운 생산방법을 도입하고 생산 규모를 확대해야 하기 때문입니다.

그러나 잉여가치 또는 이윤이 자본으로 전환하려면, 이윤의 규모가 최소한 기계 한 대와 일정한 수량의 원료와 노동력을 구입할 수 있는 수준—이것이 이른바 '자본의 최소 규모'입니다—이상으로 커야만 합니다. 어떤 국민경제에서 주요한 위치를 차지하는 대기업 A의 이윤율이 저하하여 이윤량이 자본의 최소 규모 이하로 감소하는 경우에는, A는 생산 규모를 확대할 수 없게 됩니다. 이렇게 되면 사회 전체적으로 다음과 같은 결과를 일으키게 됩니다.

A는 매년 다른 기업들이 생산하는 기계나 원료를 예컨대 10%씩 증

가시켜 구매했는데, 이제는 생산 규모를 확대할 수 없기 때문에 다른 기업들이 관례에 따라 10% 증가 생산한 기계와 원료를 구매할 수 없게 됩니다. 또한 A는 매년 10%씩 취업노동자를 증가시켰으므로 A의 노동자들에게 소비재를 파는 기업들은 금년에도 예년과 마찬가지로 소비재 생산을 10% 증가시켰지만, 이 증가분을 팔 수 없게 됩니다.

이리하여 A에게 생산재와 소비재를 공급하던 기업들은 생산한 상품 전량을 판매하지 못해 일부 상품을 창고에 쌓아 둘 수밖에 없으며, 이들 기업들은 은행에서 차입한 금액을 갚을 수 없어 도산할 처지에 놓이게 됩니다. 물론 A는 이윤율의 저하를 예상하지 않고 미리 생산 규모의 확대를 계획하여 은행에서 자금을 차입했을 것이므로, A가 이윤율의 저하로 은행 차입을 제때에 갚지 못해 도산할 수도 있습니다. 이리하여 경제 전체에서 생산재와 소비재에 대한 유효수요가 부족해지고 채무를 제때에 상환하지 못해 기업들이 줄줄이 도산하면서 공황이 폭발하게 되는 것입니다.

이처럼 자본주의적 공황은 항상 생산량이 소비량보다 너무 크다는 '과잉생산' 현상을 취하고 있습니다. 그러나 소비재의 과잉생산은, 소비재가 서민들의 필요를 모두 충족시키고도 남을 정도로 많이 생산된 것을 가리키는 것은 아니며, 기계의 과잉생산도 기계가 모든 노동 가능 인구를 취업시키고도 남을 정도로 많이 생산된 것을 가리키는 것은 아닙니다.

상품들의 과잉생산은, 상품들이 현재의 가격 수준을 인하해야 할 정도로 너무 많이 생산되어, 자본가들이 자본의 가치 증식을 종래와 같은 규모로 도모할 수 없게 되었다는 의미입니다. 다시 말해 상품들이 자본가의 가치 증식 욕심에 비해 너무 많이 생산되었다는 말입니다. '과잉'이라는 용어를 이처럼 사용하는 경우는 실업자를 '과잉인구'라고 부를 때도 볼 수 있습니다. 사실상 실업자는, 자본가가 이윤을 얻기 위해 필요로 하는 노동자 수보다 지금의 취업노동자 수가 더 많아서 취업노동자의 일부를 해고하기 때문에 생기는 것이므로, 실업자는 자본가의 가치 증식 욕심에 비해 너무 많은 노동인구라고 정의해야 할 것입니다. 노동자의 경력이나 스펙이 모자라서 실업자가 된다고 말해서는 안 됩니다.

둘째는 이윤율이 저하하는 상황에서 이윤량을 증가시키기 위해 자본가들이 경쟁하다가 공황이 폭발하는 경우입니다.

이윤율이 저하하면 자본가들은 오히려 자본 규모를 증가시켜 이윤율의 저하를 이윤량의 증대로 보상하려고 경쟁하게 됩니다. 자본가들은 은행에서 대출을 많이 받아 사업을 확장하여 경쟁자의 시장을 빼앗으려고 시도하기 때문에, 은행의 대출금리가 상승하고 노동자의 임금수준이 상승하며 기계와 원료의 가격도 상승하게 되어, 오히려 이윤율이 더욱 낮아집니다. 이리하여 이윤율이 이자율보다 훨씬 낮아질 경우 기업들은 대출을 상환하지 못해 도산함으로써 공황이 폭발하게 되는 것입니다.

셋째는 자본축적에 따라 기업 규모가 증대하면서 이윤율이 저하하면, 투기가 더욱 활발해지고 투기의 실패가 공황을 일으킵니다.

자본축적에 따라 평균적 기업의 설립이나 유지에 필요한 화폐자본의 규모가 증대하게 되면, 소규모 자본은 생산 영역에 투자될 수 없으므로 유통 영역에서 투기적 이익을 노리게 됩니다. 예컨대 호황이 계속되리라고 예상하여 투기꾼들이 주요한 완제품이나 원자재를 한꺼번에 대량으로 구매하여 창고에 감추어 두면, 시장에서는 완제품이나 원자재가 모자라고 이것의 가격은 상승하므로, 생산자들은 상품이 잘 팔린다고 잘못 생각하여 투기적으로 생산을 확대하게 됩니다. 이런 투기적 거래와 투기적 생산은 결국 은행의 과잉 대출을 낳게 되고, 상품들이 시장을 포화시켜 잘 팔리지 않고 가격이 폭락하면, 투기꾼들은 차입한 자금을 상환할 수 없게 되어 도산함으로써 공황이 폭발하게 됩니다. 물론 주식과 기타 유가증권에 투기하는 경우에는 주식 가격이 주식회사의 수익성과 너무 큰 차이(이것이 바로 '거품'입니다)가 나게 되면 누구라도 주식을 먼저 팔려고 하기 때문에 주식 가격은 폭락하고 주식 소유자는 도산함으로써 공황이 발생하게 됩니다.

2008년의 세계금융공황도 마찬가지 이유로 생긴 것입니다.

1980년 이래 생산 활동이 활발하지 못하여 대부분의 화폐자본이 증권시장에서 투기에 종사하고 있었습니다.

예컨대 주택담보대출(모기지)의 증가와 주택 가격의 상승은 서로서로 원인과 결과가 되면서, 모기지 규모를 대폭 증가시키게 됩니다. 주택 가격이 상승하고 모기지 대출이 쉽게 허가되기 때문에, 특히 높은 이자율을 지불해야 하는 '비우량' 차입자들이 모기지 대출을 많이 받게 됩니다. 월 가의 금융 천재들은 '비우량' 모기지 대출에서 얻을 수 있는 높은 원리금 수입에 주목하여, 이 높은 원리금 수입을 담보로 모기지담보증권(MBS)이라는 증권을 만들어 냈습니다. 금리가 높지 않은 상황에서 비우량 모기지에서 얻을 원리금 수입이 너무나 크기 때문에, MBS의 가격이 폭등하기 시작하고 세계의 투기꾼들이 대부분 이 MBS를 구매하게 된 것입니다.

그런데 이 MBS는 비우량 차입자가 높은 금리의 모기지 원리금을

제때에 갚아야만 거대한 수익을 올릴 수 있다는 근본적인 토대를 월 가의 금융 천재들은 투기꾼들에게 경고하지 않은 것입니다. 비우량 차입자들은, 산업자본가들이 이윤을 올리기 위해 취업노동자를 해고하며 임금을 깎고 비정규직으로 돌리는 바람에, 그 큰 원리금 부담을 감당할 수가 없어 주택을 압류

당하기 시작한 것입니다. 이제 주택 가격은 폭락하고 MBS 가격도 폭락하게 되어, 투기꾼들인 소규모 금융회사들은 도산하고 세계 최대의 예금은행들과 투자은행들이 도산 위기에 빠지면서, 세계금융공황과 세계대공황이 터진 것입니다.

생산과 분배 사이의 관계*

이른바 분배를 가지고 야단법석을 떨고 거기에 중점을 두는 것은 도대체 잘못된 것이다. 어느 시기에도 소비 수단의 분배는 생산조건 자체의 분배의 결과일 뿐이고, 생산조건의 분배는 생산양식 자체의 특징이다. 예컨대 자본주의적 생산양식은, 물적 생산조건들은 자본소유와 토지소유의 형태로 노동하지 않는 사람들의 수중에 있는 반면에, 대중은 인적 생산조건인 노동력의 소유자일 뿐이라는 사실에 근거하고 있다. 생산요소들이 이렇게 분배되면 오늘날과 같은 소비 수단의 분배가 저절로 생긴다. 물적 생산조건들이 노동자들 자신의 협동조합적 소유가 되면 오늘날과는 다른 소비 수단의 분배가 생기게 마련이다. 부르주아 경제학자들을 본받은 속류 좌파들(그리고 이들을 다시 본받은 일부의 민주주의자들)은 분배를 생산양식과는 독립적인 것으로 간주하여 그렇게 다루고 있으며, 따라서 자본주의의 변혁은 주로 분배를 중심 과제로 삼고 있는 것처럼 서술하고 있다.

-『고타강령 초안 비판』CW 24: 87~88.

이것이 토마 피케티의『21세기 자본』(2013)에 제시된 변혁 방법에 대한 마르크스의 핵심적 비판이다.

9

상업자본과 금융적 자본

Das Kapital.

Kritik der politischen Oekonomie.

Von

Karl Marx.

이자 낳는 자본은 M―M´의 형태를 취하는데, 여기에서는 자본과 노동 사이의 착취 관계는 전혀 보이지 않는다. 화폐가 더 많은 화폐를 낳는 신비한 힘을 가진 것처럼 보인다.

『자본론』 III : 478

역사적 분석과 논리적 분석

지금까지 산업자본에 관해서만 이야기했습니다. 『자본론』도 사실상 1권에서 3권 3편까지는 주로 산업자본을 다루었습니다. 그리고 3권 4편은 상업자본과 상업이윤, 5편은 이자 낳는 자본(고리대자본)과 이자, 6편은 토지소유와 지대, 7편은 부르주아 경제학의 분배 이론 비판입니다.

왜 마르크스는 역사적 순서와는 반대로, 산업자본을 가장 먼저 이야기하고 상업자본, 고리대자본, 토지소유 순으로 이야기할까요? 『자본론』을 읽지도 않고 아는 체하는 사람들은 "『자본론』은 역사의 흐름을 논리적으로 분석했다"고 떠들어댑니다. 그러나 인류의 경제적 발전을 역사의 순서대로 말하거나, 자본주의 경제의 탄생과 발전을 '역사적 시간'의 관점에서 분석한다면, 『자본론』은 다음과 같은 순서로 서술했어야 합니다.

토지소유	→	상인자본	→	고리대자본	→	산업자본
봉건적 토지소유의 붕괴		상업자본의 옛날 형태		금융적 자본의 옛날 형태		자본주의 경제를 지배하는 자본 형태

마르크스가 산업자본을 가장 먼저 서술한 이유는 『자본론』 집필 목적을 살펴보면 곧 알 수 있습니다. 마르크스가 『자본론』을 쓴 목적은 '자본주의 사회의 경제적 운동법칙'을 밝히는 것이었습니다. 그런데 어떤 형태의 사회에서든 생산을 하지 않으면 지배계급이나 피지배계급이 먹고살 수가 없는데, 자본주의 사회에서 '생산'을 장악한 자본이 산업자본이기 때문입니다. 또한 자본주의 사회의 두 개의 큰 계급들—자본가

계급과 노동자계급―사이의 대립과 투쟁을 가장 분명하게 드러내는 자본이 산업자본이기 때문입니다. 그리고 자본주의 사회의 지배계급―예컨대 금융적 자본가, 토지소유자, 상업자본가, 산업자본가, 주식소유자, 국가 관리들―에게 이자·지대·상업이윤·산업이윤·배당·조세 따위의 형태로 소득을 제공하는 원천인 '잉여가치'를 임금노동자계급으로부터 착취하는 자본도 바로 산업자본이기 때문입니다. 이처럼 자본주의 사회를 특징짓고 있는, 또는 '물들이고 있는' 자본 형태는 산업자본이기 때문입니다. 즉 자본주의 경제와 사회를 발전시키는 원동력이 산업자본이기 때문에, 마르크스는 산업자본이 잉여가치를 어떻게 생산하며 이 잉여가치를 어떻게 자본으로 전환시키는가를 자세히 설명한 뒤에, 기타의 자본 형태들―상업자본, 금융적 자본, 토지 재산―은 산업자본과 어떤 관계를 맺으면서 자기 자신을 유지하고 증식하고 있는가를 '자본주의적 생산의 총과정'이라는 『자본론』 3권의 4편부터 6편까지에 걸쳐 서술한 것입니다.

상업자본, 금융적 자본, 그리고 토지 재산이 자기의 가치를 증식시키는 방법을 간단하게 설명한 다음, 이것들이 산업자본과 맺고 있는 관계를 파악해 봅시다.

첫째, 상업자본과 상업이윤에 관한 것입니다.

상인은 산업자본가가 생산한 상품을 구매하여 소비자에게 판매하는 사업을 합니다. 상인을 고려하지 않은 단계에서는, 산업자본가가 직판장을 만들고 판매원을 고용하여 생산물을 소비자에게 직접 팔았습니다. 그런데 산업자본가는 생산물을 만든 뒤에 상인에게 그 생산물을 곧바로 팔아 버리는 것이 오히려 이익이 되겠다고 생각합니다. 이 때문에 상인이 생산물 판매 업무를 도맡아 하게 된 것이고, 산업과 상업 사이에 사회적 분업이 생긴 것입니다. 이 사회적 분업은 경제 발전에 크게 기여했습니다. 왜냐하면 산업자본가는 직판장 운영비를 면제받고, 생산물의 판매 대금을 주문생산과 마찬가지로 빨리 회수하여, 공장의 생산 규모를 이전보다 더 확대할 자금을 얻게 되었기 때문입니다. 그리고 상인은 수많은 산업자본가들의 생산물 판매 업무를 떠맡았기 때문에, 산업자본가 전체의 직판장 운영비보다 훨씬 적은 돈으로 판매 업무를 수행하게 되었고, 판매 전문가로서 생산물의 판매시간을 단축하여 자본의 연간 회전수를 증가시킬 수 있게 되었습니다.

상인의 이런 사회적 공헌으로 말미암아 상업자본가는 산업자본가와 마찬가지로 '사회적 평균이윤'을 얻는 것입니다. 이것이 '상업이윤'입니다. 산업자본의 이윤율이 상업자본의 이윤율보다 높다면 상업자본가도 산업에 투자하려 할 것이고, 상업자본의 이윤율이 산업자본의 이윤율보다 높다면 산업자본가도 상업에 투자하려 할 것이기 때문에, 두 자본 형태 모두가 평균이윤율을 얻어야만 사회적 분업이 유지됩니다.

여기에서도 상인은 생산물을 이것의 '가치'대로 소비자에게 판다는 가정이 적용되고 있습니다. 왜냐하면 『자본론』 전체에서 마르크스는 상품은 그 상품의 가치대로 매매된다고 가정하여 상품의 매매 과정에서 잉여가치가 생기는 것을 원천적으로 막았기 때문입니다. 물론 상인은 다음과 같은 과정을 통해 상업이윤을 얻습니다.

상업이윤 = 상인이 최종 소비자에게 파는 상품의 판매 가격(즉 그 상품의 가치)

− 산업자본가가 상인에게 파는 생산물 가격

이 상업이윤이 결국 산업자본가가 공장 노동자를 착취하여 얻은 '잉여가치'의 일부라는 것은 뒤에서 설명할 것입니다.

둘째, 금융적 자본financial capital에 관한 것입니다.

금융적 자본은『자본론』에서는 이자 낳는 자본interest-bearing capital이라고 불리던 것인데, 거기에서는 은행자본—예금자로부터 유휴화폐를 받아 그것을 '대부자본'으로 전환시킨 뒤 이 대부자본을 자본가들에게 빌려주고 '이자'를 얻는 자본—이 주된 고찰 대상이었습니다. 그러나 현재에는 금융거래가 매우 다양하게 발달하여, 예금은행·투자은행·증권회사·보험회사·부동산회사 등이 온갖 금융 활동을 벌이고 있기 때문에, 예금·대출 업무 이외에도 주식·국채·회사채·기타 유가증권의 발행과 매매를 통해 투기 이득을 얻는 자본들을 모두 '금융적 자본'이라고 불러 여기에서 논의하려고 합니다. 제가 말하는 '금융적 자본'은 그 개념에서 힐퍼딩R. Hilferding(1877~1941)이 창조한 금융자본finance capital과는 다릅니다. 힐퍼딩의 금융자본은 '독점적 산업자본'과 '독점적 은행자본'이 융합한 '최고 형태의 독점자본'을 가리킵니다. 우리나라의 예를 들면 전자 산업, 전기 산업, 자동차 산업, 중화학공업 등에서 독점적인 지위를 차지하면서도 증권회사, 지방은행, 보험회사, 투자자문회사, 사금융회사 등 금융업에서도 독점적 지위를 차지하는 '재벌'이 '금융자본'에 속할 것입니다〔루돌프 힐퍼딩 지음, 김수행·김진엽 옮김,『금융자본론』(비르투, 2011)을 읽어 보세요〕.

금융적 자본의 순환은 M—M′의 형태를 취하는데, 예컨대 100원이 얼마 동안의 시간이 지난 뒤 300원이 된다는 것입니다. 100원을 빌려주고 3개월 뒤에 300원을 받는다든가, 100원을 주식에 투자하고 6개월 뒤에 그것을 팔아 300원을 얻는다는 이야기입니다. 100원이 300원으로 증식하는데, 금융적 자본가가 실제로 행한 '생산적 노동'은 전혀 없습니다. 따라서 금융적 자본가는 금리생활자, 불로소득자, 사회의 기생층, 투기꾼 등으로 비난받고 있습니다. 그러나 뒤에서 보듯이 금융업도 산업과 상업과 함께 사회적 분업을 구성하여 사회적 평균이윤을 얻고 있습니다.

셋째, 토지 재산 또는 토지소유에 관한 것입니다.

토지소유자는 농업용 토지, 건축용 토지, 광산용 토지 등을 소유하는데, 그는 자본가(농업자본가, 건축자본가, 광산자본가)에게 토지를 빌려주고 토지의 사용료로 지대rent를 받습니다. 예컨대 농업자본가는 토지소유자로부터 토지를 일정 기간 동안 빌리고, 농업노동자를 고용하여 농산물을 생산하며, 이 농산물을 팔아 토지에 투하한 불변자본과 가변자본을 회수하면서 잉여가치를 얻습니다. 그리고 이 잉여가치의 일부를 토지소유자에게 지대로 지불하는 것입니다. 물론 매년의 지대 지불액은 미리 서로 합의한 금액입니다. 건축용 토지나 광산용 토지의 소유자도 거의 마찬가지 방식으로 지대를 얻고 있습니다. 따라서 토지소유자도 '불로소득자'임에 틀림없습니다.

위에서 본 것처럼 마르크스의 분석 방법은 각종 자본 형태들의 역사적 선후 관계를 따르는 것이 아니라, 자본주의 사회의 핵심 자본을 분석한 뒤 이 핵심 자본과의 관계를 중심으로 기타의 자본 형태를 분석하는 논리적 분석입니다. 마르크스는 생산을 담당하고 잉여가치를 최초로 사유appropriate하거나 수취하면서 자본주의 경제를 지배하는 산업자본을 가장 먼저 분석합니다. 그리고 산업자본과 어떤 내용의 '종속적' 관련을 맺고 있는가의 관점에서 상업자본과 금융적 자본 및 토지소유를 분석하여 다음과 같은 순서로 서술한 것입니다.

산업자본 → 상업자본 → 금융적 자본 → 토지소유

그리고 이 '논리적 분석'을 보완하기 위해, 자본주의 이전의 상인자본, 고리대자본, 토지소유가 산업자본에 종속되어 가는 과정을 '역사적으로' 설명했습니다. 이것이 『자본론』의 방법론입니다.

상업자본과 상업이윤

상인은 산업자본가가 생산한 상품을 구매하여 최종 소비자에게 판매하는 업무를 합니다.

흔히 우리는 상인이 마음대로 가격을 붙여서 최종 소비자에게 판다고 생각합니다. 만약 상인이 자기가 원하는 가격대로 소비자에게 판매한다면, 상인은 그 상품을 독점하고 있다는 것을 의미합니다. 상인이 독점하고 있는 상품의 가격은 그 상품의 생산비용과는 아무런 관련이 없습니다. 마르크스는, "우리가 독점가격이라고 부르는 것은 일반적으로 생산물의 가격이 생산가격〔비용가격＋평균이윤〕이나 가치에 의해 결정되는 것이 아니라 구매자의 욕망과 지불 능력에 의해 결정되는 것을 가리킨다"(『자본론』 III(하): 942)고 말합니다. 다시 말해 상품의 독점가격은 그 상품의 소유자가 구매자의 욕망과 지불 능력에 근거를 두고 상품의 가격을 자기 마음대로 결정한 것입니다. 따라서 마르크스는 『자본론』 전체에서 독점가격은 논의하지 않고 상품은 그 가치대로 판매된다고 가정한 것입니다.

산업자본가는 상인에게 제품을 판매함으로써, 직판장을 세워 스스로 상품을 판매할 때보다 비용을 크게 절약할 수 있으며, 이 절약한 비용으로 생산 규모를 확대하여 더 많은 잉여가치를 생산할 수 있습니다. 그리고 상인에게 상품을 팔면서 곧바로 화폐를 받기 때문에, 상품의 판매시간 동안 생산을 계속하기 위해 가지고 있어야 할 추가 자본이 필요 없게 됩니다. 예컨대 상품의 생산에 드는 시간(생산시간)이 6주이고, 상품의 판매에 드는 시간(유통시간)이 3주이며, 매주 자본을 100원씩 투하해야 하는 사업에서는, 생산시간을 위해 600원, 유통시간을 위해 300원, 합계 900원의 자본을 준비해야 이 사업을 운영할 수 있습니다 (6장 참조). 그런데 산업자본가가 상품을 생산하자마자 상인이 상품을 매입한다면, 이것은 주문생산과 같고 산업자본가는 유통시간에 생산을 계속하기 위해 필요한 300원을 준비할 필요가 없어집니다.

상인이 투하해야 할 자본(상업자본)의 규모는 상품을 구매하기 위해 투하하는 자본(B), 그리고 순수유통비용(H)입니다. 순수유통비용은 상점을 건설하고 유지하는 비용과 상품의 매매를 성사시킬 상업노동자의 인건비와 문방구 비용 따위를 가리킵니다. 그런데 이 순수유통비용은 사회적 분업에 따라 상인이 먼저 지불하지만, 자본주의 체제가 담당해야 할 사회적 비용이므로, 사회 전체의 잉여가치에서 충당되어야 할 것입니다.

상인들은 B를 1년에 J번 회전시켜, 산업자본가가 1년에 생산하여 상인에게 판매한 상품 총량을 구매합니다. 산업자본가들이 유동자본 1회전시간에 생산한 상품들의 가치 총액은 산업자본가들이 투하한 자본 총액(A)과 1회전시간에 착취한 잉여가치(s)의 합(＝A＋s)이 됩니다(자본 총액에는 기계와 건물 등 고정자본에 대한 투자는 없다고 가정합니다). 산업자본이 1년에 L번 회전한다면, 1년에 생산한 상품의 가치 총액(Y)은 (A＋s)L과 같습니다. 이 총상품가치를 상인들은 투하자본 B를 J번 회전시켜 구매할 것입니다. 따라서 다음 공식이 성립합니다.

1년에 생산한 상품들의 가치 총액 $Y = AL + sL = (A+s)L = BJ$ 〈9-1 식〉

순수유통비용(H)에서 중요한 것이 상업노동자에 대한 인건비입니다. 상업노동자는 상품을 매매하는 일만 하고, 상품을 배달하고 보관하는 일은 운송업자와 보관업자가 합니다. 따라서 상업노동자는 새로운 가치를 창조하지 않으므로 비생산적 노동자입니다. 비생산적 노동자라는 말은 윤리적, 도덕적 개념이 아니라, 자본가를 위해 직접적으로 잉여가치를 생산하지 않는 노동자를 가리킬 뿐입니다. 이리하여 상업자본—상품을 구매하기 위해 투하한 자본(B)과 순수유통비용(H)—은 가치나 잉여가치를 생산할 수 있는 근거가 하나도 없습니다.

그러나 상업자본이 산업자본의 상품 판매 업무를 대신하게 되면, 산업자본은 더욱 큰 잉여가치를 생산하기 때문에, 산업자본은 상업자본과 사회적 분업을 실시하게 되고, 따라서 산업노동자가 창조한 잉여가치를 '사회적 평균이윤율'에 따라 상업자본과 나누어 가질 수밖에 없습니다. 만약 산업자본가가 스스로 직판점을 설치하여 상품을 판매하는 것에서 얻는 이윤율이 이 '사회적 평균이윤율'보다 높다면, 산업자본가는 상업자본가에게 상품 판매 업무를 맡기지 않을 것이고, 상업자본가는 자기의 고유한 업무를 잃어버리게 될 것입니다. '자유로운 개인들의 연합'에서는 소비자가 '연합'에 요구한 소비재가 '택배'를 통해 직접 공장에서 배달되기 때문에, 상업자본은 사라집니다.

연간 사회적 평균이윤율 z는, 산업자본의 노동자가 1년에 창조한 잉여가치(유동자본의 1회전시간에 얻은 잉여가치 s에 유동자본의 1년간 회전수 L을 곱한 것)에서 사회 전체가 분담해야 하는 순수유통비용 H를 뺀 것을, 산업자본의 투자액(A)과 상업자본의 투자액(상품 구매 자금 B + 순수유통비용 H)의 합계액으로 나눈 것입니다.

$$\text{사회적 평균이윤율 } z = \frac{\text{1년간의 잉여가치(sL)} - \text{순수유통비용(H)}}{\text{산업자본의 투자액(A)} + \text{상업자본의 투자액(구매자금 B + 순수유통비용 H)}}$$

〈9-2 식〉

산업자본가가 상인에게 상품을 판매하는 가격(Q)은, 상품의 생산에 산업자본가가 투자한 자본 총액의 연간 회전액(AL)과, 산업자본 투자액의 평균이윤(Az)을 합친 것과 같습니다. 이 가격(Q)은 산업자본가가 '사회적 평균이윤'을 얻는 가격이기 때문에, 산업자본가의 생산가격 price of production(=비용가격+평균이윤)이라고 부릅니다. 이 생산가격은 산업자본가가 생산한 상품들의 가치 총액 Y(=투자 총액의 연간 회전액 AL + 연간 잉여가치 총액 sL)와는 다릅니다. 왜냐하면 산업자본이 착취한 연간 잉여가치 총액이 산업자본가와 상업자본가에게 각각의 투자액에 따라 평균적으로 분배되었기 때문입니다.

$$Q = AL + Az \quad \text{〈9-3 식〉}$$

상인은 이 가격(Q)으로 구입하고, 판매 활동을 위해 지출하는 순수 유통비용(H)을 회수해야 하며, 또한 자기가 투하한 상업자본(상품 구매 자본 B + 순수유통비용 H)에 대한 사회적 평균이윤을 얻어야 하기 때문에, 상인이 최종소비자에게 판매하는 가격(R)은 다음과 같습니다.

$$R = Q + H + (B + H)z \quad \text{⟨9-4 식⟩}$$

상인은 자기 마음대로 상품의 판매가격을 높게 매겨 최종 소비자에게 판매할 수 없습니다. 다시 말해 상인은 이 상품을 이것의 가치대로 최종 소비자에게 판매해야 합니다. 그러므로 상인의 판매가격은 상품의 가치와 동일해야 합니다. 즉 상인의 판매가격 R(9-4식)은 상품의 가치총액 Y(9-1 식)와 같아야 합니다. 같은지 검토해 봅시다.

$$
\begin{aligned}
R &= Q + H + (B + H)z = \underbrace{(AL + Az)} + H + (B + H)z \qquad \text{⟨9-3 식⟩} \\
&= AL + H + z(A + B + H) \\
&= AL + H + \underbrace{(sL - H)} \qquad \text{⟨9-2 식⟩} \\
&= \underbrace{AL + sL = Y} \qquad \text{⟨9-1 식⟩}
\end{aligned}
$$

결국 상업자본은 산업자본의 잉여가치 형성에 기여함으로써, 산업자본에 고용된 노동자들이 창조한 잉여가치를 산업자본과 함께 사회적 평균이윤율에 따라 나누어 가집니다. 결국 상업자본이 고용한 상업노동자는 잉여가치를 창조하지는 못하지만, 상업자본이 사회적 분업에서 하나의 기능을 담당함으로써, 사회적 평균이윤율의 형성에 참가하고 평균이윤—이것은 잉여가치가 분배된 형태입니다—을 '상업이윤'의 형태

로 얻게 됩니다. 이 경우에도 상인이 최종소비자에게 파는 상품들의 가격 총액은 상품들의 가치 총액과 동일합니다.

그런데 상업자본은 스스로 가치와 잉여가치를 창조하지 않기 때문에 〈9-2 식〉에서 보는 바와 같이, 사회적 평균이윤율을 저하시키는 '경향'을 지니고 있습니다. 그렇지만 상업자본은 산업자본이 생산한 상품들을 더욱 적은 비용으로 그리고 더욱 짧은 시간에 판매함으로써, 사회의 총자본 중 산업자본의 규모를 증가시키고 연간 잉여가치량을 더욱 증가시켜 사회적 평균이윤율을 증가시키는 '경향'도 지니고 있습니다. 후자의 경향은, 다음에서 보는 바와 같이 상업자본가들 사이의 경쟁 때문에 더욱 촉진되고 있습니다.

상인들 사이의 경쟁을 잠깐 살펴봅시다. 예컨대 동일한 상품을 파는 세 명의 상인 '갑', '을', '병'이 각각 1년에 1,000억 원어치의 상품을 판매하고 있는데, 각 상인의 투하자본(상품 구매 자금＋순수유통비용)은 동일한 규모이지만, 자본의 연간 회전수가 갑은 2회, 을은 4회, 그리고 병은 8회라고 가정합시다. 이런 상황에서는 각 상인이 자본의 1회전시간에 거두어 들여야 하는 금액은 갑은 500(＝1,000/2)억 원, 을은 250(＝1,000/4)억 원, 병은 125(＝1,000/8)억 원이 될 것이며, 따라서 병이 동일한 상품을 가장 낮은 가격으로 팔 수 있습니다. 이 현상은 '박리다매'—"상인은 상품 가격을 다른 상인들보다 낮게 팔기 때문에 상품을 더욱 많이 팔 수 있다"는 이야기—와는 전혀 반대로, 예컨대 상점의 위치가 다른 상인들보다 훨씬 좋아서 상품들이 잘 팔리기 때문에 상품 가격을 낮출 수 있다는 것을 가르쳐 줍니다. 그런데 '일물일가'의 법칙(동일한 상품은 오직 하나의 가격만 가진다는 법칙)이 작용하여, 을이 상품을 판매하는 가격이 '시장가격'이 된다면, 병은 자본의 1회전시간에 +125억 원의 '초과이윤'—병은 125억 원에 팔 것을 250억 원에 팔기 때문입니다—을 얻게 되고, 갑은 자본의 1회전시간에 -250억 원의 초과이윤—갑은 500억 원에 팔아야 할 것을 250억 원에 팔 수밖에 없기 때문입니다—을 얻어 사실상 상점 문을 닫지 않을 수 없게 됩니다.

이런 결과가 생기기 때문에, 상인들은 서로 경쟁적으로 고객 유치 대책을 세우고 좋은 위치에서 상점을 열며, 또한 순수유통비용을 줄이기 위해 상업노동자에 대한 착취(노동시간, 노동강도, 임금수준 등에서)를 강화하게 되는 것입니다. 물론 이 경쟁은 새로운 잉여가치를 창조하는 경쟁은 아니고, 상업자본 전체에게 분배되는 잉여가치를 누가 많이 가져가는가를 둘러싼 상인들 사이의 경쟁입니다. 그런데 이 경쟁은 상업자본의 규모를 산업자본의 잉여가치 생산에 적합하게 함으로써 사회적 평균이윤율이 어떤 '정상적인' 수준을 유지하게 합니다.

물론 상인은 유통과정에서 산업자본이 수행해야 하는 상품 판매 업무를 담당함으로써 산업자본이 창조한 잉여가치를 산업자본과 함께 나누어 가지는 것이 원래의 기본적 활동이지만, 상인은 유통과정에서 자기 스스로 독자적인 이윤 획득 방법을 개발할 수 있습니다. 예컨대 상인은 호황으로 완제품과 원자재의 가격이 등귀하기 시작하면, 이 상품들을 대량으로 구매해 창고에 쌓아 놓고 상품 가격을 폭등시킴으로써, 투기 이득을 얻을 수 있습니다. 이런 투기 활동은 산업자본가에게 상품을 더욱 많이 생산하도록 자극할 수 있는데, 이 상품들은 나중에 팔리지 않게 될 것입니다. 이런 투기 활동에서 얻는 상업이윤은 산업자본이 창조한 잉여가치를 나누어 가지는 것과는 전혀 관련이 없어집니다. 이 투기 이득은 순전히 상품들의 매매 가격 차이에서 나오며 이 상품들의 수요자인 다른 자본가들이나 노동자들의 주머니를 털어 얻는 이득일 뿐입니다. 이런 의미에서 투기 이득은 정상적인 상업이윤―산업자본이 생산한 잉여가치를 나누어 가진 것―이 아니라 '거품'이며, 이 거품이 터질 때 거대하게 팽창한 상업자본의 규모는 상인들의 도산을 통해 대폭 축소되고, 드디어 산업자본의 잉여가치 생산에 적합한 규모로 되돌아올 것입니다. 마르크스는 다음과 같이 말합니다.

> 상업자본의 운동은, 자립화하더라도 유통영역 안에서 산업자본의 운동일 따름이다. 그러나 이 자립화 때문에 상업자본은 일정한 범위 안에서는 재생산 과정의 장벽들과 독립하여 운동하고, 이리하여 또 이 재생산 과정을 그 장벽들을 넘어서까지 추진한다. 내적 의존성과 외적 자립성은 상업자본을 그 내적 관련이 공황에 의해 폭력적으로 회복되는 지점까지 몰고 간다. ―『자본론』III(상): 368

금융적 자본과 이자·배당·투기 이득

예금은행, 투자은행, 지방은행, 증권회사, 저축은행, 보험회사, 부동산

회사 등이 금융적 자본을 대표하는 기구들입니다. 예금은행은 기본적으로 금전출납 업무(예컨대 기업의 현금을 보관하고 지급하는 업무, 당좌계정을 관리하는 업무 등)와 예금·대부 업무를 담당합니다. 금전출납 업무는 각 개별 자본가들이 금전출납을 위해 금고를 설치하거나 경리사원을 둠으로써 생기는 거대한 사회적 비용을 절약하고, 예금·대부 업무는 유휴화폐자본을 활동적인 화폐자본으로 전환시켜 잉여가치의 생산을 확대하는 효과를 가집니다.

투자은행과 증권회사는 예금은행이나 여유자금 소유자로부터 자금을 빌려 주식과 채권(국채와 회사채) 등 유가증권의 매매를 통해 수익을 올립니다. '신규로 발행되는' 주식과 회사채를 구매하는 투자은행과 증권회사는 자금을 그 발행 회사에 모아 주기 때문에 산업자본에 의한 잉여가치 생산에 '간접적으로' 기여합니다. 그러나 주식과 회사채의 발행시장이 아니라, 이미 발행된 유가증권을 사고파는 시장인 '유통시장'은 산업자본의 자본 규모를 조금도 변경시키지 않습니다.

투기를 통해 일확천금을 꿈꾸는 시장이 바로 유가증권의 유통시장입니다. 제로섬zero-sum 게임과 같습니다. 특히 우리나라 증권시장의 주식 회전 속도는 세계에서 1등입니다. 또 놀라운 점은 전문가가 아닌, 자본이 많지 않은 다수의 일반인들이 주식 매매에 뛰어든다는 것입니다. 예컨대 어떤 회사의 주식을 사려 한다면 그 회사가 어떤 업무를 하는지 그 회사가 곧 중요한 상품을 개발한다든지 또는 중요한 투자 계획을 발표한다든지 하는 정보가 필요합니다. 그리고 자금력이 있어야 합니다. 주식시장이 발달한 나라에서 빈부격차가 격심해지는 것은 이런 고급 정보가 일부 엘리트에게 집중되어 있기 때문입니다.

금전출납이나 예금·대부 업무, 그리고 투자 업무를 수행하기 위해서는, 금융회사들은 '자기자본'(f)을 투하하여 건물과 각종 사무기계를 사야 하고 금융노동자를 고용해야 합니다. 금융회사의 이런 자기자본(f)은, 비록 잉여가치를 창조하지는 않지만, 산업자본의 잉여가치 생산에 크게 기여하기 때문에, 산업자본·상업자본과 더불어 사회적 평균이윤율의 형성에 참가합니다. 그러나 이런 자기자본(f)은 자본주의 경제 전체를 위한 순수유통비용에 지나지 않으므로, 이 순수유통비용은 사회 전체의 잉여가치(결국 산업자본가가 고용한 임금노동자들이 창조한 잉여가치)에서 보충되어야 합니다. 따라서 앞에서 말한 〈9-2 식〉(이 책 239쪽)의 연간 사회적 평균이윤율 z는 z′과 같이 수정되어야 합니다.

$$z' = \frac{sL - H - f}{A + (B + H) + f} \quad \text{〈9-5 식〉}$$

이 공식에서 우리는 금융회사들이 금융활동을 통해 산업자본의 잉여가치 생산을 크게 촉진하지 못한다면, 사회적 평균이윤율이 크게 저하할 수 있다는 것을 알 수 있습니다.

산업자본이 금융적 자본으로부터 돈을 빌려오는 대표적인 형태는 은행 대출입니다. 은행 대출은 기업 측에서 보면 치명적인 약점을 가지고 있습니다. 정해진 날짜에 대출금을 상환해야 하기 때문입니다. 정해진 날짜에 상환하지 못하면 부도 처리가 되고 기업은 망합니다. 이런 약점을 피하면서 대규모의 자금을 조달하기 위해 생긴 것이 주식회사입니다.

큰 규모로 주식회사가 등장하기 시작한 것은 19세기 중반부터입니다. 거대한 고정자본 설비가 필요한 중화학공업, 예를 들어 기계 산업,

제철·제강 산업, 선박 산업, 석탄 산업, 철도 산업 따위가 세워지면서부터입니다. 개인 자본가의 자본 규모로는 철도나 용광로 건설 등이 전혀 불가능하기 때문에, 사회에 있는 다수 유휴화폐 소유자로부터 자본을 동원할 필요가 있었고, 또한 한 번 건설된 철도나 용광로는 10년 이상 사용되기 때문에, 거기에 투하된 화폐자본은 10년 이상이 지나야겨우 회수할 수 있었습니다. 이런 '자본의 회임기간'gestation period of capital―자본을 투하하여 생산물이 나올 때까지의 기간―이 긴 사업에 은행이 거액의 자금을 대출할 수는 없었으므로(은행은 단기대출을 전문으로 하기 때문에, 항상 화폐 형태로 대부자본을 가지고 있어야 합니다), 소수의 창업자들이 주식회사를 세우고 주식을 팔아 다수의 사람들로부터 자금을 모집한 것입니다. 물론 주식을 구매한 주주들이 이 주식을 팔아 언제든지 현금을 회수할 수 있어야만 주식회사의 설립은 가능했는데, 이미 국채의 유통시장이 발달하고 있었기 때문에 주식의 매매가 가능하게 된 것입니다.

주식을 구매한 금융적 자본가는 이제 기업의 '주주'가 되고, 주주는 기업의 이윤을 배당 형태로 분배받을 권리를 가집니다. 금융적 자본가가 주식을 구매함으로써 기업에 투하한 화폐자본은 주식회사라는 '법인'이 가진 '상환할 필요 없는 자기 자본'이 된 것입니다. 은행 대출이 가지고 있던 약점―기업은 특정 기일에 원금과 이자를 상환해야 합니다―을 회피할 수 있으며, 주주는 현금이 필요한 경우에는 주식을 증권거래소에서 팔면 됩니다. 여기서 우리는 시시각각 변동하는 주식의 시장가격―이것이 '주식시세'입니다―이 어떤 수준으로 수렴하는 경향이 있지 않을까를 생각해 보고자 합니다. 주식에 대한 수요와 공급이 일

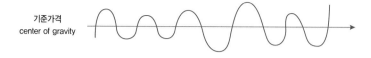

기준가격
center of gravity

〈그림 9-2〉 주식의 기준가격과 시장가격

치하여 주식의 시장가격이 변동하지 않을 경우, 그때의 주식가격은 무엇에 의해 결정되는가 하는 문제입니다.

　매일 매시간의 주식가격(이른바 시장가격)은 〈그림 9-2〉에서 보는 바와 같이, 어떤 '기준가격'에 접근하는 형태로 변동하고 있다고 볼 수 있습니다. 주식의 '기준가격'은 주식을 소유함으로써 얻게 되는 장래의 모든 배당을 현재의 가격으로 환산한 것이 될 것입니다. 예컨대 금년 말에 얻게 될 배당을 Y_1이라고 하고, 내년 말에 얻게 될 배당을 Y_2라 하고, n년 말에 얻게 될 배당을 Y_n이라고 합시다. 그리고 금년 말의 연간이자율을 i_1이라고 하고, 내년 말의 연간이자율을 i_2라고 하고, n년 말의 연간이자율을 i_n이라고 한다면, 다음과 같은 공식에 의해 '주식 소유로부터 얻을 수 있는 장래의 모든 배당을 현재의 가격으로 환산한 것'을 찾을 수 있으며, 바로 이것이 주식의 '기준가격'입니다. 주식의 시장가격은 이 '기준가격'을 '중심'(또는 무게의 중심)으로 삼아 수요와 공급의 변화에 따라 변동한다고 보면 좋을 것입니다. 흔히들 말하는 주식 가격의 '거품'은 주식의 시장가격이 기준가격보다 높이 상승하는 것을 가리킵니다.

$$주식의\ 기준가격 = \frac{Y_1}{(1+i_1)} + \frac{Y_2}{(1+i_1)(1+i_2)} + \frac{Y_3}{(1+i_1)(1+i_2)(1+i_3)} + \cdots + \frac{Y_n}{(1+i_1)(1+i_2)\cdots(1+i_n)}$$

〈9-6 식〉

〈9-6식〉에서 만약 매년의 배당 Y_i가 동일하고 또 매년의 이자율 i_i가 동일하다고 가정하면, 주식의 기준 가격은 Y/i가 됩니다. 즉 주식의 기준가격은 배당에 정비례하고 이자율에 반비례하여 변동합니다. 그러나 금년 말에 배당을 얼마나 받을지, 금년 말의 이자율이 얼마가 될지는 아무도 모릅니다. 장래의 배당과 장래의 이자율은 지금 우리가 알 수 없기 때문에, 주식의 기준가격은 온갖 풍문에 따라 등락하며, 따라서 처음부터 '상상적인, 가공적인' 요소를 지니고 있습니다. 어느 기업을 정권 실세가 뒤에서 돌보아 준다는 풍문이 돌면, 장래의 배당 예상액이 폭등하기 때문에 그 기업의 주식 기준가격은 하루아침에 수십 배나 상승합니다. 더욱이 주식가격은 주식의 기준가격을 중심으로 온갖 일시적인 수요·공급의 변동에 따라 등락하게 마련입니다. 따라서 주식가격은 기업의 현실적 이윤 창출 능력을 올바로 반영하지 않은 '거품'—이것은 사기성 광고에 의해 더욱 커질 수 있습니다—을 포함할 가능성이 매우 크며, 이 거품을 믿고 주식에 투기한 사람들은 도산하면서 금융 전체를 혼란에 빠뜨리게 됩니다. 또한 주식이나 증권의 투기를 통해 얻는 이득은 새로운 가치가 창조된 것이 아니라 남의 주머니를 턴 것입니다. 투기꾼들의 성공 가능성은 정확한 정보와 거대한 자금 동원력이기 때문에, 투기가 심한 시기에는 빈부격차가 더욱 심해집니다.

주식회사는 재벌과 독점자본의 토대를 이룹니다. 세 개의 회사를 인수나 합병의 형식으로 하나의 새로운 주식회사로 만들려는 창업자들은 새로운 회사의 주식을 합병되는 회사의 주주들에게 이전 회사의 주식과 교환해 줌으로써 쉽게 기업들을 합병할 수 있으며, 창업자들은 이 합병을 통해 거대한 창업자 이득(=새 회사 주식의 시장가격−새 회사 주식의 발행가격)을 얻게 됩니다. 인수나 합병이 크게 일어나는 이유의 대부분은 기업들을 합리화하여 기업들의 체질 개선을 도모하기보다는 창업자 이득을 노리는 투기 때문입니다.

주식 소유를 통해 다수의 주식회사를 지배하는 회사를 지주회사 holding company라고 부릅니다. 주식 소유가 수많은 주주들에게 분산됨에 따라, 10% 정도의 주식을 소유하더라도 지배적인 대주주가 될 수 있기 때문에, 대자본가는 자기의 투하자본 규모를 훨씬 초과하는 사회의 자본을 마치 자기의 것처럼 지배할 수 있습니다. 한국의 재벌 총수는, 자기가 직접 소유한 주식은 2% 정도이지만 계열사들의 주식 소유 비율이 40% 정도이므로, 각 재벌 기업들을 마치 자기의 것처럼 지배합니다. 특히 재벌은 제2금융권(보험회사, 증권회사 등)을 지배하므로, 산업의 독점자본과 은행업의 독점자본이 결합한 '최고 형태의 독점자본'이라고 부를 수 있습니다. 이제 재벌은 제1금융권인 은행까지도 소유하여 산업과 금융의 분리(이른바 금산분리)를 무너뜨리려고 노력하고 있습니다.

이자율(또는 대부자본)과 이윤율(또는 산업자본)은 어떤 관련이 있을까요? 이 관련을 경기변동의 각 국면에서 살펴봅시다. '불황' 국면에서는 대부자본이 산업자본의 화폐자본 필요액보다 훨씬 크므로 이자율은 가장 낮은 수준입니다. 그다음 '회복' 국면에서는 산업자본이 대부자본을 이용해 점차 생산을 확대하게 되므로 이자율은 조금씩 상승합니다. '호황' 국면에서는 산업자본이 생산한 상품의 판매와 대금 회수가 순조롭기 때문에, 산업자본가들 사이에, 상인들 사이에, 그리고 산업자본가들과 상인들 사이에 '상업신용'(수표나 어음을 통한 외상 거래)이 크게 확대되며, 따라서 '은행신용'(은행이 제공하는 화폐 대부)에 대한 수요는 상대적으로 적습니다. 다시 말해 이자율은 상승하지만 산업자본의 확장률에 비해 상대적으로 덜 상승합니다. 그러나 상업신용과 은행신용의 확대로 말미암아 산업자본은 생산을 계속 확장하고, 상업자본도 상품의 구매를 계속 확대하기 때문에, 상품에 대한 '최종 수요'가 현실적으로 정체하고 있다는 사실은 당분간 은폐되고, 호황은 투기를 일으키면서 정점에 도달하게 됩니다.

공황crash으로 빠지기 직전인 위기crisis 국면에서는 상품 판매가 현실적으로 부진해, 수표와 어음의 만기일에 채무를 상환하는 것이 어려워지고, 이에 따라 수표와 어음을 통한 상업신용은 거의 사라지므로, 산업자본가들과 상업자본가들은 은행에서 화폐 대부를 받아 자기들의 채무를 갚아야만 합니다. 그런데 은행도 기존 대부의 상환 기간이 연장되고 상환이 연체되는 것을 보면서, 새로운 대부를 줄이고 기존 대부의 상환을 독촉하게 됩니다. 이리하여 경제 전체에 신용거래가 대폭 감소하고 현금 부족에 대한 불평이 광범히 퍼집니다. 이 위기 국면에서 이자율은 최고 수준으로 상승하는데, 이 시기에는 산업자본은 최대 규모이면서 이윤율은 폭락하기 시작하고, 대부자본은 최소 규모이면서 이자율은 최고 수준입니다. 이런 상황에서 몇 개의 주요 기업이 채무를 갚지 못해 도산함으로써 경제 전체가 공황에 빠지는 것입니다. 상업신용과 은행신용이 격감함으로써, 신용을 얻을 수 없는 신용위기credit crisis가 발생하고, 은행이 이 과정에서 대출을 회수하지 못해 은행위기banking crisis에 빠집니다. 이처럼 경기변동의 각 국면에서, 대부자본의 확대와 산업자본의 확대가 동시에 나타나는 국면은 회복기와 호황기뿐이고, 위기 국면에서는 대부자본의 부족과 산업자본의 과잉이 공존하며, 공황 뒤의 '불황'

국면에서는 대부자본의 과잉과 산업자본의 축소가 공존하게 됩니다.

위기 국면에서는 산업자본가와 상인은 화폐를 얻기 위해 상품을 헐값으로 판매하게 되는데, 화폐소유자 또는 대부자본가는 산업자본가와 상업자본가를 희생시키면서 자기들의 이익을 증가시키게 됩니다. 만약 이 국면에서 정부 또는 중앙은행이 화폐 공급을 증가시키면, 산업자본가와 상업자본가는 상품들을 투매하지 않아도 될 것이고, 공황의 '격렬성'과 '심각성'은 크게 완화될 것입니다. 사실상 케인스John Maynard Keynes(1883~1946)가 관리통화제도(또는 불환지폐제도)를 주창한 것도 산업자본을 유지하기 위해 이자율을 대폭 인하함으로써 화폐소유자(또는 금리생활자)를 '안락사'시키려고 했기 때문입니다.

그러나 산업자본가나 상업자본가의 대출 요구를 정부가 그대로 충족시켜 주는 것은 과잉생산과 과잉설비를 그대로 유지하고 투기를 부추기는 것이기 때문에, 경제 전체의 재편성(또는 구조조정restructuring)을 지연시키는 결과를 초래하게 됩니다. 이렇게 되면, 과잉생산한 상품들과 과잉설비들 및 투기꾼들이 사라지지 않기 때문에, 새로운 투자를 촉진하여 다시 경기를 회복시킬 수 있는 동력을 확보할 수 없게 될 우려가 있습니다. 이것이 하나의 주요한 이유가 되어 1974년에 폭발한 세계공황은, 이전처럼 침체+물가하락이 아니라 침체+인플레이션(이른바 스태그플레이션stagflation)을 일으킴으로써, 결국 경제정책에서 케인스주의가 물러나고 프리드먼의 통화주의monetarism가 들어와서 지금까지 신자유주의—부자를 위한, 부자에 의한, 부자의 정치—의 온갖 폐해를 우리가 겪는 것입니다.

10
토지소유가 낳는 지대

Das Kapital.

Kritik der politischen Oekonomie.

Von

Karl Marx.

폭포, 풍부한 광산과 어장, 위치가 좋은 건축지 등 자연력이 독점될 수 있고, 그것을
이용하는 자본가에게 초과이윤을 보증하는 곳에서는 어디에서나, 지구의 일부를 소
유한다고 인정받은 사람은, 이 초과이윤을 자본가로부터 지대 형태로 빼앗는다.

『자본론』 III : 939

지대: 토지 사용료의 자본주의적 형태

『자본론』의 가장 마지막 이야기는 바로 토지소유에 관한 것입니다. 토지소유자들이 얻는 소득이 지대rent입니다. 봉건사회에서는 영주가 신분적으로 지배한 농민(즉 농노)들에게서 지대를 거뒀지만, 자본주의적 지대는 완전히 경제적 범주입니다. 예컨대 자본주의적 농업은 '토지소유자'(지주), '농업자본가'(토지를 빌리는 농업가), 그리고 '농업노동자'로 구성됩니다. 농업자본가가 토지소유자로부터 일정 기간 땅을 빌리고, 기계와 원료를 사고 농업노동자를 고용하여 농사를 짓습니다. 농산물을 팔아 얻는 이윤의 일부를 토지소유자에게, 미리 차지계약에서 합의한 대로 지대로 줍니다. 지대는 토지 사용료라고 생각하면 됩니다. 물론 농업자본가가 땅을 사 버리면 땅을 빌리거나 지대를 줄 필요가 없습니다.

광산업에서도 광산을 소유한 사람이 지주입니다. 지주가 직접 광산을 경영할 수도 있지만 광산업자에게 광산을 빌려줄 수도 있습니다. 광산업자가 광산을 빌리고 광산노동자를 고용해 채굴 작업을 하고 채굴된 광물을 시장에 팔아 이윤을 얻은 다음, 이윤의 일부를 지주에게, 미리 계약에서 합의한 대로 지대로 줍니다. 물론 광산자본가가 광산을 사 버리면 지대를 줄 필요가 없습니다.

영국의 복덕방은 파는 집을 freehold와 leasehold로 구분하고 있는데, 전자는 주택과 토지 모두가 주택소유자의 것이라는 의미이고, 후자는 주택소유자는 토지소유자에게 매년 지대를 따로 내야 한다는 의미입니다. 건설업자는 토지소유자로부터 토지를 대체로 100년 기간으로

```
생산수단 ─── 이윤 또는 이자
노동 ─── 임금
토지 ─── 지대
```

〈그림 10-1〉 수입의 원천과 수입의 형태들(삼위일체 공식)

빌려서 집을 짓고 그 집을 판매하기 때문에, 주택 구매자는 건설업자에게 주택 대금을 지불할 뿐 아니라 토지소유자에게 일정한 지대(지대를 갱신하는 기간도 미리 계약에 정해져 있습니다)를 남은 차지 기간 동안 계속 지불해야 합니다. 주택소유자가 그 주택을 팔더라도, 다음 주택소유자는 토지소유자에게 남은 차지 기간 동안 지대를 지불해야 합니다.

〈그림 10-1〉에서 보는 바와 같이, 주류경제학, 부르주아 경제학, 속류경제학에서는 생산수단이 이윤 또는 이자를 낳고, 노동이 임금을 낳으며, 토지가 지대를 낳는다고 주장합니다. 이 주장을 마르크스는 삼위일체 공식trinity formula이라고 이름 붙였습니다. 어떤 형태의 사회에서도 생산의 3요소로 여겨지는 생산수단·노동·토지가, 자본주의 사회에서만 이윤(또는 이자)·임금·지대라는 특수한 형태의 수입을 낳는 이유에 관해서는 주류경제학은 잘 설명하지 않습니다. 예컨대 자급자족하던 봉건사회에서는 생산수단인 도구가 이윤이나 이자를 낳지 않았고, 농민의 노동에 대해 임금을 지불하지 않았으며, 영주가 농민들로부터 거두어들이는 지대는 정치적 강제에 의거한 것이었습니다. 더욱이 삼위일체 공식에서는 각종 수입들 사이에는 아무 관련이 없다고 묘사하고 있습니다만, 실제로는 자본가들이 '이윤'을 증가시키기 위해 '임금'을 인하합

니다. 그렇다면 이윤과 임금 사이에는 어떤 반비례 관계가 있는 것은 아닐까요? 마르크스는 생산수단이 임금노동자를 착취하는 '자본'이 되기 위해서는 특별한 역사적 사건이 필요하다는 점을 강조하고 있는데, 이것은 마치 흑인이 항상 노예가 아닌 것과 마찬가지라는 것입니다.

> 생산수단과 생활수단이 직접적 생산자의 소유인 경우에는, 그것들은 자본이 아니다. 그것들이 노동자에 대한 착취수단이자 지배수단으로 기능하는 조건 아래에서만 그것들은 자본이 된다. ……노동자가 자기 자신을 위해 축적할 수 있는 동안은, 또는 그가 생산수단의 소유자로 남아 있는 동안은, 자본주의적 축적과 자본주의적 생산양식은 있을 수 없다. 왜냐하면 그것에 필요불가결한 임금노동자계급이 없기 때문이다.
> —『자본론』 I(하): 1054~1055

> 흑인은 흑인이다. 일정한 관계 아래에서만 그는 노예가 된다. 면방적 기계는 면화에서 실을 뽑는 기계다. 일정한 관계 아래에서만 그것은 자본이 된다. 이런 관계 밖에서는 그것은 자본이 아니다. 그것은 마치 금이 그 자체로서는 화폐가 아니며, 또 사탕이 사탕 가격이 아닌 것과 마찬가지다. ……자본은 사회적 생산관계이다. 그것은 역사적 생산관계이다.
> — 마르크스, 『임금노동과 자본』(CW 9): 211~212

마르크스는 주류경제학이 제시하는 삼위일체 공식을 비판합니다. 마르크스의 노동가치설에 따르면, 산업자본가의 지휘·감독을 받는 임금노동자가 노동을 통해 새로운 가치를 창조하며, 새로운 가치 중 일부

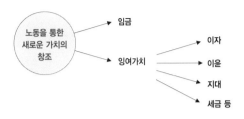

가 임금이라는 형태로 노동자에게 분배되고 나머지는 잉여가치의 형태로 산업자본가의 주머니에 먼저 들어가는데, 이 잉여가치가 대부자본가에게는 이자의 형태로, 토지소유자에게는 지대의 형태로, 국가에는 세금의 형태로 분배되고, 마지막으로 남는 잉여가치가 산업자본가의 기업이윤이 된다는 것입니다. 이렇게 모든 지배계급과 국가의 수입 원천이 기본적으로 임금노동자계급이 창조한 잉여가치입니다. 이로써 모든 지배계급과 국가가 한마음 한뜻으로 노동자계급을 더욱 착취하려고 탄압하는 현상을 설명할 수 있습니다. 이런 현상을 속류경제학의 삼위일체 공식으로는 도저히 설명할 수 없습니다.

　마르크스에 따르면, 자본주의적 농업에서 토지가 지대를 낳는 근거는 두 가지입니다. 첫째로 비옥도와 위치 등이 가장 열등한 토지에서 생산된 농산물이 농산물의 시장가격을 결정하기 때문이고, 둘째로 토지를 독점하여 토지의 사용을 제한하는 토지소유자 계급이 있기 때문입니다. 지대에는 차액지대, 절대지대, 독점지대 따위가 있는데, 아래에서 하나씩 설명하겠습니다.

차액지대differential rent

3명의 농업자본가가 비옥도와 위치가 각각 다른 100평의 토지 A, B, C
를 동일한 지주로부터 빌려 1년간 쌀을 생산했다고 합시다.

토지	자본투자액	생산량	평균이윤	총판매가격	초과이윤	지대
A	50원	1가마	10원	60원	0원	0원
B	50원	2가마	10원	120원	60원	60원
C	50원	3가마	10원	180원	120원	120원
합계	150원	6가마	30원	360원	180원	180원

〈그림 10-3〉 차액지대의 1형태

위의 표를 작성하기 위해 다음과 같은 사항들을 전제했습니다.

첫째로 각각의 농업자본가가 50원을 투하하여 10원의 '평균이윤'을
얻는데, 이것은 농업을 제외한 다른 경제 부문들에서 이미 결정된 '사회
적 평균이윤율'(9장의 9-5 식을 참조하세요. 이 책 245쪽)이 20%이기 때문입니
다. 농업이 산업부문 중에서 큰 비중을 차지하지 않으며, 따라서 산업·
상업·금융업 모두를 포함하는 경제 전체에서는 더욱 작은 비중을 차지
하기 때문에, 사회적 평균이윤율은 농업 이외의 경제 부문들에서 결정
되고 이 평균이윤율이 그대로 농업 부문에도 적용된다는 것을 가리킵니
다. 둘째로 계산을 편리하게 하기 위해, 농업에 투하한 자본에는 수명이
1년이 넘는 기계 등은 없다고 가정했습니다. 셋째로 이 사회는 지금 1년
에 6가마의 쌀을 필요로 하기 때문에, 가장 열등한 토지인 A에서 생산

된 쌀의 '생산가격'이 쌀의 시장가격이 됩니다. '생산가격'은 비용가격
(이것은 생산수단과 노동력의 구매에 투하한 자본입니다)에 평균이윤
을 추가한 가격을 가리킵니다.

A, B, C 토지의 자본가는 각각 50원을 투자했습니다. 노동자들이
1년간 노동한 결과 토지 A에서는 쌀 1가마가 생산되고, B에서는 쌀 2가
마, C에서는 쌀 3가마를 생산했습니다. 이렇게 차이가 나는 이유는 토
지의 비옥도와 위치 따위가 다르기 때문입니다. 이 사회는 1년에 6가마
의 쌀을 소비하므로, 최열등지 A에서 생산된 쌀 1가마도 팔려야 하기
때문에, 1가마의 판매가격은 A에서 생산된 1가마의 '생산가격'(=비용가
격+평균이윤=50원+10원=60원)과 같아야 합니다. 만약 쌀 1가마의 시장가
격이 60원 이하가 되면 A는 경작되지 않을 것이고, 이 사회가 필요로
하는 6가마의 쌀을 공급받을 수 없게 됩니다. 따라서 1가마의 값은 60원
으로 상승해야 합니다. 토지 B와 C의 경작자는 1년에 각각 2가마와 3가
마를 생산하여 120원과 180원의 수입을 얻었는데, 이 수입은 A의 경작
자보다 각각 60원과 120원 많은 금액이므로, 이 금액을 B와 C의 '초과
이윤'이라고 부를 수 있습니다. 이 초과이윤은, B·C 토지의 비옥도와
위치가 A보다 좋아서 임금노동자가 동일한 시간에 더 많은 가치를 생산
했기 때문에 생긴 것입니다.

지주는, 현재의 토지 임대 기간이 끝나고 새로운 임대차계약을 맺
을 때, B와 C의 농업자본가에게 그들의 초과이윤인 60원과 120원을 각
각 지대로 줄 것을 요구합니다. 왜냐하면 B와 C는 초과이윤을 지주에게
주더라도 평균이윤을 얻을 수 있으므로 손해를 입지 않기 때문이고, 지
주는 그들이 거부하면 A의 경작자에게 B와 C를 임대하면서 각각의 토

지에 대해 60원과 120원의 지대를 요구해도 되기 때문입니다. 지주가 이렇게 하여 농업자본가로부터 얻는 지대를 '차액지대의 1형태'라고 부릅니다.

이처럼 지주가 총 180원의 지대를 얻을 수 있는 것은, 자기가 토지를 독점하고 있어서 그것의 사용을 농업자본가들에게 허가할 권한을 가지기 때문이고, 또한 쌀의 판매가격이 최열등지의 생산가격에 의해 결정되기 때문입니다. 만약 자본주의 국가가 토지 모두를 소유하여 농업을 경영하고 있다면, 쌀 1가마의 판매가격은, A·B·C 토지 모두에 투하한 자본총액(150원)에 평균이윤 전체(30원)를 더하고, 이것을 총생산량(6가마)으로 나눈 30원이 될 것입니다.

$$\frac{(\text{자본투자액} + \text{평균이윤})}{\text{총생산량}} = \frac{(150원 + 30원)}{6가마} = 30원$$

토지의 사적 독점과 쌀 가격의 자본주의적 결정 방식 때문에, 쌀 1가마는 30원이 아니라 60원에 판매됩니다. 그러므로 쌀 소비자는 6가마 전체에 대해 180원만큼 지주에게 공납을 바치는 셈인데, 이 180원은 또한 농업자본가들이 지주에게 바치는 지대의 총액이기도 합니다.

위에서 말한 차액지대의 1형태는 비옥도와 위치 따위에서 차이가 있는 '상이한' 토지들의 생산량 차이에서 생기는 것입니다. 그러나 '동일한' 토지에 추가 자본을 투하하여 더 많은 초과이윤을 얻는 경우에도 지주가 그 초과이윤을 지대로 요구할 수 있습니다. 예컨대 〈그림 10-3〉에서 농업자본가가 토지 B를 10년 동안 매년 60원의 지대를 지불하기로 하고 빌렸다고 가정합시다. 또한 이 자본가는 50원을 '추가로' 투자하여 관개시설을 개선하고 울타리를 치며 토양을 개량함으로써, 매년 2가마가 아니라 4가마를 생산하게 되었다고 가정합시다. 쌀에 대한 수요도 증가하여 쌀 가격이 계속 최열등지 A의 생산가격(1가마에 60원)을 유지한다면, B 토지의 자본가는 매년 60원×4가마=240원의 판매수입을 얻으므로, 자본투자액 100원과 평균이윤 20원을 빼도 120원의 '초과이윤'을 얻게 됩니다. 그런데 B 자본가는 지주에게 매년 60원만 지대로 지불하기로 계약했으므로, 초과이윤 120원 중 60원은 자기의 몫이 됩니다. 이리하여 임차 기간 10년 동안 B 자본가는 상당한 돈을 벌게 됩니다.

그렇지만 10년의 임차 기간이 끝나면, 법률에 따라 토지와 그 부속 시설 모두가 다시 지주의 것으로 돌아가므로, 지주는 새로운 임대차계약에서 이 추가적인 초과이윤 60원까지도 지대로 요구할 것입니다. 왜냐하면 자본가는 쌀 판매 수입 총액 240원(=60원×4가마)에서 지대 120원(=처음 지대 60원+추가 지대 60원)을 지주에게 주더라도 자본투자액 100원과 평균이윤 20원을 얻을 수 있기 때문입니다. 지주가 이렇게 하여 얻는 지대를 '차액지대의 2형태'라고 부릅니다.

이런 차액지대의 2형태 때문에, 농업자본가는 장기간에 걸쳐 수익이 생기는 토지개량사업이나 관개사업을 하지 않고, 단기간에 지력(토지의 생산력)을 약탈하는 생산방식을 선택합니다. 토지가 황폐해지는 이유가 이 때문입니다.

절대지대와 독점지대

위에서는 최열등지 A를 빌리는 농업자본가는 '차액지대'를 지불하지 않는다고 말했지만, 토지를 독점한 지주가 최열등지라고 해서 아무런 대가도 받지 않고 빌려줄 리가 있을까요? 최열등지를 빌리더라도 지주에게 일정한 토지 사용료를 지불하지 않으면 안 되는데, 이런 지대를 절대지대라고 합니다. 농업자본가는 절대지대를 지주에게 주더라도 사회적 평균이윤율을 얻어야 하므로, 절대지대는 최열등지의 농산물 가격까지도 상승시킨다는 점에서, 차액지대와는 다릅니다. 다시 말해 농산물의 시장가격은 최열등지 농산물의 생산가격에 의해 결정되기 때문에, 최열등지보다 비옥도나 위치가 유리한 농업자본가들이 지주에게 '차액지대'를 지불하더라도 농산물 가격은 전혀 변동하지 않았는데, 최열등지의 농업자본가까지도 바쳐야 하는 절대지대의 경우에는 농산물 가격이 상승하지 않을 수 없습니다.

농산물의 판매가격 = 최열등지 농산물의 생산가격(= 비용가격 + 평균이윤) + 절대지대

절대지대의 최대 규모 = 농산물의 가치 총액 − 농산물의 생산가격 총액

그런데 상품들이 그 가치대로 최종 소비자에게 판매된다는 마르크스의 원칙에 따르면, 절대지대의 크기는 상품의 가치에 의해 제한됩니다. 농산물 전체의 차원에서 보면, 농산물의 가치(= 불변자본의 가치 + 가변자본의 가치 + 잉여가치)가 농산물의 생산가격(= 비용가격 + 평균이윤)을 초과하는 한도 안에서 절대지대의 규모가 결정될 것입니다. 이 점에서 절대지대는 '독점지대'와는 다릅니다. 특수한 토지의 생산물(예: 코냑)이 독점가격을 가져서 그 토지를 빌린 자본가가 독점이윤을 얻는다면, 지주는 그 독점이윤을 독점지대로 요구하게 됩니다. 이리하여 마르크스는 '독점가격'을 "생산물의 가격이 생산가격이나 가치에 의해 결정되는 것이 아니라 구매자의 욕망과 지불 능력에 의해 결정되는 것"이라고 정의한 것입니다. 다시 말해 상품의 독점가격은 그 상품을 구매하려는 사람의 구매욕망과 지불 능력을 고려하여 그 상품의 소유자가 결정하는 가격이므로, 당연히 독점가격의 상한은 있을 수 없습니다. 따라서 독점지대의 상한도 있을 수 없습니다.

농산물 특히 곡물의 가격에 관해서는 영국의 곡물법Corn Laws을 고찰하지 않을 수 없습니다. 영국에서는 지주세력을 중심으로 1834년에 만든 토리당Tory Party이 1912년 보수당으로 당명을 바꾸면서 지금까지 가장 큰 정치세력을 구성하고 있습니다. 자유로운 시민들을 주요 정치 기반으로 삼은 자유당Liberal Party은 1859년에 창당하여 19세기 말에서 1920년대까지 유명한 수상들(예: 윌리엄 글래드스턴, 로이드 조지)을 배출하면서 보수당과 경쟁했으나, 1900년에 노동조합이 만든 노동당이 1930년대부터 자유당을 밀어내고 보수당과 경쟁하고 있습니다. 지주 세력은 1815년부터 곡물 수입을 제한하는 곡물법을 만들어, 곡물 가격을 인위적으로 높임으로써 지주들의 지대 수입을 증가시켰습니다. 영국은 본래 석회질 땅이라서 밀 등의 곡식 농사가 잘되지 않지만, 가까운 프랑스는 거대한 농업국입니다. 프랑스의 값싼 농산물이 수입되면 이보다 비싼 영국산 곡물은 팔리지 않을 것이고, 따라서 농업자본가들이 지주에게 바치는 지대는 적어질 것이기 때문입니다. 그런데 곡물법은 곡물 가격을 올리기 때문에, 노동자의 생활비를 증가시키고 따라서 자본가들은 임금수준을 올리지 않을 수 없었습니다. 이리하여 산업자본가들은 곡물법을 폐지하고 자유무역을 실시하라고 정부에 요구하기 시작했습니다.

산업자본가는 곡물법 철폐 운동에 노동자계급이 참가해 줄 것을 호소하면서 대신 1844년의 공장법(아동, 미성년자, 부인의 노동시간을 단축하고 이들의 야간노동을 제한하는 내용) 제정에 반대하지 않았습니다. 이 때문에 노동자계급도 곡물법 반대 투쟁에 동참하여 결국 곡물법은 1846년에 철폐되었습니다. 그런데 곡물법이 철폐되자, 산업자본가들은 노동자들과의 약속을 저버리고 1844년의 공장법을 제대로 시행하지 않았습니다. 이에 노동자계급은, 산업자본가들에게 복수하려는 마음으로 가득 찬 지주들에게 호소하여 더욱 개선된 1847년의 공장법(이 법에 의해 1848년부터 10시간 노동이 실시되었습니다)을 통과시킨 것입니다.

토지 가격과 농업의 자본주의화

토지는 노동생산물이 아니므로 가치를 가질 수 없지만 지대를 얻는 힘을 가지고 있으므로, 장래에 얻을 모든 지대를 현재의 값으로 환산한 크기의 '기준가격'을 가집니다. 토지 가격은 9장에서 이야기한 주식가격과 동일한 공식(9-6식. 이 책 247쪽)을 가집니다. 금년 말에 얻게 될 지대를 Y_1, 내년 말에 얻게 될 지대를 Y_2, n년 말에 얻게 될 지대를 Y_n이라 하고, 금년 말의 연간 이자율을 i_1, 내년 말의 연간이자율을 i_2, n년 말의 연간이자율을 i_n이라고 한다면, 토지의 '기준가격' J는 다음과 같은 공식으로 얻을 수 있습니다.

$$J = \frac{Y_1}{(1+i_1)} + \frac{Y_2}{(1+i_1)(1+i_2)} + \frac{Y_3}{(1+i_1)(1+i_2)(1+i_3)} + \cdots + \frac{Y_n}{(1+i_1)(1+i_2)(1+i_3) \cdots (1+i_n)}$$

만약 지대와 이자율이 매년 동일하다고 가정하면, 토지의 기준가격은 Y/i가 됩니다. 즉 토지의 기준가격은 지대에 정비례하고 이자율에 반비례하여 변동합니다. 토지의 기준가격도 주식의 기준가격과 마찬가지로 불확정적이며 상상적입니다. 장래에 얻을 지대는, 토지의 위치가 도로·항만·거주지·상가의 개발 등으로 크게 개선될 전망이 있으면 크게 증가할 것이므로, 토지의 기준가격은 상승할 수밖에 없습니다. 또한 토지의 '시장가격'은, 토지에 대한 수요가 산업입지·거주지·도로·공항·기차역·위락시설·환경보호 등의 이유로 계속 증가할 것이므로 상승하는 경향이 있습니다.

현재 우리나라에서는 아파트 시세뿐 아니라 토지 값도 대체로 하락하고 있습니다. 이것은 이미 이전에 비정상적으로 너무 많이 올라갔기 때문입니다. 노무현 정부는 2005년에 일어나기 시작한 부동산(건물과 토지) 투기 붐을 진정시키기 위해 2005년 말에 부동산을 너무 많이 보유한 가계와 기업에게 '종합부동산세'를 부과했습니다. 그 뒤 아파트가 과잉 건설되어 2006년 하반기부터 아파트의 미분양 물량이 늘어나기 시작하고, 분양 대금이 제대로 들어오지 않자, 시행사·시공사·은행들이 큰 타격을 받았습니다.■ 그런데 이명박 정부는 과잉생산된 아파트가 팔리지 않자 시행사로 하여금 가격을 낮추어서 판매하도록 독려한 것이 아니라, 오히려 가격을 그대로 둔 채 아파트에 대한 수요를 증가시키는 정책을 시행한 것입니다. 종합부동산세와 양도세를 대폭 인하하여 부자가 다수의 아파트를 소유하도록 권장하고, 아파트 구매자가 대출자금을 쉽게 받을 수 있도록 '주택담보 가치 대비 대출금 비율'(LTV), '소득 대비 원리금 상환 비율'(DTI)을 올리며, 정부가 스스로 미분양 아파트를 사들였습니다. 이리하여 아파트 가격은 낮아지지 않은 채 아파트 매매는 침체하여, 제2금융권의 부실과 건설업체의 경영난은 더욱 심해졌고 은행의 부실채권 비율은 더욱 높아졌습니다.

2009년부터 세계대불황이 닥치고 2012년 6월부터 아파트 가격이 하락세로 돌아섰습니다. 이제는 아파트 가격이 하락할 뿐 아니라 주택담보 대출자들의 소득도 저하하여, 저소득층과 자영업자, 집값이 오른 뒤에 집을 팔아 빚을 갚으려던 사람들이 빚을 감당하지 못해 주택을 압류 당하고 있습니다. 박근혜 정부도 이런 '하우스푸어'의 문제를 근본적으로 해결하지 못하고 또다시 LTV와 DTI를 올리는 방안을 추진하는 것 같습니다.

—
부동산 개발의 새로운 기법인 프로젝트 파이낸싱

부동산 개발에 프로젝트 파이낸싱(PF)이라는 새로운 기법이 도입되었습니다. 부동산 개발 '시행사'가 부지 확보, 자금 조달, 분양 마케팅까지 개발의 전체 과정을 책임지는 방법인데, 부동산 PF대출은 크게 브리지론bridge loan(가교 대출)과 '본 대출'로 나눕니다. 시행사는 먼저 사업 계획서, '시공사'(건설회사)의 사업 참여 의사를 확인하는 의향서, 땅을 팔겠다는 토지소유자의 약정서 등을 제2금융권(저축은행, 보험사, 증권사, 상호금융, 여신전문기관 등)에 제출해서 6개월 기간의 브리지론을 받습니다. 그 뒤 시행사는 사업 계획서, 토지 매매 계약서, 시공사의 공사 도급 계약서 들을 제1금융권(은행)에 제출해, 땅값 전체와 약간의 사업비를 대출받습니다. 시행사는 이 '본 대출' 자금으로 제2금융권의 브리지론을 정리하고 토지소유자에게 땅값을 정산합니다. 부동산 PF대출은 부동산 경기 활황과 주택 가격 상승을 배경으로 금융기업들이 경쟁적으로 뛰어들어 급성장했습니다.

아파트 소유나 토지소유에 의거한 임대료 수입은 전형적인 '불로소득'이므로, 불로소득을 사회로 환원하는 조치(예: 보유세, 개발이익 환수)를 강구해야 할 것입니다. 그런데 우리나라에서는 산업자본가들이 토지 구매에 투자하는 경향이 강하여, 재벌들은 대부분이 거대한 토지소유자이기도 합니다. 이것은 물론 토지가격이 계속 상승하는 경향을 나타냈기 때문이기도 하지만, 재벌이 헐값으로 어떤 지역을 독점하여 그곳에 자기 회사들을 건설함으로써 그 지역의 토지가격을 폭등시켜, 그 지역 토지를 필요로 하는 타인들의 주머니를 털어서 치부하는 '비생산적' 계획을 세우고 있는 것은 아닐까요?

마르크스에 따르면, 농업의 자본주의화는 공업의 자본주의화(기계화를 포함)와 마찬가지로 임금노동자를 착취하고 임금노동자를 실업자로 만들며, 토지의 생산력을 약탈하고, "모든 부의 원천인 토지와 노동자를 동시에 파괴"한다는 점을 강조하고 있습니다.

> 농업에서도 공업에서와 마찬가지로, 생산과정의 자본주의적 전환은 동시에 생산자들을 희생시키는 역사이고, 노동수단은 노동자를 예속하고 착취하며 가난하게 만드는 수단이 된다. ……농촌 노동자들이 넓은 지역으로 분산되어 있는 것은 그들의 반항력을 약화시키는데, 도시 노동자들의 집중은 그들의 반항력을 강화한다. 근대적 도시공업에서와 같이, 근대적 농업에서도 노동생산성의 향상과 노동 공급량의 증가는 노동력 자체의 낭비와 파괴[노동자를 해고하여 산업예비군으로 만드는 것]에 의해 얻어진다. 더욱이 자본주의적 농업의 모든 진보는 노동자를 약탈하는 방법들의 진보일 뿐 아니라 토지를 약탈하는 방법들의 진보이

며, 짧은 기간에 토지의 생산력을 높이는 모든 진보는 생산력의 항구적 원천을 파괴하는 진보이다. 예컨대 미국처럼 한 나라가 대공업을 토대로 발전하면 할수록, 이런 토지의 파괴 과정은 그만큼 더 급속하다. 따라서 자본주의적 생산은 모든 부의 원천인 토지와 노동자를 동시에 파괴한 뒤에야 비로소 각종 생산과정들을 사회 전체적으로 결합하여 새로운 기술을 발전시키게 된다[모든 부의 원천을 파괴하면, 그 사회의 주민 전체가 사회혁명을 일으키기 때문이다]. ─『자본론』I(하): 678~680

마르크스는 모든 사람들이 지구의 이용자일 뿐이므로 지구를 개량하여 다음 세대에 물려줄 것을 권고합니다.

새로운 사회의 관점에서 보면, 지구에 대한 개개인의 사적 소유는 인간에 대한 인간의 사적 소유(노예제도)와 마찬가지로 불합리한 것이다. 게다가 사회 전체, 한 국민, 동시에 존재하는 사회들 전체도 지구의 소유자는 아니다. 그들은 다만 지구의 점유자·이용자일 따름이며, 선량한 가장으로서 지구를 개량하여 다음 세대에게 물려주어야 한다. ─『자본론』III(하): 943

『자본론』이 예견한 세계대불황

지금 우리는 2007년에 폭발하기 시작한 미국 금융공황, 그 뒤를 이은 세계 금융공황과 세계대공황을 거친 뒤 장기간의 세계대불황에 빠져 있습니다.

세계 각국 중앙은행들의 협의체인 국제결제은행Bank for International Settlements은 2014년 6월에 발간한 『연차보고서』에서, "세계 각국의 중앙은행과 통화당국이 취하고 있는 현재의 정책들은 또 하나의 금융공황─2008년 금융공황보다 잠재적으로 더욱 큰 것─을 낳게 될 것이다"라고 경고했습니다. 미국의 중앙은행은 은행들과 우량 대기업들에게 이자율이 0%에 가까운 싼 자금을 몇 조 달러 규모로 퍼붓고 있지만, 경제의 기초는 정체하거나 축소하고 있으면서 증권 시세들만 최고 수준을 계속 경신하고 있습니다. 미국에서는 2014년 1/4분기의 국내총생산GDP이 연간 기준으로 2.9%나 축소했는데, 만약 2008년의 세계대공황이 없었더라면 이룩할 수 있었던 '잠재적' 국내총생산에 비하면 12.5%나 축소한 것이었다고 계산하고 있습니다. 그런데 이런 불황이 중앙은행으로 하여금 마이너스 실질 금리의 자금을 더욱 많이 공급하게 할 것이라는 기대 때문에, 증권 가격은 계속 상승한다는 것입니다.

국제결제은행에 따르면, '금융시장의 활황이 경제 기초의 발전과 분리되는 현상', 또는 증권 시세에 대규모 거품이 끼는 현상이 2008년의 금융공황을 터뜨린 근본 요인이었는데, 지금 이런 현상이 강화되고 있다는 것입니다. 2008년 이래 현재까지 세계 전체로 민간 비금융 부문의 총채무는 30%나 증가하여 세계총생산에 대한 총부채의 비율이 더욱 상승하게 되었습니다. 특히 신흥 시장경제(브라질, 인도, 중국, 러시아, 터키, 남아프리카 공화국, 한국 등)로 대규모의 자금이 높은 수익을 찾아 들어갔는데, 이것은 마치 "어린이 수영장에 코끼리가 들어간 것"과 같으며, 코끼리가 빠져 나오면 신흥 시장경제는 망할 뿐 아니라 세계경제를 더욱 큰 혼란에 빠뜨리게 된다고 말합니다.

국제결제은행이 내놓은 대안은 각국의 중앙은행들이 거대한 금융적 자본가들의 이익 확대에 봉사하는 '팽창적 통화정책'을 중지하라는 것입니다. 그러나 이미 거대한 금융적 자본가들이 각국의 정부와 중앙은행을 지배하고 있는 상황에서는 팽창적 통화정책을 중단할 수는 없습니다. 2014년 5월 런던에서 열린 '포섭하는 자본주의 선언'inclusive capitalism initiative 국제회의에서 국제통화기금 총재와 잉글랜드은행 총재도 "각국의 거대한 금융적 자본가들이 자기들의 이익을 증가시키려고 다투는 과정에서 국제적 금융 규제 조치가 채택되지 않고 있다"는 불평을 했고, "자본주의의 번영을 위해서는 경제적 자본에 대한 투자뿐 아니라 사회적 자본에 대한 투자도 필요하며", 따라서 '빈부 격차의 증대와 일반 서민의 불만 증대'가 자본주의를 파괴할 수 있다고 경고하기도 했습니다.

금융 귀족들의 치부를 위한 팽창적 통화정책은 아드레날린 같은 단기 회복 효과를 줄 수는 있지만, 자본주의 사회의 건전한 발전을 위해서는 '산업자본의 회복'이 근본적이라는 국제결제은행의 주장은, 좌파와 진보 세력의 과학적 '분석'과 일치하는 점을 가지고 있습니다. 즉 1980년대 이래 금융적 자본이 산업자본보다 더욱 강력한 자본 분파가 되어, 각국 경제의 '세계화'와 '금융화'를 추진하고 '새로운 가치의 창조' 보다는 '이미 생산된 가치의 분배'에 몰두하여, 금융적 투기를 치부의 일상적 수단으로 삼았습니다. 이 때문에 산업자본의 쇠퇴, 공장에서 실업자와 비정규직의 급증, 임금수준의 저하 등이 일어나면서 비우량 주택담보대출의 원리금 상환이 지체되고 불가능하게 되어, 2007년 이래의 세계금융공황이 발생했다는 분석입니다.

국제결제은행이 '진정한' 대안으로 제출한 것은 결국 '구조 개혁', '더욱 큰 노동의 유연성', '재정 건전성' 등인데, 이것들은 사실상 지금까지 세계 전체의 노동자계급과 서민에게 엄청난 고통을 가하고 있는 원흉이나 다름이 없습니다. 위기와 공황으로 은행들과 대기업들은 정부와 중앙은행에 큰 채무를 지게 되었고, 정부와 중앙은행도 이들에게 구제금융을 제공하느라고 거대한 채무를 안게 되었습니다. 지배계급과 정부는 이 채무를 노동자계급과 서민에게만 짊어지게 한 것입니다. '고통의 분담'은 없었습니다. 은행과 대기업은 취업자를 해고하고 정규직을 비정규직으로 전환시키며 임금수준을 인하했습니다. 그리고 정부는 교육·보건·실업수당·연금·저소득층 지원 등 '사회적 지출'을 삭감하여, 1930년대 이래 쟁취한 '사회보장제도'와 복지제도를 파괴함으로써 노동자들과 서민들이 의식주 생활을 제대로 할 수 없게 만들었습니다. 그러나 정부는 은행과 대기업과 부자들에게는 세금을 낮추고 투자를 지원하며 면세 항목을 확대하면서 온갖 '투자 유인'을 제공했습니다. 이것이 이른바 '긴축정책'austerity의 핵심이고, 이로 말미암아 은행들과 대기업들은 큰 이윤을 얻게 되었습니다. 그런데 이들은 거대한 현금을 가지고 있으면서도 산업에 대한 투자를 하지 않고 있습니다. 왜냐하면 계속되는 세계대불황, 너무나 높은 실업률, 격심한 사회적 불평등 속에서 투자의 안전성과 수익성을 보장받을 수 없다고 보기 때문이고, 정부의 구제금융이 은행과 기업들의 대규모 파산을 막아 오히려 과잉자본이나 과잉생산 시설을 그대로 남겨 두었으므로 새로운 투자를 할 수 있는 상황이 아니라고 보기 때문입니다.

국제결제은행은 자본가들이 거대한 이윤을 얻으면서도 투자하지 않는 상황에 대해서 아무런 대책도 이야기하지 않고 있습니다. '구조 개혁'이나 '노동의 유연성 증대'나 '재정 건전성 향상'은 실제로는 노동자계급과 서민을 더 착취하고 수탈하라는 권고입니다. 그런데 이렇게 하더라도 일자리가 더 생기는 것도 아니고 주민 전체는 점점 더 빈민이 되고 있기 때문에, 지금의 세계대불황은 더욱 계속될 수밖에 없는 상황입니다. 물론 자본가계급은, "우리의 목적은 이윤을 얻는 것뿐이고 일자리를 만드는 것은 아니다"라고 말할 것인데, 이것은 "청와대의 목적은 권력을 휘두르는 재미를 보려는 것이지 재해를 총괄하는 노동을 하는 곳은 아니다"라는 말과 같은 의미입니다. 따라서 청와대가 모든 국민들로부터 '폭격'을 받는 것과 마찬가지로, 자본가들도 모든 국민들로부터 "그들의 모든 재산을 몰수하자"는 위협에 시달리지 않을 수 없습니다.

자본가들과 국가에 대한 항의와 저항이 갈수록 커지면서 자본주의 사회가 흔들리고 있습니다. 알제리와 이집트에서는 정권이 무너졌고 다른 나라들에서도 거대한 노동운동과 시민운동이 일어나고 '월 가를 점령하라'는 운동까지 일어났습니다. 선거가 있을 때마다 집권하고 있는 신자유주의 정권은 패배하기가 일쑤이고, 유럽에서는 나치 등 극우파들이 의회에 의석을 얻기도 합니다. 이집트에서는 시민혁명에 의해 군부독재를 타도하고 집권한 무슬림형제단이 노동자계급과 서민들의 필요와 욕구를 충족시키는 사업에 몰두하지 않다가 결국 민중의 신뢰를 잃고 다시 군부가 집권하게 되었습니다.

　　1930년대와 마찬가지로 전쟁이 하나의 큰 탈출구가 될 수 있겠습니까? 이미 미국은 이라크, 아프가니스탄, 리비아, 시리아 등에서 제국주의적 침략을 여러 번 감행했지만 군사적 실패를 거듭하면서 국내에는 반전 분위기가 상승하고 있습니다. 그리고 세계 전체에서 그리고 석유자원을 가진 무슬림 나라들에서도 빈부 격차가 심화됨에 따라 부자를 위한, 부자에 의한, 부자의 정치인 신자유주의에 대한 신념은 이미 상당히 후퇴를 하고 있습니다. 더욱이 사회민주주의적 복지국가 모델은 지난 30년 이상 짓밟혔기 때문에 새로운 형태로 되살아나기가 어려울 것 같습니다.

　　결국 자본 또는 자본가가 인구의 대부분을 차지하는 노동자계급을 착취하고 억압하는 자본주의 사회가 사라져야, 대다수 국민들이 일자리를 얻고 사람다운 생활을 하며 자기들의 개성과 능력을 최고도로 발휘할 수 있게 될 것입니다. 지금과 같은 과학기술 혁명의 시대에, 한 줌도 안 되는 거대한 자본가계급의 독재 때문에 국민 전체가 죽어가고 있는

'상상하기도 어려운' 지옥에서 벗어나기 위해, 우리는 "무엇을 해야 할 것인가?"가 사실상 『자본론』에 있습니다. 왜냐하면 마르크스는 자본주의 사회의 '생성·발전·소멸의 법칙'을 해명하고 있기 때문입니다.

참고문헌

마르크스, 『데모크리토스와 에피쿠로스 자연철학의 차이』 1841. 고병권 역, 그린비, 2001.

_____, 『임금노동과 자본』 1849. 『마르크스 엥겔스 저작선집』 1권.

_____, 『정치경제학 비판 요강』(그룬트리쎄) 1857~1858. 김호균 역, 1~3권, 백의, 2000.

_____, 『정치경제학 비판을 위하여』 1859. '서문'만 『마르크스 엥겔스 저작선집』 1권.

_____, 『잉여가치학설사』 1861~1863.

_____, 『자본론』 I(상), 김수행 역, 제2개역판, 비봉출판사, 2001.

_____, 『자본론』 I(하), 김수행 역, 제2개역판, 비봉출판사, 2001.

_____, 『자본론』 II, 김수행 역, 제1개역판, 비봉출판사, 2004.

_____, 『자본론』 III(상), 김수행 역, 제1개역판, 비봉출판사, 2004.

_____, 『자본론』 III(하), 김수행 역, 제1개역판, 비봉출판사, 2004.

엥겔스, 『영국 노동자계급의 상태』 1845. '발췌'가 『마르크스 엥겔스 저작선집』 1권.

_____, 『사회주의: 공상에서 과학으로』 1880. 『마르크스 엥겔스 저작선집』 5권.

_____, 『가족, 사유재산과 국가의 기원』 1884. 『마르크스 엥겔스 저작선집』 6권.

마르크스 엥겔스, 『공산당선언』, 1848. 『마르크스 엥겔스 저작선집』 1권.

『마르크스 엥겔스 저작선집』, 1~6권, 최인호 외 역, 김세균 감수, 박종철출판사,
    1991~1997.

Marx Engels Collected Works(CW): 1~44

힐퍼딩, 『금융자본론』, 김수행, 김진엽 역, 비르투, 2011.

김수행, 『마르크스, 슘페터, 케인즈』, 중앙신서, 1984.

_____, 『자본주의 경제의 위기와 공황』, 서울대출판문화원, 2006.

_____, 『자본론의 현대적 해석』, 제2개정판 수정판, 서울대출판문화원, 2011.

_____, 『알기쉬운 정치경제학』, 제3개정판, 서울대출판문화원, 2011.

_____, 『청소년을 위한 자본론』, 두리미디어, 2010.

_____, 『청소년을 위한 국부론』, 두리미디어, 2010.

_____, 『세계대공황: 자본주의의 종말과 새로운 사회의 사이』, 돌베개, 2011.

_____, 『마르크스가 예측한 미래사회: 자유로운 개인들의 연합』, 한울, 2012.

박영호, 『공산당선언 새로 읽기』, 지식을만드는지식, 2012.

신순애, 『열세살 여공의 삶』, 한겨레출판, 2014.

이오덕, 『우리 글 바로 쓰기』, 전5권, 한길사, 2009.

찾아보기

DAS KAPITAL